Dez homens da BÍBLIA

Como Deus usou pessoas imperfeitas para mudar o mundo

....

GUIA DE ESTUDOS

....

TRADUÇÃO

MARCELO SIQUEIRA GONÇALVES

DOS ESCRITOS DE

MAX LUCADO

Título original: *Ten Men of the Bible*
Copyright © 2015 por Max Lucado
Edição orginal por Thomas Nelson. Todos os direitos reservados.
Copyright de tradução © Vida Melhor Editora LTDA., 2018.

As citações bíblicas são da *Nova Versão Internacional* (NVI), da Biblica, Inc., a menos que seja especificada outra versão da Bíblia Sagrada.

Os pontos de vista desta obra são de responsabilidade de seus autores, não refletindo necessariamente a posição da Thomas Nelson Brasil, da HarperCollins Christian Publishing ou de sua equipe editorial.

Publisher	*Omar de Souza*
Gerente editorial	*Samuel Coto*
Editor	*André Lodos Tangerino*
Assistente editorial	*Bruna Gomes*
Copidesque	*Cleber Nadalutti*
Revisão	*Jean Carlos Xavier*
Diagramação	*Sonia Peticov*
Adaptação da capa	*Jonatas Belan*

CIP—BRASIL. CATALOGAÇÃO NA FONTE
SINDICATO NACIONAL DOS EDITORES DE LIVROS, RJ

L965d
Lucado, Max
    Dez homens da Bíblia: como Deus usou pessoas imperfeitas para mudar o mundo: guia de estudos / Max Lucado; tradução Marcelo Siqueira Gonçalves. — 1. ed. — Rio de Janeiro: Thomas Nelson Brasil, 2018.
    256 p.: il.; 27 cm
    Tradução de *Ten Men of the Bible*
    ISBN 978-85-7860-2925

    1. Homens na Bíblia. 2. Bíblia — História de fatos bíblicos. 3. Igreja — Ensinamentos bíblicos. I. Gonçalves, Marcelo Siqueira. II. Título.

18-48524
    CDD: 220
    CDU: 27-23

Thomas Nelson Brasil é uma marca licenciada à Vida Melhor Editora, LTDA.

Todos os direitos reservados à Vida Melhor Editora LTDA.
Rua da Quitanda, 86, sala 218 — Centro
Rio de Janeiro — RJ — CEP 20091-005
Tel.: (21) 3175-1030
www.thomasnelson.com.br

SUMÁRIO

INTRODUÇÃO — 5

LIÇÃO 1 ❖ NOÉ
Esperança quando as águas inundam tudo — 7

LIÇÃO 2 ❖ JÓ
A presença de Deus na tempestade — 27

LIÇÃO 3 ❖ JACÓ
Lutando com o passado — 49

LIÇÃO 4 ❖ MOISÉS
Um vislumbre da glória de Deus — 71

LIÇÃO 5 ❖ DAVI
Problemas gigantes e quedas colossais — 97

LIÇÃO 6 ❖ JOSÉ
Pernas trêmulas e perguntas não respondidas — 123

LIÇÃO 7 ❖ MATEUS
Redefinindo a família de Deus — 149

LIÇÃO 8 ❖ LÁZARO
A testemunha final — 173

LIÇÃO 9 ❖ PEDRO
O evangelho da segunda chance — 197

LIÇÃO 10 ❖ PAULO
Nunca se está longe demais para retornar — 223

GUIA DO LÍDER — 249

INTRODUÇÃO

O ELENCO

Os dez homens da Bíblia nos quais vamos nos concentrar nesse estudo não foram exatamente o que poderíamos chamar de uma lista de "Quem é Quem da Pureza e Santidade". Na verdade, algumas de suas atitudes e artimanhas nos fariam lembrar da multidão de sábado à noite em uma delegacia. Algumas auréolas desse elenco de personagens provavelmente precisariam de alinhamento e polimento.

Suas histórias são marcadas por escândalos, tropeços e intrigas, mas também por sua fé impressionante.

Noé, que construiu a arca, mas depois bebeu um pouco demais do vinho de sua plantação.

Jó, que achava que sabia mais de Deus do que o próprio Criador, até que o próprio Deus apareceu e colocou-o na linha.

Jacó, que roubou o direito de primogenitura de seu irmão e a bênção dele.

Moisés, que assassinou um egípcio e fugiu para o deserto.

Davi, o matador de gigantes que não conseguiu segurar sua testosterona.

José, o homem que correu o risco com temor.

Mateus, o coletor de impostos que deixou tudo para seguir a Cristo.

Lázaro, que... bem, ele morreu.

Pedro, que negou Jesus por três vezes e depois fugiu.

Paulo, o perseguidor de cristãos que fez um giro de 180 graus quando encontrou Jesus a caminho de Damasco.

Encontramos neles as nossas histórias e vislumbramos nossa esperança onde eles encontraram a deles E, no meio de todos eles... pairando sobre eles... encontramos o herói de tudo isso: Deus — Criador, modelador, resgatador de corações quebrados; o Senhor, que distribuiu chamados do Alto, segundas chances e bússolas morais para todos os interessados. Então, se você já se perguntou como Deus poderia usá-lo para transformar o mundo, olhe para esses homens. Esse conjunto de seguidores fracassados, de altos e baixos, que não fazia nada certo, de líderes desesperados, encontrou esperança não em seu desempenho, mas nos braços abertos de Deus.

Deveríamos fazer o mesmo, cada um de nós.

COMO USAR ESTE ESTUDO

Este guia de estudos foi desenvolvido para ajudá-lo a mergulhar na Palavra de Deus e aprender mais sobre esses dez homens fascinantes da Bíblia. Cada seção contém os seguintes elementos:

- **CONSIDERAÇÕES INICIAIS:** Para auxiliar na tarefa de ampliar o conhecimento sobre esses dez homens, cada atividade começa com uma percepção e uma recordação da história do personagem, extraída dos livros de Max Lucado. Em seguida, duas perguntas para reflexão lhe permitirão pensar como cada história tem a ver com a sua.

- **ESTUDO BÍBLICO DIÁRIO:** Cada seção contém cinco dias de estudo bíblico, com impressões retiradas dos livros de Max. Há também perguntas orientadoras que ajudam a percorrer as histórias dessas mulheres nas Escrituras.

- **PONTOS PARA LEMBRAR:** A atividade de cada dia é encerrada com uma síntese dos itens principais do estudo. Eles servem como lembretes dos pontos-chave do ensinamento de Max e como uma revisão na conclusão do seu tempo de estudo.

- **ORAÇÃO DO DIA:** A seção de cada dia inclui uma oração que ajuda você a manter o foco dos pensamentos em Deus e conduz a um tempo de comunhão com ele.

- **VERSÍCULOS PARA MEMORIZAR NA SEMANA:** Nossa vida muda ao encontrarmos Jesus, e nosso coração se transforma pelo que nele é internalizado. O versículo para memorizar na semana estará vinculado ao tema central da seção e ajudará você a guardar a Palavra de Deus no coração.

- **CITAÇÕES DAS ESCRITURAS:** Nas margens do livro há muitas citações do Texto Sagrado que facilitam a tarefa de acompanhar na sua Bíblia a história que está sendo recontada

Durante os segmentos do estudo bíblico diário, além de responder às perguntas propostas, pode ser que você também queira fazer anotações ao ler a passagem escolhida das Escrituras. Certifique-se de ter à mão papel e caneta. Dedique esse tempo ao Senhor e peça a ele que se revele a você à medida que vão se desenvolvendo cada uma das atividades.

PARA OS LÍDERES

Caso deseje conduzir um grupo utilizando o material contido neste guia de estudos, consulte a seção "Guia do líder" no final do livro, a qual contém uma estrutura básica de como configurar o tempo, explorar problemas e oportunidades que possam surgir durante as discussões, e alcançar o melhor resultado do estudo do grupo.

LIÇÃO 1

Noé

ESPERANÇA QUANDO AS ÁGUAS INUNDAM TUDO

ÁGUA. A única coisa que Noé vê é água: o sol da tarde mergulha nela, as nuvens são refletidas por ela e seu barco está cercado dela.

Água — para o norte, para o sul, para o leste, para o oeste. Água.

A única coisa que Noé vê é água.

Esse homem nem consegue se lembrar de quando viu algo diferente, pois ele e seus filhos tinham acabado de empurrar o último hipopótamo rampa acima quando os céus se abriram como milhares de hidrantes. Em instantes o barco estava flutuando, e por dias a chuva caiu, e por semanas Noé se perguntou: *Quanto tempo isso vai durar?* Choveu por quarenta dias, e eles flutuaram por meses, isto é, por meses eles comeram a mesma comida, sentiram os mesmos cheiros e olharam para as mesmas caras. Depois de algum tempo, não há mais o que dizer um ao outro.

Finalmente o barco bateu, e o balanço parou. A sra. Noé olhou para o sr. Noé, e Noé empurrou a escotilha e enfiou a cabeça para fora. O casco da arca já tocava o solo, mas o solo estava ainda cercado de água.

— Noé, — gritou ela — o que você vê?

— Água.

Ele enviou um corvo para uma missão de reconhecimento; ele nunca retornou. Enviou uma pomba, e ela voltou tremendo e cansada, sem encontrar lugar para se empoleirar. Então, nessa manhã, ele tentou de novo. Pegou a pomba no interior da arca e subiu pela escada. O sol da manhã fez os dois apertarem os olhos, e, quando beijou o peito da ave, sentiu um coração pulsando. Se tivesse colocado a mão em seu próprio peito, teria sentido outro. Com uma oração ele a deixou partir e observou até que a ave estivesse tão pequena quanto um pontinho na janela.

Durante o dia todo Noé esperou pelo retorno da pomba, e, entre uma tarefa e outra, ele abria a escotilha e procurava. Os meninos queriam que ele

Deus disse a Noé: "Darei fim a todos os seres humanos, porque a terra encheu-se de violência [...] Você, porém, fará uma arca de madeira de cipreste" (Gn 6:13-14).

Quarenta dias durou o Dilúvio e as águas aumentaram e elevaram a arca acima da terra (7:17).

Passados quarenta dias, Noé abriu a janela que fizera na arca. Esperando que a terra já tivesse aparecido, Noé soltou um corvo, mas este ficou dando voltas (8:6-7).

Depois soltou uma pomba para ver se as águas tinham diminuído na superfície da terra (v. 8).

brincasse de prender a cauda do burro, mas ele não quis e escolheu, em vez disso, escalar o ninho do corvo e procurar. O vento soprava seu cabelo grisalho e o sol aquecia seu rosto marcado, mas nada aliviava seu coração pesado. Ele não tinha visto nada, nada de manhã, nada depois do almoço, nada também mais tarde.

Agora o sol está se pondo, o céu está escurecendo, e Noé veio para olhar mais uma última vez, mas tudo o que ele vê é água. Água para o norte, água para o sul, água para o leste, água para o...

Você sabe como é, já esteve onde Noé esteve. Já passou por sua dose de inundações. Inundado de pesar no cemitério, de fadiga no escritório, de raiva pela deficiência no seu corpo ou pela falta de habilidade de seu cônjuge. Viu a inundação aumentar, e, provavelmente, já observou o sol se pôr sobre suas esperanças também. Você já esteve no barco de Noé.

E já precisou da mesma coisa que Noé: um pouco de esperança. Você não está pedindo um resgate de helicóptero, mas ouvir o som de um seria bom. A esperança não promete uma solução instantânea, mas a possibilidade de uma solução eventual. Às vezes, tudo o que precisamos é de um pouco de esperança.

Era isso o que Noé precisava e foi isso que ele recebeu.

Mas agora, Senhor, que hei de esperar? Minha esperança está em ti (Salmo 39:7).

1. Pense na sua vida como uma arca. Que condições está enfrentando agora? Está atracado em um porto, sentindo-se seguro, e cheio de esperança? Está um pouco à deriva? Sente que o nível da água ao seu redor começa a aumentar? Ou está, como Noé, boiando em uma grande inundação sem nenhuma terra seca — e muito pouca esperança — à vista?

   _____
   _____
   _____
   _____
   _____

2. O que afeta o "nível da água" na sua vida? Que coisas fazem você perder a esperança de vista? Liste-as na ordem em que o afetam.

   _____
   _____
   _____
   _____
   _____
   _____

Noé enfrentou uma ameaça literal de extinção. O mundo como ele o conhecia tinha acabado, mas sua esperança não podia ser destruída, então, enviou o corvo e as pombas para sentir *quando* — não *se* — Deus amenizaria a inundação. No primeiro estudo, veremos como Deus recompensou a esperança de Noé de uma maneira pequena, porém, profunda.

LIÇÃO 1 ❖ Noé ❖ Primeiro dia: Folhas de oliveira

Oração da Semana

Pai celestial, obrigado por se fazer conhecido a nós por intermédio da tua Palavra. Obrigado por preencher suas páginas com histórias de esperança e por manter a chama da esperança viva em nós, não importando quanto o nosso mundo escureça. Abençoe nossos esforços para compreender melhor a incrível esperança que tu ofereces. Em nome de Jesus, amém.

Primeiro Dia: Folhas de oliveira

A PROMESSA

O velho marinheiro olha fixamente para o sol dividido pelo horizonte. Dificilmente poderia imaginar uma vista mais bonita, mas daria essa visão e cem outras por dez metros de terra seca e um pomar de uvas. A voz da sra. Noé lembra que o jantar está na mesa e que ele deveria trancar a escotilha, e ele está prestes a dar o dia por terminado quando ouve o arrulhar da pomba. Eis como a Bíblia descreve o momento: "Ao entardecer, quando a pomba voltou, trouxe em seu bico uma folha nova de oliveira." (Gênesis 8:11).

Uma folha de oliveira. Noé já estaria feliz por ver a ave, mas com a folha! Era mais que folhagem; era promessa. A ave trouxe mais do que um pedaço de árvore; trouxe esperança. Por que esperança não é isso? Esperança é uma folha de oliveira — evidência de terra seca depois da enchente. Prova para o sonhador de que sonhar vale a pena.

Noé esperou mais sete dias e soltou novamente a pomba. (Gênesis 8:10).

Ao entardecer, quando a pomba voltou, trouxe em seu bico uma folha nova de oliveira (v. 11).

1. Quando a pomba entregou a folha de oliveira, trouxe para Noé a esperança de um novo mundo. Leia Gênesis 6:9-21. Qual era o problema com o velho mundo dos dias de Noé? Como você resumiria os eventos que levaram ao Dilúvio?

   _____
   _____
   _____
   _____

2. De que forma resumiria o papel de Noé naqueles eventos? Por que Deus escolheu Noé e sua família para serem resgatados do Dilúvio?

   _____
   _____
   _____
   _____

3. Leia Gênesis 7:17-24. Que emoções você imagina que Noé experimentou quando viu a água subir? Que pensamentos corriam por sua mente?

9

4. Observe que as águas "prevaleceram sobre a terra cento e cinquenta dias" (versículo 24). Como isso atingiu a esperança de Noé? De que maneira acha que a atitude dele com relação a Deus o ajudou a esperar que as águas baixassem?

_____
_____
_____
_____

DANDO UMA FOLHA DE OLIVEIRA

Não amamos as folhas de oliveira da vida?
— Parece que o câncer está regredindo.
— Posso ajudá-lo com aquelas contas.
— Atravessaremos isso juntos.

E mais, não amamos as pombas que as trazem? Quando o pai ajuda seu filho a passar pela primeir desilusão amorosa, dá a ele uma folha de oliveira. Quando a esposa de muitos anos consola a esposa de poucos meses, quando lhe diz que conflitos vêm, que todos os maridos são temperamentais, e que "essa tempestade vai passar", sabe o que ela está fazendo? Está dando uma folha de oliveira.

Se agir assim, certamente haverá bom futuro para você, e a sua esperança não falhará (Provérbios 23:18).

5. Estar apto a dar uma folha de oliveira é um privilégio duro de conseguir, pois a esperança nem sempre vem fácil. Na história de Noé, sabemos que sua primeira tentativa de exploração por intermédio das aves acabou em desapontamento quando o corvo não voltou. Leia Gênesis 8:1-12. Com base no que acontece — ou não — com cada liberação das aves, o que podemos aprender sobre a maneira escolhida por Deus para trabalhar em certas situações?

_____
_____
_____
_____
_____

6. A folha de oliveira trazia boas-novas, mas não necessariamente boas-novas *milagrosas*. Deus não fez a inundação desaparecer da noite para o dia, mesmo sendo provavelmente isso que mais de uma pessoa naquela arca esperava que o Criador fizesse. O que isso nos diz sobre esperança e expectativas?

_____
_____

LIÇÃO 1 ❖ Noé ❖ Primeiro dia: Folhas de oliveira

_____
_____
_____

7. Noé e sua família sabiam que as condições do lado de fora estavam melhorando, mas não faziam ideia de quanto tempo mais teriam que permanecer dentro da arca. Leia Jeremias 29:11. Qual o segredo para se manter a esperança por um período de tempo indefinido?
_____
_____
_____
_____
_____
_____

8. Que "folhas de oliveira da vida" gostaria de receber neste momento? Que folhas você poderia dar a outros?
_____
_____
_____
_____
_____
_____

O fio de esperança — independentemente das circunstâncias — que corre ao longo da história de Noé tece seu caminho por todo o restante das Escrituras, e essa esperança encontra sua personificação em Jesus. Como veremos no próximo estudo, ninguém trouxe esperança como Cristo.

❧ Pontos para Lembrar ❧

❖ Durante tempos de provação, Deus envia uma folha de oliveira para nos assegurar que há terra seca depois da inundação.
❖ As folhas de oliveira da vida — e aqueles que as trazem — provam para o sonhador que sonhar vale a pena.
❖ Provocamos um impacto tremendo na vida de outra pessoa quando oferecemos uma folha de oliveira de esperança.

❧ Oração do Dia ❧

Pai, te louvamos por fazer todas as coisas acontecerem em teu tempo perfeito, muito perfeito. Agradecemos por tua preocupação amorosa. Mesmo no meio de teu julgamento ao mundo, tu mantivestes Noé e sua família a salvo. Tu lhes destes motivos para terem esperança, assim como nos destes motivos para termos esperança. Que nunca nos esqueçamos disso. Em nome de Jesus, amém.

11

Segundo Dia: A esperança de que precisamos

A POMBA DO CÉU

Ao amanhecer ele [Jesus] apareceu novamente no templo, [...] Os mestres da lei e os fariseus trouxeram-lhe uma mulher surpreendida em adultério. Fizeram-na ficar em pé diante de todos (João 8:2-3).

[...] ele [Jesus] se levantou e lhes disse: "Se algum de vocês estiver sem pecado, seja o primeiro a atirar pedra nela" (v. 7).

Os que o ouviram foram saindo, um de cada vez (v. 9).

"Agora vá e abandone sua vida de pecado" (v. 11).

Amamos folhas de oliveira, e também amamos aqueles que nos dão. Talvez essa seja a razão pela qual tantos amaram Jesus.

Ele fica diante de uma mulher que foi arrancada de um leito de promiscuidade, a qual ainda está tonta do ataque. Uma porta se abriu com força, as cobertas foram puxadas, e a fraternidade da polícia moral adentrou. E agora ela está aqui. Noé não conseguia ver nada além de água, e ela não consegue ver nada além de ira: não tem esperança.

Mas então Jesus fala:

— Se algum de vocês estiver sem pecado, seja o primeiro a atirar pedra nela (João 8:7).

Silêncio. Tanto os olhos quanto as pedras dos acusadores caem ao chão. Em pouco tempo saíram, e Jesus fica sozinho com a mulher. A pomba do céu oferece a ela uma folha.

— Mulher, onde estão eles? Ninguém a condenou?

— Ninguém, Senhor — disse ela.

Declarou Jesus:

— Eu também não a condeno. Agora vá e abandone sua vida de pecado (versículos 10-11).

Ele traz uma folha de esperança para seu mundo inundado de vergonha.

1. Podemos dar esperança e podemos retirá-la. Leia João 8:1-11. Nessa história, a "patrulha moral" colocou a mulher em uma posição de aparente desesperança. De que outras maneiras as pessoas tendem a roubar a esperança dos outros?

   _____
   _____
   _____
   _____

2. Quem no passado já roubou — ou tentou roubar — a sua esperança? Como isso ocorreu? Eles foram bem-sucedidos?

   _____
   _____
   _____

3. O que você aprendeu com essas experiências?

   _____
   _____
   _____
   _____

LIÇÃO 1 ❖ Noé ❖ Segundo dia: A esperança que precisamos

4. Baseado no que leu em João 8, o que acha que Jesus diria para as pessoas que tentaram roubar sua esperança? E o que pensa que ele lhe diria sobre aqueles encontros?

_____
_____
_____
_____
_____

A ESPERANÇA QUE JESUS DÁ

O Senhor Jesus também traz uma folha de esperança para Marta, que está afundando em um mar de tristeza. Seu irmão está morto e o corpo dele já foi enterrado. E Jesus... bem, Cristo está atrasado. "Senhor, se estivesses aqui meu irmão não teria morrido." Acho que, depois de dizer isso, ela deve ter feito uma pausa. "Mas sei que, mesmo agora, Deus te dará tudo o que pedires" (João 11:21-22). Assim como Noé abriu a escotilha, Marta também abre seu coração; assim como a pomba trouxe uma folha, Jesus também traz.

"Eu sou a ressurreição e a vida. Aquele que crê em mim, ainda que morra, viverá; e quem vive e crê em mim não morrerá eternamente. Você crê nisso?"

Ela lhe respondeu: "Sim, Senhor, eu tenho crido que tu és o Cristo, o Filho de Deus que devia vir ao mundo" (versículos 25-27).

Como ele poderia se fazer entender com tais palavras? Quem era esse para fazer tal alegação? O que o qualificava para oferecer graça para uma mulher e uma promessa de ressurreição para outra? Simples: ele havia feito o que a pomba fez, ou seja, tinha atravessado a fronteira da terra futura e passeado entre as árvores. E, do bosque da graça, ele colheu uma folha para a mulher, e da árvore da vida puxou um raminho para Marta.

E, dos dois, ele traz folhas para você: graça e vida, perdão dos pecados, a derrota da morte. Essa é a esperança que ele dá, e essa é a esperança de que precisamos.

5. Marta tinha, em essência, dito para Jesus: "Se você estivesse aqui quando meu irmão estava doente, teríamos motivos para ter esperança". À luz do que Jesus fez alguns minutos depois — ressuscitou seu irmão dos mortos —, suas palavras parecem míopes. De que outras maneiras as pessoas tendem a sofrer problemas de visão no que se refere à esperança?

_____
_____
_____
_____

6. Um pouco antes a história nos revela que Jesus poderia ter chegado em Betânia enquanto o irmão de Marta, Lázaro, ainda estava vivo, mas, em vez disso, atrasou sua visita. Por que você acha que Cristo permitiu que Maria e Marta passassem por essa situação aparentemente sem esperança?

Ao chegar, Jesus verificou que Lázaro já estava no sepulcro havia quatro dias (João 11:17).

Disse Marta [...] "Mas sei que, mesmo agora, Deus te dará tudo o que pedires" (vv. 21-22).

Disse-lhe Jesus: "Eu sou a ressurreição e a vida" (v. 25).

Ela lhe respondeu: "Sim, Senhor, eu tenho crido que tu és o Cristo" (v. 27).

O aguilhão da morte é o pecado, [...] Mas graças a Deus, que nos dá a vitória por meio de nosso Senhor Jesus Cristo (1Coríntios 15:56-57).

7. Jesus já fez algo parecido em sua vida? De que maneiras ele permitiu que você passasse por situações aparentemente sem esperança para levá-lo a repensar sua definição de desesperança?

8. A derrota da morte e o perdão dos pecados por Jesus nos dão a esperança da vida eterna. Mas o que dizer do agora? Que esperança presente a salvação dele nos dá?

A ressurreição de Lázaro por Cristo abre a porta para todos os tipos de esperança para aqueles que creem nele. Em muitos casos, manter-se agarrado à esperança não parece lógico, entretanto, como o próximo estudo vai esclarecer, o Senhor tem uma perspectiva — uma visão do aqui e agora e do que há de vir — que não temos, e essa perspectiva faz toda a diferença no mundo.

Pontos para Lembrar

- ❖ Quando tudo parece sem esperança, Cristo entra em nosso mundo inundado pela vergonha e nos oferece uma folha do bosque da graça.
- ❖ Jesus nos conforta em nossa tristeza e nos assegura de que ele é "o caminho, a verdade e a vida" (João 14:6).
- ❖ O Senhor Jesus promete que todos que crerem nele terão um dia a esperança final da vida eterna.

Oração do Dia

Pai, obrigado por ter enviado teu Filho. Obrigado por sacrificar aquilo que era mais precioso para ti para nos dar esperança. Que essa esperança brilhe tão forte em nós que inspire outros a ter esperança — e a clamar pelo dom da salvação que tu ofereces. Em nome de Jesus, amém.

Terceiro Dia: Grampos de cabelo e elásticos

HÁ ALGUMA ESPERANÇA?

Em seu livro *The Grand Essentials* [Os nobres fundamentos], Ben Patterson conta acerca de um submarino S-4 que afundou na costa de Massachusetts. Toda a tripulação ficou presa, embora muitos esforços tenham sido feitos para resgatar os marinheiros, todos falharam. Perto do fim do suplício, um mergulhador de águas profundas ouviu batidas na parede de aço do submarino afundado. Quando encostou seu capacete na embarcação, ouviu um marinheiro bater em código Morse a seguinte pergunta: "Há alguma esperança?"[1]

Para o culpado que faz esse questionamento, Jesus diz: "Sim!"

Para o ferido de morte que faz essa pergunta, Jesus responde: "Sim!"

Para todos os Noés do mundo, todos aqueles que buscam no horizonte um raio de esperança, ele proclama: "Sim!" E ele vem, como uma pomba, trazendo frutos de uma terra distante, de nosso futuro lar; em suma, vem com uma folha de esperança.

Já recebeu a sua? Não pense que sua arca está isolada demais, que sua inundação é grande demais, pois seu pior desafio não é nada mais que grampos de cabelo e elásticos para Deus.

1. A pergunta que a equipe do submarino fez era simples e desesperada: "Há esperança?" Quantas pessoas em seu círculo de conhecidos você acha que estão fazendo a mesma pergunta — se não em voz alta, então sozinhas, em um pânico silencioso de desespero? Como pode reconhecer aqueles que precisam de resposta?

2. O que faz com que as pessoas pensem que sua "arca está isolada demais" ou que sua "inundação é grande demais" para permitir que tenham esperança?

3. Como podemos combater essa maneira de pensar sem soarmos delirantes?

> *"Deixo-lhes a paz; a minha paz lhes dou. Não a dou como o mundo a dá. Não se perturbe o seu coração, nem tenham medo"* (João 14:27).

4. Qualquer que tenha sido a esperança da tripulação do submarino S-4 afundado, ela acabou com a morte dos tripulantes; todavia, a morte não é a única causa de esperanças deixadas sem resposta. O que diria para alguém que foi machucado por esperanças que nunca se realizaram?

UMA PERSPECTIVA MELHOR

Grampos de cabelo e elásticos? Minha irmã mais velha costumava dá-los para mim quando eu era criança. Andava de triciclo para baixo e para cima pela calçada, fingindo que os grampos de cabelo eram chaves e que meu velocípede era um caminhão. Mas, um dia, perdi as "chaves". Crise! O que ia fazer? Minha busca não rendeu nada além de lágrimas e medo, mas, quando confessei meu erro para minha irmã, ela apenas sorriu, pois, sendo uma década mais velha, ela tinha uma perspectiva melhor.

Deus também tem uma perspectiva melhor. Com todo o respeito, nossas lutas mais severas são, em sua visão, nada piores do que grampos de cabelo e elásticos perdidos, isto é, o Senhor não fica frustrado, confuso ou desencorajado.

Receba sua esperança. Receba-a, porque precisa dela. Receba-a, para que possa compartilhá-la.

O que você acha que Noé fez com a esperança dele? O que acha que ele fez com a folha? Jogou-a no mar e esqueceu dela? Acha que ele a colocou no bolso e guardou para o diário? Ou você acredita que ele tenha dado um brado, reunido as tropas e a passado de mão em mão como o Diamante de Esperança que ela era?

Com certeza ele gritou e é isso fazemos com a esperança. O que faz com as folhas de oliveira? Passa-as adiante. Não cola as folhas no seu bolso. Você as dá para aqueles a quem ama. O amor sempre espera. "O amor [...] Tudo sofre, tudo crê, tudo *espera*, tudo suporta" (1Coríntios 13:4-7, grifos nossos).

O amor tem esperança em você.

> *"Pois os meus pensamentos não são os pensamentos de vocês, nem os seus caminhos são os meus caminhos", declara o Senhor. "Assim como os céus são mais altos do que a terra, também os meus caminhos são mais altos do que os seus caminhos, e os meus pensamentos, mais altos do que os seus pensamentos"* (Isaías 55:8-9).

5. Noé não foi o único a receber uma folha de oliveira no dia em que a pomba veio trazendo o raminho em suas garras, pois toda a sua família estava esperando com fervor para que acontecesse alguma coisa. Da nossa perspectiva, por que é mais fácil manter a esperança quando não passamos sozinhos pelos tempos difíceis?

6. O que acontece quando uma comunidade experimenta a esperança? Como isso molda suas vidas e das gerações futuras?

LIÇÃO 1 ❖ Noé ❖ Terceiro dia: Grampos de cabelo e elásticos

7. Como crentes em Cristo, temos esperança porque sabemos que Deus tem uma perspectiva maior sobre nossos problemas do que nós mesmos. O que os seguintes versículos dizem sobre por que podemos sempre confiar nos planos do Senhor para a nossa vida?

Provérbios 3:5-6: "Confie no Senhor de todo o seu coração e não se apoie em seu próprio entendimento; reconheça o Senhor em todos os seus caminhos, e ele endireitará as suas veredas".

Jeremias 1:5: "Antes de formá-lo no ventre eu o escolhi; antes de você nascer, eu o separei e o designei profeta às nações".

Mateus 6:25-27: "Portanto eu lhes digo: Não se preocupem com sua própria vida, quanto ao que comer ou beber; nem com seu próprio corpo, quanto ao que vestir. Não é a vida mais importante que a comida, e o corpo mais importante que a roupa? Observem as aves do céu: não semeiam nem colhem nem armazenam em celeiros; contudo, o Pai celestial as alimenta. Não têm vocês muito mais valor do que elas? Quem de vocês, por mais que se preocupe, pode acrescentar uma hora que seja à sua vida?"

Romanos 8:28: "Sabemos que Deus age em todas as coisas para o bem daqueles que o amam, dos que foram chamados de acordo com o seu propósito".

8. Devemos compartilhar e dar esperança para os que amamos. Qual é a "folha de oliveira" mais marcante que você já ofereceu a alguém?

_____
_____
_____
_____

Perspectiva é a chave para se manter a esperança, portanto, não podemos ver as coisas a partir da perspectiva de Deus, mas podemos confiar que ele nos verá em qualquer circunstância e trará o bem de qualquer situação.

Pontos para Lembrar

- Jesus oferece a promessa de esperança para aqueles que estão presos no meio das inundações e tempestades da vida.
- Mesmo nossas lutas mais severas e nossas provações mais difíceis não são nada diante de Deus e de seu infinito poder e graça.
- Quando recebemos folhas de oliveira de esperança, não devemos mantê-las para nós mesmos, mas compartilhá-las com outros que também precisem.

Oração do Dia

Pai, reconhecemos humildemente que tu és Todo-poderoso. Nenhuma situação e nenhuma circunstância nesse mundo estão além da tua capacidade de transformar, por isso, sabemos que sempre existe esperança — mesmo quando não podemos ver. Abra nossos olhos para o potencial para o bem em tudo o que acontece. Em nome de Jesus, amém.

Quarto Dia: Terra Seca

O PRESENTE DA ESPERANÇA

O jovem aspirante a escritor estava precisando de esperança, visto que de uma pessoa tinha dito para ele desistir. Um mentor disse: "É impossível ser publicado; a menos que seja uma celebridade nacional, os editores não vão falar com você". Outro advertiu: "Escrever toma muito tempo; além disso, você não quer ver todos os seus pensamentos no papel".

No começo, ele ouviu e concordou que escrever era um desperdício de esforços e voltou sua atenção a outros projetos. Mas, de alguma forma, o lápis e o papel eram uísque com Coca-Cola para o viciado em palavras. Ele preferia escrever a ler, então escreveu. Quantas noites ele passou naquele sofá no canto do apartamento reorganizando seu leque de verbos e substantivos? E quantas horas sua esposa passou com ele? Ele, artesão das palavras, e ela, fazendo ponto cruz. Finalmente, o manuscrito estava pronto. Cru, cheio de erros, mas finalizado.

LIÇÃO 1 ❖ Noé ❖ Quarto dia: Terra seca

Ela lhe deu o empurrão.

— Envie. Que mal há nisso?

Então, lá foi o manuscrito, enviado a quinze editores diferentes. Enquanto o casal esperava, ele escrevia, e, enquanto ele escrevia, ela bordava. Nenhum dos dois esperava muito, mas os dois tinham toda a esperança. A caixa de correio começou a encher de respostas. "Desculpe, mas não aceitamos manuscritos não solicitados." "Precisamos devolver seu trabalho. Boa sorte." "Nosso catálogo não tem espaço para autores nunca publicados."

Ainda tenho aquelas cartas em um arquivo em algum lugar. Encontrá-las demandaria algum tempo, mas encontrar o bordado de Denalyn, contudo, não leva tempo nenhum. Para vê-lo, tudo que preciso é levantar meus olhos do monitor e olhar para a parede. "De todas aquelas artes nas quais o sábio se sobressai, a obra-prima principal da natureza é escrever bem."

Ela me deu o bordado mais ou menos quando chegou a décima quinta carta. Um editor tinha dito sim — essa carta também está em uma moldura. Qual dos dois é mais significativo? O presente da minha mulher, ou a carta do editor? O presente, sem dúvida, pois, ao dar o presente, Denalyn deu esperança.

O amor faz isso, ou seja, oferece uma folha de oliveira para o amado e diz: "Eu tenho esperança em você."

Alegrem-se na esperança, sejam pacientes na tribulação, perseverem na oração (Romanos 12:12).

1. Pense em uma situação de aparente falta de esperança que enfrentou no passado. Coloque-se de novo naquela situação e volte àquela atitude mental. Como se sentiu? Que emoções experimentou? Que tipo de pensamentos passavam por sua cabeça? Por que a situação parecia tão sem esperança para você?

2. Que presentes de esperança recebeu naquela época? Quem ou o que Deus usou para lhe dar esperança?

3. O que essa esperança fez por você? Como ela afetou sua perspectiva?

4. Como os presentes de esperança que recebeu afetaram sua capacidade de sonhar?

19

ESPERANÇA PARA QUEM ESTÁ PRESO NA ARCA

Pela fé Noé, quando avisado a respeito de coisas que ainda não se viam, movido por santo temor, construiu uma arca para salvar sua família. Por meio da fé ele condenou o mundo e tornou-se herdeiro da justiça que é segundo a fé (Hebreus 11:7).

O amor é rápido para dizer: "Tenho esperança para você".

Você pode dizer essas palavras. É um sobrevivente da inundação, que, pela graça de Deus, encontrou seu caminho para a terra seca. Sabe como é ver as águas baixarem. E como sabe, como já passou pela inundação e sobreviveu para contar, está qualificado para dar esperança para outra pessoa.

O que? Não consegue pensar em nenhuma inundação no seu passado? Deixe-me avivar sua memória.

E a adolescência? Lembra da enxurrada dos anos de adolescente? Lembra dos hormônios e da bainha das calças? Da puberdade e das espinhas? Aqueles eram dias difíceis. *Sim,* você está pensando: *mas eu sobrevivi a eles.* É exatamente isso que os adolescentes precisam ouvir você dizer. Eles precisam de uma folha de oliveira de um sobrevivente.

Assim como os jovens casais. Acontece em todo casamento. A lua-de-mel termina, o rio do romance se torna o rio da realidade, e eles se perguntam se sobreviverão. Você pode dizer a eles que sim. Já passou por isso. Não foi fácil, mas sobreviveu. Você e seu cônjuge encontraram terra seca. Por que não colhe uma folha de oliveira e leva para uma arca?

É um sobrevivente do câncer? Alguém na ala de tratamento de câncer precisa ouvir isso de você. Já enterrou um cônjuge e sobreviveu para sorrir de novo? Então encontre os viúvos recentes e caminhe com eles. Suas experiências o colocam na brigada da pomba. Tem a oportunidade — sim, na verdade, a obrigação — de dar esperança para quem está preso na arca.

Por isso, exortem-se e edifiquem-se uns aos outros (1Tessalonicenses 5:11).

5. Como pode descobrir que alguém está "preso na arca" e precisando de esperança? Qual pistas deve procurar na maneira como ele ou ela fala e age?

_____
_____
_____
_____

6. Que papel tem a empatia ao darmos esperança para as pessoas?

_____
_____
_____

7. Como pode desenvolver ou aprimorar suas habilidades de empatia?

_____
_____
_____
_____
_____

8. Por que é vital que, a cada folha de oliveira distribuída, você também dê todo o crédito e a glória àquele que fez a folha?

LIÇÃO 1 ❖ Noé ❖ Quinto dia: Apenas uma folha

_____
_____
_____
_____

Cada um de nós tem uma história poderosa de esperança para contar. Podemos não reconhecer como nossa história é poderosa, entretanto, até que a vejamos ressoar na vida de outra pessoa. A história de Noé ainda ressoa, milhares de anos após ter acontecido. De fato, como veremos no próximo estudo, o próprio Jesus usou a história de Noé para dar esperança ao povo no que se referia ao seu próprio retorno.

Pontos para Lembrar

- ❖ O amor oferece encorajamento aos nossos amados e comunica que temos esperança neles.
- ❖ Todos somos sobreviventes que passaram pelas inundações da vida e viram as águas baixarem, e isso nos qualifica para oferecermos esperança para outras pessoas.
- ❖ Temos uma oportunidade incrível — e até mesmo a obrigação — de levar esperança para aqueles que necessitam dela.

Oração do Dia

Pai, obrigado por criar em nós uma interligação — uma base comum, experiências parecidas, e emoções compartilhadas às quais podemos recorrer para dar esperança uns aos outros. Ajuda-nos a estarmos cientes da esperança que nos foi dada. Abençoa nossos esforços para compartilhar essa esperança com outros. Em nome de Jesus, amém.

Quinto Dia: Apenas uma folha

ESCONDIDOS EM CRISTO

Quando Jesus buscou uma maneira de explicar sua volta, ele mencionou a inundação enfrentada por Noé. "Pois nos dias anteriores ao Dilúvio, o povo vivia comendo e bebendo, casando-se e dando-se em casamento, até o dia em que Noé entrou na arca; e eles nada perceberam, até que veio o Dilúvio e os levou a todos. Assim acontecerá na vinda do Filho do homem" (Mateus 24:38-39).

Os paralelos são óbvios. Foi proclamada então uma palavra de julgamento, que ainda é declarada. As pessoas não escutaram na época e hoje também se recusam a ouvir. Noé foi enviado para salvar os fiéis e Cristo foi enviado para

"Quanto ao dia e à hora ninguém sabe [...] somente o Pai. Como foi nos dias de Noé, assim também será na vinda do Filho do homem (Mateus 24:36-37).

> *"Assim, vocês também precisam estar preparados, porque o Filho do homem virá numa hora em que vocês menos esperam"* (v. 44).

fazer o mesmo. Um dilúvio de água veio no passado e um dilúvio de fogo virá no futuro. Noé construiu um lugar seguro de madeira, Jesus fez o lugar seguro com a cruz. Aqueles que acreditaram se esconderam na arca, e aqueles que creem estão escondidos em Cristo.

1. Para quem está abalado pelo luto, Deus diz: "Nunca o deixarei, nunca o abandonarei" (Hebreus 13:5). Conhece alguém que perdeu recentemente uma pessoa amada, passou por um divórcio, ou experimentou a indiferença de um membro da família? Se sim, como pode explicar a segurança do Senhor para essa pessoa de maneira a dar esperança?

   _____
   _____
   _____
   _____
   _____

2. Para os tomados pela culpa, Paulo escreve: "Portanto, agora já não há condenação para os que estão em Cristo Jesus" (Romanos 8:1). Conhece alguém com a consciência inquieta? Se sim, como pode traduzir as palavras do apóstolo Paulo para dar esperança a essa pessoa?

   _____
   _____
   _____
   _____

3. Para os desempregados, a Bíblia diz: "Sabemos que Deus age em todas as coisas para o bem daqueles que o amam" (Romanos 8:28). Conhece alguém que está lutando com a segurança do emprego no momento? Se sim, como pode usar a promessa desse versículo para oferecer esperança para esta pessoa?

   _____
   _____
   _____
   _____
   _____

4. Para aqueles que se sentem longe da graça do Senhor, João escreve: "Porque Deus tanto amou o mundo que deu o seu Filho Unigênito, para que todo o que nele crer não pereça, mas tenha a vida eterna" (João 3:16). Conhece alguém que se sinta longe demais para receber a graça de Deus? Se sim, como pode usar as palavras de Jesus para trazer esperança para a vida desta pessoa?

   _____
   _____
   _____
   _____

LIÇÃO 1 ❖ Noé ❖ Quinto dia: Apenas uma folha

UM CESTO DE FOLHAS

Deus envia um lugar seguro para os fiéis de hoje: seu Filho. Então, encoraje aqueles que estão perdidos e lutando. Não sabe o que dizer? Abra sua Bíblia. A folha de oliveira para os cristãos é um versículo da Bíblia: "Pois tudo o que foi escrito no passado, foi escrito para nos ensinar, de forma que, por meio da perseverança e do bom ânimo procedentes das Escrituras, mantenhamos a nossa esperança" (Romanos 15:4).

Você tem uma Bíblia? Então comece a distribuir as folhas de oliveira.

Sua Bíblia é um cesto de folhas, então, por que não compartilha uma? Elas têm um impacto maravilhoso. Depois de receber a sua, Noé foi transformado: "Noé então ficou sabendo que as águas tinham diminuído sobre a terra" (Gênesis 8:11). Ele subiu a escada com perguntas e dela desceu com confiança. Que diferença faz uma folha!

5. O que as seguintes passagens — suas "folhas de oliveira" — dizem sobre esperança?

Sofonias 3:17: "O Senhor, o seu Deus, está em seu meio, poderoso para salvar. Ele se regozijará em você; com o seu amor a renovará, ele se regozijará em você com brados de alegria".

_____
_____
_____
_____
_____

Salmos 3:2-6: "São muitos os que dizem a meu respeito: 'Deus nunca o salvará!' Mas tu, Senhor, és o escudo que me protege; és a minha glória e me fazes andar de cabeça erguida. Ao Senhor clamo em alta voz, e do seu santo monte ele me responde. Eu me deito e durmo, e torno a acordar, porque é o Senhor que me sustém. Não me assustam os milhares que me cercam".

_____
_____
_____
_____

João 14:1-3: "Não se perturbe o coração de vocês. Creiam em Deus; creiam também em mim. Na casa de meu Pai há muitos aposentos; se não fosse assim, eu lhes teria dito. Vou preparar-lhes lugar. E se eu for e lhes preparar lugar, voltarei e os levarei para mim, para que vocês estejam onde eu estiver".

_____
_____
_____
_____

Noé então ficou sabendo que as águas tinham diminuído sobre a terra [...] Noé então removeu o teto da arca e viu que a superfície da terra estava seca (Gênesis 8:11,13).

1 Pedro 1:3-6: "[...] ele nos regenerou para uma esperança viva, por meio da ressurreição de Jesus Cristo dentre os mortos, para uma herança que jamais poderá perecer, macular-se ou perder seu valor. Herança guardada nos céus para vocês que, mediante a fé, são protegidos pelo poder de Deus até chegar a salvação prestes a ser revelada no último tempo. Nisso vocês exultam, ainda que agora, por um pouco de tempo, devam ser entristecidos por todo tipo de provação."

_____
_____
_____
_____

6. Em 1 Pedro 3:15 lemos: "Estejam sempre preparados para responder a qualquer pessoa que lhes pedir a razão da esperança que há em vocês". O que é a esperança que você tem? De que maneira a resumiria em uma frase?

_____
_____
_____
_____

7. Será que você está preparado para seguir as instruções de Pedro? Que motivos daria para a sua esperança?

_____
_____
_____
_____

8. De todas as pessoas que conhece, quem se beneficiaria mais por ouvir sobre a esperança que você tem?

_____
_____
_____

> *[...] disse Deus a Noé [...] "Vou estabelecer a minha aliança com vocês e com os seus futuros descendentes"* (Gênesis 9:8-9).
>
> *"Esse é o sinal da aliança que estabeleci entre mim e toda forma de vida que há sobre a terra"* (v. 17).

No final da história do Dilúvio, Deus diz a Noé: "Estabeleço uma aliança com vocês: Nunca mais será ceifada nenhuma forma de vida pelas águas de um dilúvio; nunca mais haverá dilúvio para destruir a terra. [...] Este é o sinal da aliança que estou fazendo entre mim e vocês e com todos os seres vivos que estão com vocês, para todas as gerações futuras: o meu arco que coloquei nas nuvens. Será o sinal da minha aliança com a terra" (Gênesis 9:11-13).

A palavra hebraica para aliança, *beriyth*, significa um acordo solene com a força vigente. O Senhor faz e nunca quebra suas promessas, e sua aliança irrevogável corre como um cordão escarlate pela tapeçaria das Escrituras. Todo arco-íris nos lembra da aliança divina, e, curiosamente, os astronautas que viram o arco-íris lá do espaço sideral nos dizem que eles formam um círculo completo. As promessas do Criador, da mesma forma, não são quebradas nem têm fim.

LIÇÃO 1 ❖ Noé ❖ Quinto dia: Apenas uma folha

Pontos para Lembrar

- Jesus nos fez um lugar seguro com a cruz, mas devemos aceitar seu presente de esperança e subir na arca da salvação.
- Sempre que estivermos lutando e precisando de encorajamento, podemos abrir as páginas da Bíblia — nossas folhas de oliveira de esperança.
- As promessas de Deus, assim como o arco-íris no fim do Dilúvio, não são quebradas nem têm fim.

Oração do Dia

Jesus, ajuda-nos a não sermos teimosos ou impassíveis em nossos caminhos. Ajuda-nos a ouvir tua voz e a seguir teu chamado de estender a outros a esperança que nos deste. Obrigado, Senhor, por fazer um lugar seguro para cada um de nós por meio da tua arca da salvação. Em teu nome, amém.

Versículo para Memorizar na Semana

Que o Deus da esperança os encha de toda alegria e paz, por sua confiança nele, para que vocês transbordem de esperança, pelo poder do Espírito Santo.

Romanos 15:13

Leitura suplementar

Ao longo desta lição, foram citados textos extraídos de *A Love Worth Giving* [publicado no Brasil como: *Um amor que vale a pena*. Rio de Janeiro: CPAD, 2004]; *When Christ Comes* [publicado no Brasil como: *Quando Cristo voltar*. Rio de Janeiro: Thomas Nelson Brasil, 2011]; e *Facing Your Giants* [publicado no Brasil como: *Derrubando Golias*. Rio de Janeiro: Thomas Nelson Brasil, 2017].

Notas
1 Charles Swindoll. *The Tale of the Tardy Oxcart and 1,501 Other Stories* [O conto do carro de boi vagaroso e 1501 outras histórias]. Nashville: Word Publishing, 1998, p. 275.

25

LIÇÃO 2

Jó

A PRESENÇA DE DEUS NA TEMPESTADE

QUANDO MOREI NO BRASIL, levei minha mãe e uma amiga dela para ver as Cataratas do Iguaçu, a maior queda d'água do mundo. Algumas semanas antes eu tinha me tornado um *expert* em cataratas ao ler um artigo na revista *National Geographic*, então, sem dúvida minhas convidadas apreciariam a boa sorte de me ter como guia.

Para alcançar o ponto de observação, os turistas devem caminhar por uma trilha sinuosa que os leva por uma floresta, e eu aproveitei a caminhada para dar um relatório sobre a natureza do Iguaçu para minha mãe e sua amiga. Estava tão cheio de informações que tagarelei o tempo todo. Depois de alguns minutos, entretanto, me peguei falando cada vez mais alto, pois um som distante me forçava a levantar cada vez mais minha voz. A cada volta na trilha, meu volume aumentava, até que eu percebi que estava gritando em cima de um rugido bem irritante. *Qualquer que fosse aquele barulho, eu queria que fosse desligado para poder completar minha palestra.*

Apenas depois de alcançar a clareira percebi que o barulho que estava ouvindo eram as cataratas, ou seja, minhas palavras foram afogadas pela força e pela fúria do que eu tentava descrever, e então já não pude mais ser ouvido. E, mesmo que pudesse, não tinha mais uma audiência, pois até minha mãe preferia ver aquele esplendor do que ouvir minha descrição. Calei minha boca.

Há ocasiões em que falar é violar o momento... quando o silêncio representa o máximo respeito. A palavra para tais ocasiões é reverência. A oração para tais ocasiões é: "Santificado seja o teu nome". Somente você e Deus estão ali, e você pode supor quem ocupa o trono.

Essa foi uma lição que Jó aprendeu. Se ele tinha uma culpa, era sua língua. Ele falava demais. Não que alguém pudesse culpá-lo, pois a calamidade se lançou sobre aquele homem como uma leoa sobre um bando de gazelas, e

"Pai nosso, que estás nos céus! Santificado seja o teu nome" (Mateus 6:9).

> *Na terra de Uz vivia um homem chamado Jó. [...] Era o homem mais rico do oriente* (Jó 1:1,3).
>
> *"Os bois estavam arando e os jumentos estavam pastando por perto, quando os sabeus os atacaram e os levaram embora. [...] Fogo de Deus caiu do céu e queimou totalmente as ovelhas e os empregados [...] Vieram caldeus em três bandos, atacaram os camelos e os levaram embora. [...] Seus filhos e suas filhas estavam num banquete, comendo e bebendo vinho na casa do irmão mais velho, [...] que desabou. Eles morreram"* (Jó 1:13-19).

quando o tumulto passou, mal havia uma parede de pé ou um ente querido vivo; e tudo isso aconteceu *em um só dia*. Em um momento Jó podia escolher seu horário para jogar no campo de golfe mais bonito do país; no instante seguinte, ele não podia nem ser o ajudante do golfista. Em um momento, ele podia voar de jatinho para o outro lado do país para ver a luta de pesos-pesados no Mirage de Las Vegas; no instante seguinte, ele não conseguia nem pagar a passagem do ônibus municipal.

É isso que podemos chamar de calma virando caos...

A primeira coisa que vai embora é seu império. O mercado colapsa; seus bens desabam. O que é líquido, seca, e o que subia, agora desce. Os rebanhos se acabam, e Jó fica quebrado. E lá senta ele em sua cadeira de couro em frente de sua escrivaninha de mogno prestes a ir a leilão quando o telefone toca com notícias da calamidade número dois: seus filhos estavam em um *resort* para as festas de final de ano quando veio uma tempestade e levou-os todos com ela.

Chocado e estupefato, Jó olha pela janela para o céu, que parece ficar mais escuro a cada minuto, ele começa a orar, dizendo para Deus que as coisas não podem piorar... e é exatamente isso que acontece.

1. Leia Jó 1:13-22 e pense sobre todas as calamidades que afetaram Jó naquele único dia. O que você acha que passava pela cabeça dele quando cada mensageiro chegava? O que sua resposta final à crise diz sobre seu caráter?

   _____
   _____
   _____
   _____
   _____
   _____

2. Que circunstâncias e situações estão escurecendo o seu céu neste momento? Qual a sua reação a esses eventos? Que perguntas está se fazendo? Quais são seus pensamentos e emoções em relação ao Criador?

   _____
   _____
   _____
   _____
   _____
   _____

Se de fato existe alguma coisa como a "escola da vida", Jó pode muito bem ter sido seu fundador. No mínimo, foi um aluno brilhante. Esse homem de Deus recebeu um doutorado em teologia, aconselhamento, e uma variedade de outros assuntos em meio às circunstâncias mais devastadoras que podemos imaginar, e uma das primeiras coisas que Jó aprendeu — como descobriremos no primeiro estudo — é que, onde há tragédia, sempre há gente que alega saber por que ela está acontecendo.

LIÇÃO 2 ❖ Jó ❖ Primeiro dia: Por que isso está acontecendo?

ORAÇÃO DA SEMANA

Pai celestial, obrigado pelas lições transformadoras que encontramos na história de Jó. Obrigado por te revelares um Deus paciente, gracioso e compreensivo até mesmo quando estamos em nosso pior momento. Por favor, abençoa nossos esforços para te compreender melhor em meio ao nosso sofrimento e ajuda-nos a aprender com a experiência de Jó para que possamos honrar teu nome. Em nome de Jesus, amém.

Primeiro Dia: Por que isso está acontecendo?

ALGUNS CONSELHOS NÃO MUITO ÚTEIS

Jó não teve nem tempo de ligar para o banco antes de ver a lepra em suas mãos e as feridas em sua pele. Sua esposa, alma compassiva, diz para ele "amaldiçoar a Deus e morrer". Quem poderia culpá-la por estar abalada com as calamidades da semana? Quem poderia culpá-la por dizer a Jó para amaldiçoar o Criador? Mas amaldiçoar ao Senhor *e morrer*? Se Jó ainda não se sentia abandonado, isso acontece no minuto em que sua esposa lhe diz para desligar os aparelhos e acabar com tudo.

Em seguida aparecem seus quatro amigos com o tato de um militar e a compaixão do assassino da serra elétrica. Uma versão revisada da teologia deles poderia soar assim: "Cara, você deve ter feito alguma coisa muito ruim! Sabemos que Deus é bom, então, se coisas ruins estão acontecendo contigo, você tem sido mau. Ponto final". Tão certo como dois e dois são quatro, Jó deve ter algum registro criminal em seu passado para sofrer tanto.

Cada amigo tem sua própria interpretação do Criador, e cada um fala demorada e intensamente sobre quem Deus é e por que ele fez o que fez. Eles não são os únicos falando sobre o Altíssimo. Quando seus acusadores fazem uma pausa, Jó lhes dá resposta.

"Jó abriu a boca..." (Jó 3:1).
"Então respondeu Elifaz, de Temã:..." (4:1).
"Então Jó respondeu:..." (6:1).
"Então Bildade, de Suá, respondeu:..." (8:1).
"Então Jó respondeu:..." (9:1).
"Então Zofar, de Naamate, respondeu:..." (11:1).

E assim eles continuam. Finalmente, Jó diz: "todos vocês são médicos que de nada valem! Se tão somente ficassem calados, mostrariam sabedoria" (Jó 13:4-5). Tradução? "Por que não levam sua filosofia de volta para o chiqueiro onde aprenderam?"

Satanás [...] afligiu Jó com feridas terríveis da sola dos pés ao alto da cabeça. [...] Então sua mulher lhe disse: "Você ainda mantém sua integridade? Amaldiçoe a Deus, e morra!" (Jó 2:7-9).

Quando três amigos de Jó, [...] souberam de todos os males que o haviam atingido, saíram, cada um da sua região. [...] para mostrar solidariedade a Jó e consolá-lo (v. 11).

"Vocês, porém, me difamam com mentiras; todos vocês são médicos que de nada valem! Se tão somente ficassem calados" (13:4-5).

1. Em Provérbios 15:22, lemos: "Os planos fracassam por falta de conselho, mas são bem-sucedidos quando há muitos conselheiros". Jó certamente tinha "muitos conselheiros", mas eles provaram não ajudar em nada em sua situação. Que "palavras de sabedoria" os três amigos de Jó deram nos versículos seguintes?

   Elifaz, de Temã: Jó 4:7; 5:8; 15:20; 22:21-22

   _____
   _____
   _____
   _____

   Bildade, de Suá: Jó 8:5-6; 18:2-3; 25:4

   _____
   _____
   _____
   _____

   Zofar, de Naamate: Jó 11:13-15; 20:6-7

   _____
   _____
   _____
   _____

2. Todo conselheiro tem uma agenda. A maioria tem um desejo genuíno de ajudar; outros têm um desejo genuíno de serem vistos como sábios; e alguns têm motivos escusos. Como uma pessoa em sofrimento, como Jó, pode discernir os motivos de seus futuros conselheiros? O que torna uma pessoa um bom aconselhador em tempos de necessidade?

   _____
   _____
   _____
   _____

3. Quem provavelmente ofereceria conselhos a você quando seu céu escurece? O que essa pessoa diria? De quem seria o conselho mais bem-vindo para você? Por quê?

   _____
   _____
   _____
   _____

4. Quem poderia procurá-lo(a) em busca de conforto ou conselho quando o céu dele(a) escurecer? O que você diria?

   _____
   _____
   _____

LIÇÃO 2 ❖ Jó ❖ Primeiro dia: Por que isso está acontecendo?

UM BOM HOMEM A SEUS PRÓPRIOS OLHOS

Jó é, a seus próprios olhos, um homem bom. "Eu pago meus impostos, sou ativo em meus deveres cívicos, sou um grande contribuinte de uma ONG, e voluntário no bazar do hospital". E um bom homem, pensa ele, merece uma boa resposta.

"Seu sofrimento é para o seu próprio bem", afirma Eliú, um jovem ministro recém-saído do seminário que ainda não viveu o suficiente para ser cínico e não sofreu o bastante para ficar em silêncio. Ele caminha para a frente e para trás no quarto de hospital, com sua Bíblia debaixo do braço e seu dedo socando o ar.

"Deus faz dessas coisas ao homem, duas ou três vezes, para recuperar sua alma da cova, a fim de que refulja sobre ele a luz da vida" (Jó 33:29-30).

Jó segue seus passos com os olhos como você seguiria um jogador de tênis virando a cabeça de um lado para o outro. O que o jovem diz não é teologia ruim, mas não é muito confortante também. Jó, aos poucos, desliga sua mente da voz do jovem e escorrega para baixo das cobertas. Sua cabeça dói, seus olhos estão pegando fogo, suas pernas doem e ele não consegue suportar mais nenhum chavão vazio.

Ainda assim, sua pergunta não foi respondida: "Deus, por que isso está acontecendo comigo?"

"Embora ele me mate, ainda assim esperarei nele; certo é que defenderei os meus caminhos diante dele" (Jó 13:15).

Eliú tinha esperado para falar com Jó porque os outros eram mais velhos do que ele (Jó 33:4).

"Deus faz dessas coisas ao homem, [...] para recuperar sua alma da cova" (vv. 29-30).

5. Leia Jó 32:1-5. Por que Eliú se sentiu obrigado a falar e afirmar suas opiniões nesse ponto da história?

_____
_____
_____
_____

6. Por que Eliú está bravo com Jó? Por que ele está indignado com os três amigos de Jó? Acha que sua raiva era justificada?

_____
_____
_____
_____

7. Clichês e chavões são tão populares hoje quanto eram no tempo de Jó. Coloque-se na posição de Jó. Como responderia a alguém que diz:

_____
_____
_____
_____

"Deus nunca nos dá mais do que podemos suportar"?

_____
_____
_____

"Tudo acontece por algum motivo"?

"O que não mata, fortalece"?

"Há outras pessoas no mundo passando por coisas piores que você"?

8. Leia Jó 36:2-4. De que autoridade Eliú diz que provém seu conhecimento? Qual o perigo de dizer que está falando em "nome de Deus"?

Quanto mais os amigos de Jó falavam, mais frustrado ele ficava, pois as palavras deles certamente tinham a aparência de profundas, mas, no fim, para Jó eram vazias, pois seus amigos não sabiam o que ele estava passando. Com certeza, não. Eles não podiam sentir empatia pela sua situação, então Jó decidiu colocá-los em seu lugar, e, como veremos no próximo estudo, ao fazer isso Jó falou por todos cuja dor e cujo sofrimento os levaram a questionar a Deus.

Pontos para Lembrar

- ❖ Muitas pessoas têm interpretações de Deus, mas temos que nos lembrar de que os caminhos do Criador sempre são mais altos do que os nossos (veja Isaías 55:8).
- ❖ Jó era um bom homem, mas mesmo homens bons não têm o direito de exigir nada do Senhor.
- ❖ Embora o que os amigos de Jó tenham dito a ele possa ter representado boa teologia, isso não o confortou — e teve pouca utilidade no momento.

LIÇÃO 2 ❖ Jó ❖ Segundo dia: Deus fala

ORAÇÃO DO DIA

Pai, obrigado por tua fidelidade. Obrigado por nunca nos abandonares em nossos períodos de necessidade, mesmo quando nos afastamos de ti. Obrigado por tua Palavra, que nunca é vazia ou rasa, mas sempre é capaz de nos dar conforto e compreensão da tua obra. Ajuda-nos a reconhecer tua presença e a manter nossas mentes livres de ensinos que não representam tua verdade. Em nome de Jesus, amém.

Segundo Dia: Deus fala

JÓ TOMA A PALAVRA

O pingue-pongue verbal entre Jó e seus amigos continua por vinte e três capítulos. Finalmente, Jó se cansa de só "responder". Ele não terá mais discussões em grupo. É hora do discurso. Ele pega o microfone com uma mão e o púlpito com a outra e se lança. Por seis capítulos Jó dá a sua opinião sobre Deus e, desta vez, os capítulos iniciam com: "E Jó prosseguiu", "E Jó prosseguiu", "E Jó prosseguiu". Ele define o Criador, explica o Altíssimo, e avalia o Senhor. Podemos ter a impressão de que Jó sabe mais sobre o Eterno do que o próprio Deus!

Já estamos no capítulo 37 do livro antes que Deus limpe sua garganta para falar. O texto de Jó 38 começa com essas palavras: "Então o Senhor respondeu a Jó". Se sua Bíblia é como a minha, há um erro neste versículo. As palavras estão certas, mas a impressão utiliza o tamanho errado de fonte, pois as palavras deveriam aparecer assim:

"Pelo Deus vivo, que me negou justiça, pelo Todo-poderoso, que deu amargura à minha alma, [...] meus lábios não falarão maldade, e minha língua não proferirá nada que seja falso. Nunca darei razão a vocês!" (Jó 27:2,4-5).

*Então o S*ENHOR *respondeu a Jó!*

Deus fala; rostos se voltam para o céu; o vento dobra as árvores; os vizinhos se escondem em seus abrigos de tempestade; gatos sobem apressados nas árvores, e cachorros se escondem nos arbustos. "Tá vindo um ventinho aí, querida. Melhor tirar os lençóis do varal." O Senhor tinha apenas começado a abrir a boca quando Jó soube que deveria ter mantido a sua fechada.

Então o Senhor respondeu a Jó do meio da tempestade (38:1).

1. No Salmo 22:1, Davi escreveu: "Meu Deus! Meu Deus! Por que me abandonaste? Por que estás tão longe de salvar-me, tão longe dos meus gritos de angústia?" Jó, assim como Davi, era um homem justo. O que acha que os levou a dar voz a tais pensamentos sobre o Criador?

_____
_____
_____
_____

2. Que impactos o sofrimento tem sobre nossa perspectiva e nossos sentimentos sobre o Altíssimo? Por que sempre sentimos a necessidade de culpar o Senhor pelas coisas que dão errado?

_____
_____
_____
_____

3. "Então o Senhor respondeu a Jó do meio da tempestade" (Jó 38:1). O que Jó reconheceu naquele momento? Como a sua vida tem sido impactada quando você reconhece que Deus estava falando por intermédio da sua situação?

_____
_____
_____
_____

4. Que conclusões podemos tirar pelo fato de o Senhor ter escolhido responder a Jó do meio da tempestade, em vez de puni-lo por questioná-lo?

_____
_____
_____
_____

O TROVÃO DE DEUS

Do trovão, Deus fala. Do céu, ele fala. Para todos nós que colocamos "idem" nas perguntas de Jó e assinamos nossos nomes nelas, o Senhor fala.

Para o pai que segura a rosa retirada do caixão do seu filho, o Criador fala.

Para a esposa que segura a bandeira retirada do caixão do seu marido, o Altíssimo fala.

Para o casal com infertilidade e orações fervorosas, o Eterno fala.

Para qualquer pessoa que tenha tentado ver Deus pelo vidro estilhaçado, ele fala.

Para aqueles que ousaram dizer: "Se Deus é Deus, então..." o Senhor fala.

Ele fala de dentro e para dentro da tempestade, pois é lá que Jó está. É lá que Deus é melhor ouvido.

A voz do Criador ressoa na sala. Eliú se senta, Jó se endireita; os dois nunca mais serão os mesmos.

5. No meio do sofrimento e da dúvida, será que a voz audível do Criador seria mais confortadora ou mais assustadora para você? Explique.

_____
_____
_____
_____

"Eu o instruirei e o ensinarei no caminho que você deve seguir; eu o aconselharei e cuidarei de Ti. Não sejam como o cavalo ou o burro, que não têm entendimento" (Salmos 32:8-9).

LIÇÃO 2 ❖ Jó ❖ Segundo dia: Deus fala

6. Leia Marcos 4:35-41. Como Jesus falou em meio à tempestade nessa situação?

_____
_____
_____
_____

7. Observe que Cristo não estava irritado com seus discípulos por estarem assustados — ele estava mais desapontado por eles ainda não terem reconhecido e confiado completamente no seu poder. Como isso se relaciona com o encontro de Jó com Deus?

_____
_____
_____

8. Como Jó poderia ter reagido às suas circunstâncias se ele tivesse uma compreensão mais profunda de quem o Senhor é?

_____
_____
_____
_____

Deus deu a Jó e a seus amigos tempo para o questionar, deturpar e acusar, e permitiu que eles derramassem seus sentimentos e conjecturas. Permaneceu em silêncio enquanto eles desabafavam e falavam enfaticamente, e então, quando eles terminaram, *o Senhor falou*. Vamos descobrir o que ele disse no próximo estudo, mas é suficiente dizer que suas palavras foram exatamente o que alguém que enfrenta provações ou sofrimento precisa ouvir.

❧ Pontos para Lembrar ☙

❖ Um encontro com Deus — seja ele tão dramático como o encontro de Jó ou não — transformará para sempre nossa perspectiva sobre a vida.
❖ O Criador permite que derramemos nossas preocupações, nossos questionamentos e nossas emoções diante dele, e então estende sua misericórdia sobre nós.
❖ Assim como o Altíssimo falou de dentro e para dentro da tempestade da vida de Jó, ele nos encontra onde estivermos, em qualquer situação que enfrentemos.

❧ Oração do Dia ☙

Pai, te louvamos por tua soberania e poder. Obrigado por aguentar com paciência nossas perguntas sobre ti e por nos ouvir quando clamamos alto em nossa dor. Lembra-nos, como fizeste com Jó, com quem estamos falando em meio às nossas lutas e guia nossos pensamentos e atitudes. Em nome de Jesus, amém.

Terceiro Dia: Quem é Deus aqui?

AS PERGUNTAS DE DEUS

"Quem é esse que obscurece o meu conselho com palavras sem conhecimento? Prepare-se como simples homem; vou fazer-lhe perguntas, e você me responderá" (Jó 38:2-3).

"Quem é esse que obscurece o meu conselho com palavras sem conhecimento?" diz Deus (Jó 38:2). Jó não responde.

"Prepare-se como simples homem", continua Deus. "Vou fazer-lhe perguntas, e você me responderá" (v. 3).

Uma pergunta teria sido o suficiente para Jó, mas não é o bastante para o Criador.

"Onde você estava quando lancei os alicerces da terra? Responda-me, se é que você sabe tanto" (v. 4).

"Quem marcou os limites das suas dimensões? Talvez você saiba! E quem estendeu sobre ela a linha de medir?" (v. 5).

"E os seus fundamentos, sobre o que foram postos? E quem colocou sua pedra de esquina, enquanto as estrelas matutinas juntas cantavam e todos os anjos se regozijavam?" (vv. 6-7).

"Você já foi até as nascentes do mar, ou já passeou pelas obscuras profundezas do abismo?" (v. 16).

"Acaso você entrou nos reservatórios de neve, já viu os depósitos de saraiva?" (v. 22).

"É você que dá força ao cavalo ou veste o seu pescoço com sua crina tremulante?" (39:19).

"Você o faz saltar como gafanhoto?" (v. 20).

"É graças à inteligência que você tem que o falcão alça voo e estende as asas rumo ao sul?" (v. 26).

Jó mal tinha tempo de balançar a cabeça para uma pergunta antes que o Altíssimo fizesse a próxima. Elas esguichavam como pancadas de chuva jorram das nuvens e se derramavam nas câmaras do coração de Jó com tal selvageria, beleza e terror que deixariam encharcados e sem palavras todos os Jós que já viveram ao observar o Mestre redefinir quem é quem no universo.

1. Por que é tão fácil perder de vista quem Deus é?

_____
_____
_____
_____

2. Que papel a Bíblia tem para nos ajudar a manter um sentimento apropriado de reverência diante do Criador? Quais histórias e passagens da Escritura têm sido especialmente eficazes para você nesse sentido?

_____
_____

LIÇÃO 2 ❖ Jó ❖ Terceiro dia: Quem é Deus aqui?

3. Que papel tem a oração? Como você mantém um sentimento de reverência em suas conversas com o Senhor?

4. Que papel tem o mundo natural ao nosso redor? Como você tem sido reverente pelas obras das mãos do Altíssimo?

SILENCIADO PELA TORRENTE

As perguntas de Deus não foram feitas para ensinar, mas para chocar; não foram feitas para esclarecer, mas para acordar; foram feitas para mexer com a mente, mas para dobrar os joelhos.

"As portas da morte lhe foram mostradas? Você viu as portas das densas trevas? Você faz ideia de quão imensas são as áreas da terra? Fale-me, se é que você sabe. Como se vai ao lugar onde mora a luz? E onde está a residência das trevas? Poderá você conduzi-las ao lugar que lhes pertence? Conhece o caminho da habitação delas? Talvez você conheça, pois você já tinha nascido! Você já viveu tantos anos!" (Jó 38:17-21).

A conclusão do Pai é clara: "Assim que você for capaz de lidar com esses assuntos simples de guardar estrelas e esticar o pescoço do avestruz, então poderemos conversar sobre dor e sofrimento. Mas, até lá, podemos ficar sem seus comentários". Jó não pode fazer nada senão compreender: apenas Deus define Deus. Você tem que conhecer o alfabeto antes de aprender a ler, e o Senhor diz a Jó: *Você não conhece nem o ABC do céu, muito menos o vocabulário.*

Jó está quieto. Silenciado por uma torrente de perguntas.

5. Em Jó 1-2 vemos que as calamidades na vida de Jó caíram sobre ele como resultado de um desafio de Satanás a Deus. Como acha que Jó teria reagido se soubesse que sua miséria era resultado desse desafio cósmico?

Disse ainda o Senhor a Jó: "Aquele que contende com o Todo-poderoso poderá repreendê-lo? Que responda a Deus aquele que o acusa!" (Jó 40:1-2).

Então Jó respondeu ao Senhor: "Sou indigno; como posso responder-te?" (v. 3).

6. O que o Criador estava tentando transmitir a Jó ao lhe fazer todas essas perguntas? Por que acha que Deus escolheu não responder diretamente as perguntas de Jó sobre o sofrimento?

_____
_____
_____
_____

7. Como a resposta de Deus a Jó, no entanto, nos fornece resposta à pergunta: por que passamos por provações? De que podemos ter certeza quando enfrentamos adversidades?

_____
_____
_____
_____

8. Tentar descobrir por que coisas ruins acontecem conosco não é necessariamente a maneira mais eficiente de lidar com provações e tragédias. Que estratégia melhor encontramos nos versículos seguintes?

Salmo 37:4-5: "Deleite-se no Senhor, e ele atenderá aos desejos do seu coração. Entregue o seu caminho ao Senhor; confie nele, e ele agirá".

_____
_____
_____
_____

Salmo 112:6-7: "O justo jamais será abalado; para sempre se lembrarão dele. Não temerá más notícias; seu coração está firme, confiante no Senhor".

_____
_____
_____
_____

Isaías 26:3: "Tu, Senhor, guardarás em perfeita paz aquele cujo propósito está firme, porque em ti confia".

_____
_____
_____
_____

Jeremias 17:7-8: "Mas bendito é o homem cuja confiança está no Senhor, cuja confiança nele está. Ele será como uma árvore plantada junto às águas e que estende as suas raízes para o ribeiro. Ela não temerá quando chegar o calor, porque as suas folhas estão sempre verdes; não ficará ansiosa no ano da seca nem deixará de dar fruto".

LIÇÃO 2 ❖ Jó ❖ Quarto dia: A resposta apropriada

_____
_____
_____
_____

Deus deixou claro que ele está no comando de *tudo* o que acontece. Ainda assim, talvez o que seja mais marcante sobre essa troca é que o Senhor escolheu responder a Jó. Certamente ele não tinha nenhuma obrigação de fazer isso, e ainda assim desejou se aproximar e falar com Jó. Como veremos no próximo estudo, embora as perguntas do Altíssimo quisessem assombrar Jó e chacoalhá-lo, o Senhor não estava punindo seu servo por fazer perguntas. Ao contrário, estava colocando Jó na atitude apropriada para receber a paz e o conforto que ele buscava. O Eterno estava levando Jó para um lugar de contemplação silenciosa.

Pontos para Lembrar

❖ O conhecimento de Deus é perfeito, e só temos lampejos da forma como as coisas realmente acontecem quando o Criador escolhe revelar seus planos a nós.
❖ O Senhor vai chamar nossa atenção quando precisar nos corrigir ou exortar, mas ele sempre o faz em amor.
❖ Às vezes, a melhor coisa que podemos fazer é estar em silêncio e reverência diante de um Deus Todo-poderoso e santo.

Oração do Dia

Pai, obrigado por tua preocupação amorosa e por tua paciência quando temos perguntas sobre tuas intenções ou sobre por que às vezes temos que passar por provações. Obrigado por olhar além das nossas palavras, para o medo e a incerteza gerados por elas. Obrigado por se envolver no íntimo do nosso sofrimento. Dá-nos sabedoria e ajuda-nos a sempre lembrar que todas as coisas estão debaixo do teu controle. Em nome de Jesus, amém.

Quarto Dia: A resposta apropriada

SEM PALAVRAS

Será que Jó entendeu a mensagem? Acho que sim. Finalmente, sua mão trêmula se levanta, e Deus para o tempo o suficiente para que ele responda. "Sou indigno; como posso responder-te? Ponho a mão sobre a minha boca. Falei uma vez, mas não tenho resposta; sim, duas vezes, mas não direi mais nada" (Jó 40:4-5).

> *"Ponho a mão sobre a minha boca. Falei uma vez, mas não tenho resposta; sim, duas vezes, mas não direi mais nada"* (Jó 40:4-5).

39

Descanse no Senhor e aguarde por ele com paciência (Salmos 37:7).

Observe a mudança: antes de ouvir o Altíssimo, Jó não conseguia parar de falar.

Depois de ouvir o Senhor, não conseguia falar mais.

O silêncio era a única resposta apropriada. Houve um tempo na vida de Tomás de Kempis quando ele também cobriu sua boca. Ele tinha escrito com abundância sobre o caráter de Deus, mas um dia o Criador o confrontou com tal graça que, a partir daquele momento, todas as palavras de Kempis "pareciam palha". Ele baixou sua caneta e nunca mais escreveu nenhuma linha. Colocou sua mão sobre sua boca.

A palavra para tais ocasiões é reverência: "Santificado seja o teu nome".

Essa frase é uma petição, não uma proclamação; um pedido, não um anúncio. Santificado seja o teu nome. Faça o que for preciso para ser santo na minha vida. Tome o seu lugar de direito no trono. Exalte-se. Magnifique-se. Glorifique-se. Seja o Senhor, e eu ficarei quieto.

1. Deus chamou a atenção de Jó, e este finalmente percebeu que não era nada diante do Todo-poderoso Criador do universo. Como o Senhor chamou sua atenção no passado e revelou sua santidade a você? Como você reagiu?

___
___
___
___
___

2. O Criador se tornou conhecido a Jó por intermédio da "tempestade" ou do "redemoinho". Leia 1Reis 19:1-18. Como Deus se fez conhecido a Elias? Por que acha que o Senhor escolheu falar a Elias dessa maneira? Quais outras formas o Altíssimo escolhe se comunicar conosco hoje?

___
___
___
___
___

3. Quando Jó foi confrontado com a santidade de Deus, o silêncio foi sua única resposta. O silêncio é fácil para você? Quanto de seu tempo de oração é gasto falando para o Todo-poderoso e quanto é gasto ouvindo-o?

___
___
___
___
___

4. Baseado nas palavras de Deus a Jó, você acha que o Senhor está satisfeito com essa divisão de tempo? Se não, que mudanças você precisa fazer?

___
___

LIÇÃO 2 ❖ Jó ❖ Quarto dia: A resposta apropriada

PARE DE LUTAR

A palavra *santificado* vem da palavra *santo*, e a palavra *santo* significa "separar". A ascendência desse termo pode ser traçada até uma palavra antiga que significa "cortar". Ser santo, então, é ser cortado acima da norma, superior, extraordinário. O Único Santo habita em um nível diferente do restante de nós, então, o que nos assusta não o assusta, e o que nos perturba não o perturba.

Sou mais uma pessoa de terra firme do que um marinheiro, mas naveguei tempo suficiente em um barco de pesca para saber o segredo de estar terra firme durante uma tempestade... você não foca em outro barco e com certeza não fica olhando para as ondas. Você olha para um objeto não afetado pelo vento — uma luz na costa — e segue em frente até ele, pois a luz não é afetada pela tempestade.

Quando você foca em Deus, coloca o foco naquele que está "um corte acima" de qualquer tempestade que a vida possa trazer.

Como Jó, você encontra paz na dor.

Como Jó, cobre sua boca e fica quieto.

"Parem de lutar! Saibam que eu sou Deus!" (Salmos 46:10). Esse versículo contém um mandamento com uma promessa.

O mandamento?

Pare de lutar.

Cubra sua boca. Dobre seus joelhos.

A promessa? Você *saberá que eu sou Deus.*

O barco da fé viaja por águas tranquilas. O crer navega nas asas do esperar.

Não há ninguém santo como o S<small>ENHOR</small>; não há outro além de ti. (1Samuel 2:2).

5. Por que é tão importante "parar de lutar" diante de Deus para experimentar sua santidade? De que maneiras o silêncio e o descanso abrem caminho para entrar na presença do Criador?

6. Leia Mateus 14:28-31. Por que é tão importante manter sempre nosso foco no Senhor em meio à tempestade?

7. Uma das maneiras de ficarmos ancorados durante períodos de tempestade é ter a Palavra de Deus escondida em nosso coração. Que promessas as passagens seguintes contêm que permitem que recorramos a elas em meio a períodos de provação?

João 16:33: "Eu lhes disse essas coisas para que em mim vocês tenham paz. Neste mundo vocês terão aflições; contudo, tenham ânimo! Eu venci o mundo".

_____
_____
_____
_____

2Coríntios 4:8-9: "De todos os lados somos pressionados, mas não desanimados; ficamos perplexos, mas não desesperados; somos perseguidos, mas não abandonados; abatidos, mas não destruídos".

_____
_____
_____
_____

1Pedro 5:10: "O Deus de toda a graça, que os chamou para a sua glória eterna em Cristo Jesus, depois de terem sofrido durante um pouco de tempo, os restaurará, os confirmará, lhes dará forças e os porá sobre firmes alicerces".

_____
_____
_____
_____

Apocalipse 21:4: "Ele enxugará dos seus olhos toda lágrima. Não haverá mais morte, nem tristeza, nem choro, nem dor, pois a antiga ordem já passou".

_____
_____
_____
_____

Parte do processo de meditação é entender a soberania do Senhor, que não responde a ninguém, muito menos à obra da sua criação. Ainda assim, em sua misericórdia, Deus atende aos nossos questionamentos. E mais: como veremos no próximo estudo, permite que o vejamos em meio ao nosso sofrimento.

Pontos para Lembrar

❖ Quando Deus nos confronta com sua graça, começamos a entender que nosso conhecimento dele é "como palha".
❖ Quando compreendemos a verdadeira natureza do Criador, o convidamos para que tome seu lugar de direito no trono de nossa vida.
❖ Concentrar nossa visão no Altíssimo no meio de uma tempestade nos capacitará a ver acima do vento e das ondas e a encontrar paz na dor.

Oração do Dia

Pai, obrigado por nos dar um ponto fixo como alvo para quando as tempestades da vida nos ameaçarem. Obrigado por compreender nossas debilidades e fraquezas. Acalma nosso coração e aquieta nossa língua. Ajuda-nos a meditar na tua Palavra para que possamos encontrar conforto e direção em nossos tempos de necessidade. Em nome de Jesus, amém.

Quinto Dia: Vendo Deus

DEUS NÃO DEVE NADA

No final, a mensagem de Deus conecta o fato de que Jó é um camponês dizendo ao Rei como governar o reino. Ele é o espectador dizendo a Michael Jordan como deve arremessar. Ele é a argila dizendo ao oleiro para não apertar muito forte.

"Quem primeiro me deu alguma coisa, que eu lhe deva pagar?", declara o Senhor em meio ao vento crescente. "Tudo o que há debaixo dos céus me pertence" (Jó 41:11). Jó não podia argumentar, pois o Criador não deve nada a ninguém, nenhuma explicação, nem desculpas, nem ajuda. O Altíssimo não tem dívidas, nem saldo devedor, nem favores para pagar. Ele não deve nada a ninguém.

O que torna ainda mais impressionante o fato de o Senhor nos ter dado tudo.

A chave é como interpretar essa santa apresentação. Você pode traduzir o discurso impactante de Deus como uma bronca divina na sua cara, se desejar; pode ainda usar a lista de perguntas sem resposta para provar que o Criador é duro, cruel e distante. Também pode lançar mão do Livro de Jó como evidência de que o Senhor nos dá perguntas, e não respostas, mas, para isso, você precisa de tesouras, para cortar fora o restante do livro de Jó.

Porque não foi assim que Jó ouviu o Senhor. Por toda a sua vida, ele tinha sido um bom homem, havia acreditado em Deus; por toda a sua existência ele havia discutido sobre o Criador, tinha noções sobre ele e dirigiu orações a ele. *Mas, na tempestade, Jó o vê!*

> *"Quem primeiro me deu alguma coisa, que eu lhe deva pagar? Tudo o que há debaixo dos céus me pertence"* (Jó 41:11).

Dez homens da Bíblia ❖ Max Lucado

Então Jó respondeu ao Senhor: "Sei que podes fazer todas as coisas; [...] Certo é que falei de coisas que eu não entendia, coisas tão maravilhosas que eu não poderia saber" (Jó 42:1-3).

Ele vê esperança. O amado. O destruidor. O doador. O tomador. O sonhador. O libertador. Jó vê a ira suave de um Deus cujo amor sem fim é muitas vezes recebido com uma desconfiança peculiar. Jó se coloca como uma folha de erva contra o fogo consumidor do esplendor do Senhor e suas exigências derretem como cera quando o Altíssimo abre as cortinas e a luz dos céus cai sem barreiras por toda a terra.

Jó vê Deus.

1. Em Romanos 5:3-5, Paulo resume o processo pelo qual Jó conseguiu encontrar esperança. Em primeiro lugar, "a tribulação produz perseverança" (v. 3). Por que a perseverança é um bem tão valioso?

_____
_____
_____
_____

2. Em segundo lugar, a perseverança desenvolve "um caráter aprovado" (v. 4). Como a nossa capacidade de resistir à tempestade desenvolve nosso caráter?

_____
_____
_____
_____

3. Em terceiro lugar, "o caráter aprovado" fortalece nossa "esperança" (v. 4). Como nossa força de caráter produz esperança dentro de nós?

_____
_____
_____
_____

4. Por fim "a esperança não nos decepciona, porque Deus derramou seu amor em nossos corações, por meio do Espírito Santo que ele nos concedeu" (v. 5). Como Jó experimentou o amor do Altíssimo? Como sua interação com o Senhor o levou à esperança?

_____
_____
_____
_____
_____

LIÇÃO 2 ❖ Jó ❖ Quinto dia: Vendo Deus

JÓ VÊ DEUS

Deus poderia dar as costas nesse momento. O martelo da justiça foi batido; o veredicto, entregue. O Juiz Eterno falou.

Ah, mas o Senhor não está irritado com Jó. Firme? Sim. Direto? Sem dúvida.

Claro e convincente? Absolutamente. Mas irritado? Não.

O Altíssimo nunca se incomoda com a luz de alguém que o busca com honestidade.

Se quiser sublinhar alguma passagem do livro de Jó, sublinhe esta: "Meus ouvidos já tinham ouvido a teu respeito, mas agora os meus olhos te viram" (Jó 42:5).

Jó vê o Criador — e isso é o suficiente, mas não é o bastante para Deus.

Nos anos seguintes, encontramos Jó mais uma vez sentado atrás de sua escrivaninha de mogno com a saúde restaurada e os lucros só aumentando. Seu colo está novamente cheio de filhos, netos e bisnetos — até a quarta geração! Se Jó alguma vez imaginou por que Deus não traz de volta os filhos que levou, ele não chegou a perguntar. Talvez não pergunte porque sabe que seus filhos não poderiam estar mais felizes do que estão na presença daquele a quem viu o Senhor tão rapidamente.

Algo me diz que Jó faria tudo de novo, se isso fosse necessário para ouvir a voz do Altíssimo e ficar diante de sua presença. Mesmo que Deus o mantivesse com suas feridas e com suas contas, Jó faria tudo de novo.

Porque o Criador deu a Jó mais do que ele jamais sonhou. Deus deu de si mesmo para Jó.

5. Qual a diferença entre *ouvir* falar de Deus e *vê-lo*?

_____
_____
_____
_____
_____

6. Por que muitas vezes vemos Deus com mais clareza em meio ao sofrimento e à tragédia do que em meio à felicidade e à prosperidade?

_____
_____
_____
_____
_____

7. Que diferença teria feito para Jó se ele estivesse convencido, desde o início, de que o Senhor tiraria daquela situação um bem maior?

_____
_____
_____
_____
_____

> *"Tu disseste: 'Agora escute, e eu falarei; vou fazer-lhe perguntas, e você me responderá'. Meus ouvidos já tinham ouvido a teu respeito, mas agora os meus olhos te viram" (Jó 42:4-5).*
>
> *O Senhor o tornou novamente próspero e lhe deu em dobro tudo o que tinha antes. [...] Também teve ainda sete filhos e três filhas (vv. 10, 13).*

8. Nem todos que sofrem uma perda devastadora recebem uma nova família, a riqueza restaurada ou um atestado de boa saúde. De que outras maneiras Deus pode trazer um bem maior a partir de circunstâncias trágicas ou dolorosas?

_____
_____
_____
_____
_____

Satanás tinha ousado questionar a estabilidade da fé de Jó, e Deus lhe deu permissão para testar Jó. O Senhor disse a Satanás: "Pois bem, tudo o que ele possui está nas suas mãos; apenas não toque nele" (Jó 1:12).

O Criador estabeleceu tanto a permissão quanto os parâmetros da disputa, e Jó passou no teste. Então Satanás reclamou de novo, afirmando que Jó teria caído se tivesse sido forçado a enfrentar a dor. Novamente, Deus deu permissão, e de novo o Altíssimo estabeleceu os parâmetros. O Senhor disse a Satanás: "Pois bem, ele está nas suas mãos; apenas poupe a vida dele" (2:6).

Embora a dor e os questionamentos fossem abundantes, no final a fé e a saúde de Jó estavam maiores do que nunca. Descobrimos que os irmãos e irmãs de Jó "o consolaram e o confortaram por todas as tribulações que o Senhor tinha trazido sobre ele" (42:11). Satanás não tinha poder nenhum, a não ser quando o Eterno deu poder a ele.

Quando a crise vem, você pode perder o sentimento da presença de Deus. Jó, com certeza, perdeu. "Mas, se vou para o oriente, lá ele não está; se vou para o ocidente, não o encontro. Quando ele está em ação no norte, não o enxergo; quando vai para o sul, nem sombra dele eu vejo!" (23:8-9). Jó se sentiu longe do Senhor. Ainda assim, apesar de sua incapacidade de sentir Deus, Jó decidiu: "Mas ele conhece o caminho por onde ando; se me puser à prova, aparecerei como o ouro" (v. 10). Dias difíceis exigem decisões de fé.

Em meio às suas tempestades diárias, faça disso um ponto de segurança e firme sua visão no Criador e deixe que o Altíssimo o banhe em sua glória, de modo que sua respiração e seus problemas sejam sugados de sua alma. Pare de lutar. Fique em silêncio. Esteja aberto e disposto. Então você saberá que Deus é Deus, e só conseguirá confessar: "Santificado seja o teu nome".

> _Depois disso Jó viveu cento e quarenta anos; viu seus filhos e os descendentes deles até a quarta geração. E então morreu, em idade muito avançada_ (Jó 42:16-17).

Pontos para Lembrar

- ❖ Muitas vezes, durante as tempestades da vida, vemos o Senhor verdadeiramente e começamos a entender como o Altíssimo está trabalhando em nossa situação.
- ❖ Podemos pensar que sabemos tudo sobre Deus, mas nunca o entenderemos verdadeiramente se não experimentarmos sua presença.
- ❖ O Criador está no negócio da restauração — nossas casas, nossas famílias, nossas amizades, e nossa própria vida.

Oração do Dia

Pai, obrigado pela promessa de que tu nunca nos deixarias ou nos abandonarias. Sabemos que, enquanto o inimigo conspira contra nós, no fim tu estás no controle e usarás todas as coisas para tua glória. Ajuda-nos a fixar nossos olhos em ti durante os tempos de dificuldade para que nunca sejamos tirados do rumo. Em nome de Jesus, amém.

Versículo para Memorizar na Semana

Feliz é o homem que persevera na provação, porque depois de aprovado receberá a coroa da vida, que Deus prometeu aos que o amam.

Tiago 1:12

Leitura suplementar

Os textos dessa lição foram retirados de *The Great House of God* [publicado no Brasil como: *A grande casa de Deus*. Rio de Janeiro: CPAD, 2001]; *In the Eye of the Storm* [publicado no Brasil como: *No olho do furacão*. São Paulo: Mundo Cristão, 2014]; e *You'll Get Through This* [publicado no Brasil como: *Você vai sair dessa!* Rio de Janeiro: Thomas Nelson Brasil, 2013].

LIÇÃO 3

Jacó

LUTANDO COM O PASSADO

Entre 1854 e 1929, cerca de 200 mil órfãos e crianças abandonadas em cidades do leste americano foram colocados em trens que rumavam a oeste e eram enviados para o outro lado dos Estados Unidos à procura de lares e famílias. Muitas das crianças tinham perdido seus pais em epidemias e outras eram filhos de imigrantes sem sorte; alguns ficaram órfãos por conta da Guerra Civil e outros, por causa do álcool.

Mas todos precisavam de casa. Embarcados nos trens em grupos de trinta a quarenta, eles paravam em áreas rurais para observação. As crianças eram alinhadas na plataforma como se fossem cabeças de gado em um leilão, e os potenciais adotantes faziam perguntas, avaliavam a saúde e examinavam os dentes. Se selecionadas, as crianças iam para suas casas; se não, voltavam para o trem.

O Trem dos Órfãos.

Lee Nailling se lembra da experiência. Ele já estava morando no Lar de Órfãos do Condado de Jefferson por dois anos quando, então com oito, foi levado com seus dois irmãos mais novos para uma estação de trem em Nova York. No dia anterior, seu pai biológico lhe dera um envelope cor-de-rosa com o nome e o endereço paterno e pediu ao filho para lhe escrever assim que alcançasse seu destino. O garoto colocou o envelope dentro do bolso do seu casaco para que ninguém o tirasse dele e o trem partiu para o Texas. Lee e seus irmãos caíram no sono, e quando ele acordou, o envelope cor-de-rosa não estava mais lá.

Ele nunca o viu novamente.

O que adoraria dizer é que o pai de Lee o encontrou. Que o homem, não disposto a passar nem mais um segundo sem seus filhos, vendeu tudo o que tinha para que pudesse reunir sua família de novo. Adoraria descrever o momento quando Lee ouviu seu pai dizer: "Filho, sou eu! Eu vim para você". A biografia de Lee Nailling, entretanto, não inclui esse evento.

Porque Deus nos escolheu nele antes da criação do mundo, para sermos santos e irrepreensíveis em sua presença. Em amor nos predestinou para sermos adotados como filhos, por meio de Jesus Cristo, conforme o bom propósito da sua vontade (Efésios 1:4-5).

Mas a sua contém.

Há muito tempo, antes mesmo de ter criado o mundo, Deus nos amou e nos escolheu em Cristo para sermos santos e sem faltas a seus olhos. Seu plano imutável sempre foi nos adotar em sua própria família ao nos levar para si por intermédio de Jesus Cristo, e isso deu grande prazer a ele (veja Efésios 1:4-5).

Há algo em você que Deus ama. Não apenas aprecia ou aprova: ama. Você faz as pupilas do Senhor dilatarem e o coração dele bater mais rápido. Ele te ama e aceita você.

Não ansiamos por isso? Jacó ansiava. O Antigo Testamento conta a história dessa alma esperta, astuta e traiçoeira que passou os primeiros anos da sua vida colecionando esposas, dinheiro e gado da mesma forma que alguns homens hoje colecionam esposas, dinheiro e gado. Mas crescia a inquietação de Jacó e, na metade da vida, ele tinha uma dor em seu coração que caravanas e concubinas não poderiam confortar. Então, carregou sua família e partiu para seu país natal.

1. É fácil para você concordar com a ideia de que Deus aprova, aceita e ama você? Se é difícil, por quê?

_____
_____
_____
_____
_____
_____

2. O que o leva a se sentir inquieto ou não satisfeito na vida, tal como Jacó?

_____
_____
_____
_____
_____
_____

A inquietação era parte da personalidade de Jacó, o qual, não satisfeito com as cartas que a vida havia lhe dado, tentou manipular o jogo. Brincou com os conceitos de verdade, integridade e honra, e traiu e fraudou todos os que ficaram no seu caminho. Mas, apesar disso tudo, Deus o amava e nunca parou de ir atrás dele.

Oração da Semana

*Pai, obrigado por nos amar, perseguir e adotar em tua família.
Obrigado por ver em nós o que ninguém mais consegue.
Guia-nos por este estudo de teu servo Jacó e ajuda-nos a entender
o que significa lutar contigo. Em nome de Jesus, amém.*

LIÇÃO 3 ❖ Jacó ❖ Primeiro dia: O confronto em Jaboque

Primeiro Dia: O confronto em Jaboque

JACÓ, O CONSPIRADOR

Jacó era o jogador dos patriarcas, um mestre do jogo de mãos e dos dribles que tinha a reputação desagradável de conseguir tudo o que queria por bem ou por mal, ou ambos.

Por duas vezes ele trapaceou seu irmão Esaú para subir mais alto na hierarquia familiar, sendo que uma vez ele passou a perna nos olhos de seu próprio pai, um truque particularmente sujo já que os olhos de seu pai já eram bem fracos, e esse truque lhe assegurou um presente que de outra forma ele nunca teria recebido.

Mais tarde, ele roubou o melhor gado do seu sogro e, quando ninguém estava olhando, pegou seus filhos e o gado e desapareceu.

Sim, Jacó tinha uma reputação picante e merecia a má fama; além disso, para ele, os fins sempre justificavam os meios e sua esperteza só perdia para sua audácia. Sua consciência era calejada o suficiente para deixá-lo dormir, e seus pés eram rápidos o suficiente para mantê-lo um passo à frente das consequências.

Isso até que ele alcançasse um rio chamado Jaboque, onde sua própria astúcia o alcançou.

1. O livro de Gênesis nos dá muitos relatos de astúcia e engano de Jacó. Observe os versículos a seguir e descreva como ele enganou cada pessoa.

Esaú, seu irmão: Gênesis 25:27-34

_____
_____
_____
_____

Isaque, seu pai: Gênesis 27:14-29

_____
_____
_____
_____

Labão, seu sogro: Gênesis 30:29-43

_____
_____
_____
_____

> *Então Jacó serviu a Esaú pão com ensopado de lentilhas. [...] Esaú desprezou o seu direito de filho mais velho* (Gênesis 25:34).

> *E disse Esaú: "Não é com razão que o seu nome é Jacó? Já é a segunda vez que ele me engana! Primeiro tomou o meu direito de filho mais velho, e agora recebeu a minha bênção!"* (27:36).

> *Desse modo, os animais fracos ficavam para Labão e os mais fortes para Jacó. Assim o homem ficou extremamente rico* (30:42-43).

2. Como você acha que Jacó racionalizava seu comportamento? Como é possível que as pessoas hoje sejam tão alheias — ou tão indiferentes — às consequências de suas atitudes?

___

3. Em 1Samuel 16:7, lemos: "o homem vê a aparência, mas o Senhor vê o coração". Sabendo disso, por que Deus escolheu uma pessoa como Jacó para ter um papel tão importante em seus planos?

___

4. Que esperança isso dá a nós, que podemos ter mais em comum com Jacó do que queremos admitir?

___

CHEGA DE FUGIR

Quando os mensageiros voltaram a Jacó, disseram-lhe: "Fomos até seu irmão Esaú, e ele está vindo ao seu encontro, com quatrocentos homens" (Gênesis 32:6).

Assim os presentes de Jacó seguiram à sua frente; ele, porém, passou a noite no acampamento (v. 21).

Jacó estava acampado perto do rio quando recebeu a notícia de que o grande e cabeludo Esaú estava vindo para vê-lo. Já haviam se passado vinte anos desde que Jacó enganou seu irmão, mais do que suficiente, pensou Jacó, para Esaú agitar um pote fervente de vingança. Jacó estava em apuros, e desta vez, ele não tinha mais truques na manga. Finalmente foi forçado a enfrentar a si mesmo e a Deus.

Dando crédito a Jacó, ele não fugiu do problema, e até podemos nos perguntar por quê. Talvez estivesse cansado de fugir, ou, quem sabe, estivesse cansado de olhar para o personagem sombrio que via toda manhã no espelho; ou talvez soubesse que já tinha roubado no jogo vezes demais. Qualquer que tenha sido a motivação, era o bastante para levá-lo a sair das sombras, cruzar o rio Jaboque sozinho e enfrentar os fatos.

A palavra *Jaboque*, em hebraico, significa "lutar", e lutar foi o que Jacó fez. Ele lutou com o seu passado: todas as mentirinhas inocentes, conspirações e escândalos; lutou com sua situação: uma aranha presa em sua própria teia de engano e esperteza, mas, acima de tudo, ele lutou com Deus.

5. Leia Gênesis 32:3-6. Que tática Jacó usou a fim de preparar o caminho para seu encontro com Esaú? Qual foi o resultado?

LIÇÃO 3 ❖ Jacó ❖ Primeiro dia: O confronto em Jaboque

_____
_____
_____
_____

6. Até esse ponto, a estratégia preferida de Jacó para lidar com seu passado era fugir. Por que muitas vezes parece tão mais fácil fugir de nossos problemas do que enfrentá-los? O que a história de Jacó nos mostra sobre as consequências de longo prazo da fuga contínua?
_____
_____
_____
_____

7. Lembre-se de uma vez em que você foi forçado a confrontar algo feio de seu passado. O que o convenceu a ficar e enfrentar, em vez de fugir do problema?
_____
_____
_____
_____

8. Quando você considera seu passado, que outros confrontos potenciais vê? Que assuntos não resolvidos ou relacionamentos desfeitos precisam ser encarados?
_____
_____
_____
_____

Quando Jacó cruzou o rio Jaboque, fez mais do que as pazes com o seu passado: ele embarcou na jornada de criação de um futuro melhor para si mesmo. É como se ele finalmente compreendesse que seus hábitos antigos eram insustentáveis e que precisava aspirar a algo novo — algo que o preenchesse melhor. Em primeiro lugar, entretanto, ele precisava saber se tinha valor no esquema maior das coisas, isto é, saber que era importante.

❧ Pontos para Lembrar ❧

❖ Podemos racionalizar nossos malfeitos e nos convencer que podemos nos livrar de nossos pecados, mas, no fim, todos temos que confrontar nosso passado em nosso próprio Jaboque.

❖ Deus tem um modo de orquestrar os eventos de maneira que nos leve a confrontar nosso passado e a lidar com ele.

❖ Jacó, por fim, percebeu que não poderia passar sua vida fugindo de seus problemas — e o mesmo se aplica a nós hoje.

ORAÇÃO DO DIA

Pai, obrigado por estares pronto a lutar conosco quando estamos prontos a confrontar nosso passado e fazer mudanças positivas em nossa vida. Guia nossa busca e dá-nos uma percepção do futuro que tu tens guardado para nós. Em nome de Jesus, amém.

Segundo Dia: Nós somos importantes?

EM COMBATE

Naquela noite Jacó levantou-se, tomou suas duas mulheres, suas duas servas e seus onze filhos para atravessar o lugar de passagem do Jaboque. [...] E Jacó ficou sozinho (Gênesis 32:22,24).

Quando o homem viu que não poderia dominá-lo, tocou na articulação da coxa de Jacó, de forma que lhe deslocou a coxa, enquanto lutavam (v. 25).

Mas Jacó lhe respondeu: "Não te deixarei ir, a não ser que me abençoes" (v. 26).

O primeiro movimento de Jacó foi enviar suas esposas, suas servas e seus onze filhos pelo Jaboque sem ele, pois precisava ficar sozinho. Com seus medos? Talvez para reunir sua coragem. Com seus pensamentos? Um tempo longe de seus filhos e camelos cairia bem. De novo, não somos informados do motivo pelo qual ele ficou sozinho à beira do rio, mas somos informados de "um homem que se pôs a lutar com ele até o amanhecer" (Gênesis 32:24).

E esse era um Homem, com H maiúsculo, porque não era um homem comum. Surgiu do meio da escuridão, e, ao longo de toda a noite os dois lutaram, caindo e derrubando na lama do Jaboque. Em certo momento, Jacó estava ganhando do homem, até que o homem decidiu resolver a questão de uma vez por todas. Com um toque no quadril, ele deixou Jacó com a coxa deslocada, como um toureiro ferido; esse tranco abriu a visão de Jacó, e ele percebeu: *Estou lutando com Deus.* Ele agarrou forte o homem e então pediu por sua vida. "Não te deixarei ir, a não ser que me abençoes", ele insistiu (veja v. 26).

1. Em Efésios 3:12, Paulo escreve: "por intermédio de [Cristo] temos livre acesso a Deus em confiança, pela fé nele". Jacó demonstrou esse tipo de confiança quando lutou com o Altíssimo. Por que o Criador recompensa nossa confiança quando nos aproximamos dele?

   _____
   _____
   _____
   _____

2. Por que o Senhor deixou Jacó com um ferimento para o lembrar do encontro?

   _____
   _____
   _____
   _____

3. O que você acha que Jacó pensava cada vez que sentia uma pontada no quadril?

LIÇÃO 3 ❖ Jacó ❖ Segundo dia: Nós somos importantes?

4. Que métodos Deus tem usado para lembrá-lo de seus encontros com ele?

_____
_____
_____

FILHOS ESCOLHIDOS

O que devemos fazer com isso? Deus na lama, uma briga de carne e osso até o fim com Jacó agarrado e, depois, mancando. Tão bizarro que parece mais uma briga de mafiosos do que uma história bíblica. Mas e o pedido de bênção? Essa parte eu entendo. Traduzindo para nossa linguagem hoje, Jacó está perguntando: "Deus, eu sou importante para ti?"

Eu faria a mesma pergunta. Em um encontro cara a cara com o homem, arriscaria perguntar: "Você sabe quem eu sou? No esquema maior das coisas, valho alguma coisa?"

São tantas as mensagens que nos dizem que não temos importância: somos demitidos do trabalho, recusados pela escola. Todas as coisas, das espinhas no rosto ao Alzheimer, nos fazem sentir como a menina sem par no baile de formatura.

Nós reagimos, validamos nossa existência com uma enxurrada de atividades, e fazemos mais: compramos mais, alcançamos mais. Como Jacó, nós lutamos, e todas as nossas lutas, acho eu, são apenas uma maneira de fazer a pergunta: "Eu sou importante?"

E pela graça, eu creio, o Criador está com certeza respondendo: "Seja abençoado, meu filho. Eu aceito você. Eu o adotei na minha própria família". Filhos adotivos são filhos escolhidos.

Os teus olhos viram o meu embrião; todos os dias determinados para mim foram escritos no teu livro antes de qualquer deles existir (Salmos 139:16).

Tu, Senhor, és o nosso Pai, e desde a antiguidade te chamas nosso Redentor (Isaías 63:16).

5. Por toda a Bíblia somos lembrados que o Senhor nos aceitou e nos adotou em sua própria família. Leia as passagens a seguir e escreva o que o Criador está dizendo para você sobre ser seu filho ou filha escolhido.

João 1:12: "Contudo, aos que o receberam, aos que creram em seu nome, deu-lhes o direito de se tornarem filhos de Deus".

_____
_____
_____
_____

Romanos 8:15-16: "Pois vocês não receberam um espírito que os escravize para novamente temerem, mas receberam o Espírito que os torna filhos por adoção, por meio do qual clamamos: 'Aba, Pai'. O próprio Espírito testemunha ao nosso espírito que somos filhos de Deus".

_____
_____
_____
_____

1João 3:1: "Vejam como é grande o amor que o Pai nos concedeu: sermos chamados filhos de Deus, o que de fato somos! Por isso o mundo não nos conhece, porque não o conheceu".

Efésios 2:19: "Portanto, vocês já não são estrangeiros nem forasteiros, mas concidadãos dos santos e membros da família de Deus".

Gálatas 4:7: "Assim, você já não é mais escravo, mas filho; e, por ser filho, Deus também o tornou herdeiro".

6. Que mensagens recebidas de outras pessoas, ou circunstâncias da sua vida levaram você a duvidar de que é importante para Deus?

7. Em Isaías 49:16, Deus afirma: "Veja, eu gravei você nas palmas das minhas mãos; seus muros estão sempre diante de mim". O que isso lhe diz sobre sua verdadeira importância para o Altíssimo?

8. Por que é essencial que os filhos adotivos de Deus acreditem que o Senhor tem um futuro e uma esperança para eles?

9. Em sua opinião, o que os planos do Senhor para você envolvem? Por quê?

LIÇÃO 3 ❖ Jacó ❖ Terceiro dia: O que existe em um nome?

Os socorristas dirão que um dos perigos do trabalho deles é a ameaça de ferimentos nas mãos das vítimas que eles estão socorrendo. Um determinado reflexo leva algumas pessoas a lutarem com aqueles que estão tentando ajudá-los, e, como veremos no próximo estudo, esse reflexo pode ter aparecido em Jacó. Talvez seus anos de culpa, frustração, insatisfação e medo o levaram a empurrar para longe aquele que podia salvá-lo.

Pontos para Lembrar

❖ Deus nos convida a chegar com confiança diante de sua presença e também a discutir os assuntos difíceis com o Senhor.
❖ Assim como Jacó saiu de seu confronto com o Altíssimo mancando, nossos encontros com o Criador sempre nos transformarão profundamente de alguma forma.
❖ Todas as vezes que perguntamos se somos importantes para o Eterno, ele responde com um sim definitivo.

Oração do Dia

Pai, obrigado por ser o socorrista definitivo — no lugar certo mesmo antes de percebermos que precisamos de ti. Obrigado por olhar além de nossos instintos contraproducentes quando trabalhas conosco. Guia nossas lutas a teu critério para produzir o tipo de paz de espírito e satisfação que Jacó experimentou depois de sua luta contigo. Em nome de Jesus, amém.

Terceiro Dia: O que existe em um nome?

UM NOVO NOME E UMA NOVA PROMESSA

Jacó lutou com o mesmo Deus que desceu a escada em Betel para assegurar a ele que não estava sozinho (embora merecesse estar) e encontrou o mesmo Deus que anteriormente lhe garantiu que nunca quebraria sua promessa (embora ninguém pudesse culpar o Senhor se ele o fizesse). Além disso, confrontou o mesmo Deus que lhe tinha lembrado que a terra preparada para ele ainda era dele. (Mais uma prova de que o Altíssimo nos abençoa *apesar* de nossas vidas, e não *por causa* de nossas vidas.)

Jacó lutou com o Criador a noite inteira. Nas margens do Jaboque ele rolou na lama de seus erros e encontrou o Senhor face a face, cansado de seu passado e desesperado por um novo começo. E porque Jacó queria tanto, Deus honrou sua determinação e deu a ele um novo nome e uma nova promessa, mas também lhe deu um quadril machucado como lembrete daquela noite misteriosa à margem do rio.

Ao lado dele estava o Senhor, que lhe disse: [...] "Darei a você e a seus descendentes a terra na qual você está deitado. [...] Estou com você e cuidarei de você, aonde quer que vá; e eu o trarei de volta a esta terra" (Gn 28:13,15).

Então disse o homem: "Seu nome não será mais Jacó, mas sim Israel" (32:28).

Dez homens da Bíblia ❖ Max Lucado

O músculo ligado à articulação do quadril, porque nesse músculo Jacó foi ferido (v. 32).

Depois saiu seu irmão, com a mão agarrada no calcanhar de Esaú; pelo que lhe deram o nome de Jacó (25:26).

O fato de Deus ter dado a Jacó um novo nome é importante, porque nomes dizem muito sobre uma pessoa. Em Gênesis 25 descobrimos que, quando Jacó nasceu, ele estava agarrado ao calcanhar de seu irmão gêmeo. Então sua mãe, Rebeca, deu a ele o nome de "Jacó", que em hebraico soa como a palavra para "calcanhar". A expressão "agarrar no calcanhar de alguém" é um ditado hebraico para enganar alguém, e isso descrevia bem o caráter de Jacó.

Agora o Senhor estava dizendo: "Seu nome não será mais Jacó, mas sim Israel, porque você lutou com Deus e com homens e venceu" (Gênesis 32:28). O nome Israel pode significar "príncipe de Deus".

1. Por que Jacó se recusou a deixar o homem partir? O que sua determinação em lutar com Deus nos diz sobre o que acontecia na vida dele naquele momento?

2. Qual era o significado do novo nome que o Criador estava dando a Jacó? Como isso comunicava a bênção de Deus em sua vida?

3. O que significa o seu nome? Qual a relevância dele? O que significa para outras pessoas? Quando outros ouvem o seu nome, no que pensam?

4. Se Deus fosse lutar com você e lhe dar um novo nome, como ele fez com Jacó, o que gostaria que esse nome significasse? Por quê?

OS NOMES DE DEUS

Mas [o homem] respondeu: "Por que pergunta o meu nome?" E o abençoou ali (Gênesis 32:29).

Imediatamente após receber um novo nome de Deus, Jacó diz ao Senhor: "Peço-te que digas o teu nome" (v. 29).

É interessante que Jacó tenha feito essa pergunta porque os nomes do Senhor na Bíblia nos dão um entendimento de seu caráter. Deixe-me explicar. Imagine que você e eu estejamos conversando em 1978. Você se aproxima de mim no campus da universidade onde eu estudava e pergunta:

LIÇÃO 3 ❖ JACÓ ❖ Terceiro dia: O que existe em um nome?

—Você conhece Denalyn Preston?

Eu teria respondido:

— Deixe-me pensar. Oh, conheço Denalyn, sim, ela é uma conhecida minha. É aquela garota bonita que anda de bicicleta e veste macacão nas aulas.

Isso é tudo o que sabia sobre ela.

Mas olhemos um ano à frente. Agora estamos em Miami, Flórida, onde sou pastor e Denalyn é professora.

— Conhece Denalyn Preston?

— É claro que sim. É uma amiga. Vejo-a todo domingo.

Pergunte-me de novo no ano seguinte:

— Denalyn Preston? É claro que a conheço. Ela não tira os olhos de mim. (Estou brincando, amor.)

Mais doze meses para frente:

— Quem não conhece Denalyn Preston? — eu responderia. — Acha que ela sairia comigo?

Seis meses depois:

— É claro que a conheço. Não consigo parar de pensar nela. Vamos sair novamente na semana que vem.

Dois meses depois:

— Se conheço Denalyn Preston? Vou casar com ela em agosto!

Agora é agosto de 1981.

— Se conheço Denalyn Preston? Não, mas conheço Denalyn Lucado. Ela é minha esposa, e pare de nos importunar: estamos em nossa lua de mel.

Em três anos, meu relacionamento com Denalyn evoluiu, e, com cada mudança, veio um novo nome. Ela foi de conhecida para amiga, linda pretendente, namorada, noiva e esposa. É claro que os nomes continuaram, e agora ela é confidente, mãe de meus filhos, parceira para a vida toda, chefe (só brincando, de novo). Quanto mais a conheço, mais nomes dou a ela.

Quanto mais o povo de Deus o conhecia, mais nomes lhe dava. Inicialmente, o Senhor era conhecido como Elohim. "No princípio Deus [Elohim] criou" (Gênesis 1:1). A palavra hebraica *Elohim* carrega consigo o significado de "aquele que é forte ou criador" e aparece 31 vezes no primeiro capítulo de Gênesis, onde vemos seu poder criativo. Conforme o Criador se revela a seus filhos, eles veem nele mais do que uma força poderosa: veem o Altíssimo como um Pai amoroso que os encontra em cada encruzilhada da vida.

Jacó, por sua vez, viu o Senhor como Jehová-Raah, o pastor cuidadoso. "O Deus que tem sido o meu pastor em toda a minha vida até o dia de hoje", disse Jacó à sua família (Gênesis 48:15). A expressão era, certamente, um elogio ao Criador, pois, pelo que vimos, Jacó nunca foi um candidato ao prêmio de ovelha mais bem comportada, mas, ainda assim, Deus nunca se esqueceu dele. o Senhor lhe deu comida na fome, perdão em suas falhas, e fé em seus anos finais. Peça para Jacó descrever Deus em uma palavra, e essa palavra seria Jehová-Raah, o pastor cuidadoso.

5. Trace a progressão de como você poderia ter descrito Deus em vários momentos de sua vida. Qual foi sua primeira imagem dele?

_____

_____

A boa reputação vale mais que grandes riquezas (Provérbios 22:1).

"Eu sou o SENHOR [Yahweh], o Deus [Elohim] de toda a humanidade. Há alguma coisa difícil demais para mim?" (Jeremias 32:27).

Deus é amor (1 João 4:8).

O SENHOR é o meu pastor; de nada terei falta. Em verdes pastagens me faz repousar (Salmo 23:1-2).

6. Qual foi a sua imagem do Senhor quando você sofreu uma perda ou tragédia pessoal?

7. Qual foi a sua imagem dele quando outras coisas — seu trabalho, sua família, sua busca por felicidade — tiveram primazia em sua vida?

8. Como o Altíssimo provou ser Jehová-Raah — o pastor cuidadoso — na vida de Jacó? Como ele provou ser um pastor cuidadoso em sua vida?

Jacó descobriu um segredo maravilhoso no Jaboque, um segredo que todos os heróis da fé aprenderam em algum momento de seu desenvolvimento espiritual: todo encontro com Deus — toda oração, todo esforço sincero para compreendê-lo — revela um aspecto novo, memorável e transformador de sua natureza. Como veremos no próximo estudo, a vida de Jacó foi transformada quando ele reconheceu que o Senhor era seu pastor cuidadoso.

Pontos para Lembrar

- ❖ Deus honra nossa determinação quando chegamos diante de seu trono em oração.
- ❖ Assim como Jacó, o Criador nos dá um novo nome e um novo propósito quando entregamos nossa vida a ele.
- ❖ O Altíssimo nunca se esquecerá de nós, apesar de nosso mal comportamento, e provará ser nosso pastor cuidadoso.

LIÇÃO 3 ❖ Jacó ❖ Quarto dia: Tudo em uma noite de trabalho

Oração do Dia

Pai, obrigado pela oportunidade de aprofundar nosso relacionamento contigo. Louvamos-te porque o que sabemos de ti hoje é apenas uma fração do que saberemos de ti no final de nossa vida. Revela-te a nós de acordo com teu tempo perfeito. Dá-nos, assim como deste a Jacó, vislumbres da tua natureza, da qual precisamos para nos sustentar. Em nome de Jesus, amém.

Quarto Dia: Tudo em uma noite de trabalho

TEMPO NA BEIRA DO RIO

Jacó não foi o único homem na Bíblia a lutar consigo mesmo e com o Senhor por causa de artimanhas passadas. Davi, mais tarde, fez o mesmo depois de seu encontro com Bate-Seba. Sansão lutou, ficou cego e careca, depois da sedução de Dalila. Elias esteve em seu próprio Jaboque quando ouviu "o murmúrio de uma brisa suave" (1Reis 19:12). Pedro lutou com sua culpa com os ecos do canto do galo ainda soando em seus ouvidos.

Imagino que a maioria de nós tenha passado algum tempo à margem do rio também, uma vez que nossos feitos escandalosos têm sempre um jeito de nos encontrar. Quer alguns exemplos? Considere as cenas seguintes.

O marido infiel sentado à mesa com um bilhete de sua esposa nas mãos: "Não aguento mais. Levei as crianças comigo."

A mulher solteira de 20 anos no consultório médico. As palavras ainda estão frescas na sua cabeça: "O teste deu positivo. Você está grávida".

O empresário se contorcendo no escritório da Receita Federal. "Nossa auditoria mostra que você tomou alguns caminhos que não deveria ter tomado".

O estudante com o rosto corado por ter sido apanhado em flagrante copiando as respostas do teste de outra pessoa. "Bem, teremos que notificar seus pais".

Todos nós, vez ou outra, nos vemos cara a cara com nosso passado, e é sempre um encontro constrangedor. Quando nossos pecados nos alcançam, podemos fazer duas coisas: correr ou lutar.

Muitos escolhem correr. Eles dão de ombros e os eliminam com uma racionalização. "Fui vítima das circunstâncias." Ou: "A culpa foi dele". Ou: "Muitas pessoas fazem coisas piores". O problema com essa fuga é que não há como fugir, ou seja, é apenas uma camuflagem superficial, e não importa quantos níveis de maquiagem você coloque sobre um olho roxo, por baixo ele ainda está roxo e, no fundo, ainda dói.

1. Dos quatro personagens bíblicos mencionados, quais experiências de luta ressoam mais forte com você?

Tem misericórdia de mim, ó Deus, por teu amor; por tua grande compaixão apaga as minhas transgressões. Lava-me de toda a minha culpa e purifica-me do meu pecado. (Salmos 51:1-2).

Quem esconde os seus pecados não prospera, mas quem os confessa e os abandona encontra misericórdia (Provérbios 28:13).

61

- ❏ Sansão, que se sentiu sob o feitiço de uma pessoa particularmente persuasiva?
- ❏ Davi, cuja luxúria e covardia o levaram a cometer uma traição abominável?
- ❏ Elias, o profeta fiel que precisava de força e encorajamento?
- ❏ Pedro, o discípulo bem-intencionado que sucumbiu à pressão?

Por que a experiência desse personagem ressoa em você? Explique.

_____
_____
_____
_____

2. Pense em uma época em que ficou cara a cara com o seu passado. Como se sentiu com isso na época? Como se sente com relação a isso agora? Pode ver as impressões digitais de Deus nisso? Explique.

_____
_____
_____
_____

3. Em 1João 1:9 nós lemos: "Se confessarmos os nossos pecados, ele é fiel e justo para perdoar os nossos pecados e nos purificar de toda injustiça". Que promessas o Senhor nos deu nesse versículo se escolhermos assumir nossos erros em vez de fugir deles? Pensando nisso, por que ainda é tentador buscar fugir de nossos pecados?

_____
_____
_____

4. O que significa *se arrepender*? Qual a diferença entre dizer um rápido "foi mal" e se arrepender genuinamente do que fizemos?

_____
_____
_____

DE APOSTADOR A HOMEM DE FÉ

Jacó descobriu finalmente que não poderia fugir de seu passado, e, como resultado, seu exemplo é digno de imitação: a melhor maneira de lidar com nosso passado é ajeitar as calças, arregaçar as mangas e enfrentá-lo. Chega de passar a responsabilidade adiante ou de achar bodes expiatórios, chega de disfarçar ou encobrir, enfim, chega de jogos. Precisamos de um confronto com nosso Mestre.

LIÇÃO 3 ❖ Jacó ❖ Quarto dia: Tudo em uma noite de trabalho

Nós também deveríamos atravessar sozinhos o rio e lutar com Deus, também deveríamos ficar cara a cara com o Senhor e sermos lembrados de que, sozinhos, fracassamos. Nós também deveríamos revelar nosso coração manchado e nossa alma encardida e sermos honestos com aquele que conhece nossos pecados mais secretos.

O resultado seria alentador. Sabemos que foi assim para Jacó, pois este, depois de seu encontro com o Senhor passou a ser um novo homem. Ele atravessou o rio ao amanhecer de um novo dia e enfrentou Esaú com uma coragem recém-encontrada.

Cada passo que ele dava, entretanto, era um passo doloroso. Seu quadril machucado era um lembrete da lição que ele havia aprendido no Jaboque: negócios sombrios trazem dor. Anote isso: jogue hoje, e amanhã pagará.

E para você que fica pensando se não teria jogado tempo demais para mudar, encoraje-se com o legado de Jacó: ninguém é ruim demais para o Criador. Transformar um jogador em um homem de fé não seria uma tarefa fácil, mas, para o Altíssimo, foi um trabalho de uma só noite.

Quando Jacó olhou e viu que Esaú estava se aproximando, com quatrocentos homens, [...] Ele mesmo passou à frente e, ao aproximar-se do seu irmão, curvou-se até o chão sete vezes (Gênesis 33:1,3).

5. Cite algumas coisas que impedem ou interferem em um encontro pessoal com Deus.

_____
_____
_____

6. Depois do encontro de Jacó com o Senhor, ele era um novo homem. Leia as seguintes passagens do Salmo 32. O que cada uma afirma sobre os benefícios de confessar nossos pecados diante de Deus?

vv. 1-2: "Como é feliz aquele que tem suas transgressões perdoadas e seus pecados apagados! Como é feliz aquele a quem o Senhor não atribui culpa e em quem não há hipocrisia!".

_____
_____

v. 5: "Então reconheci diante de ti o meu pecado e não encobri as minhas culpas. Eu disse: Confessarei as minhas transgressões ao Senhor, e tu perdoaste a culpa do meu pecado".

_____
_____
_____

vv. 6-7: "Portanto, que todos os que são fiéis orem a ti enquanto podes ser encontrado; quando as muitas águas se levantarem, elas não os atingirão. Tu és o meu abrigo; tu me preservarás das angústias e me cercarás de canções de livramento".

v. 10: "Muitas são as dores dos ímpios, mas a bondade do Senhor protege quem nele confia".

_____
_____
_____
_____

7. "E como o Oriente está longe do Ocidente, assim ele afasta para longe de nós as nossas transgressões" (Salmo 103:12). O que diz esse versículo sobre o que Deus faz com nosso passado depois que lutamos com ele e confessamos nosso pecado?

_____
_____
_____
_____

8. O Criador transformou Jacó de jogador em homem de fé no intervalo de uma noite. O que isso diz sobre capacidade divina de transformar nossa vida? Será que existe alguma pessoa "longe demais" para ser transformada? Por quê? Ou por que não?

_____
_____
_____
_____

Infelizmente, como veremos no próximo estudo, uma oportunidade de recomeçar do zero só fica no zero por algum tempo. O potencial de tomarmos decisões ruins — e até mesmo decisões assustadoramente terríveis — nunca acaba de fato. Jacó havia crescido de maneira imensurável desde seus dias imaturos de juventude, mas ele ainda tinha muito mais a amadurecer.

◈ Pontos para Lembrar ◈

❖ Quando somos confrontados com nosso passado na nossa "beira do rio", podemos escolher nos levantar e enfrentar ou fugir.
❖ O problema da fuga é que não há escapatória.
❖ Nunca é tarde demais para mudarmos e nos transformarmos nas pessoas que Deus quer que sejamos.

◈ Oração do Dia ◈

Pai, obrigado por sua oferta de um recomeço do zero, sem importar o que tenhamos feito. Ajuda-nos a reconhecer a sabedoria de ficarmos perto de ti — de buscar teu conselho e contribuição — no tempo bom e no tempo mau. Guia os nossos passos, ó Senhor. Em nome de Jesus, amém.

Quinto Dia: Reunião de família

PROBLEMAS EM CASA

Seria bom se a história de Jacó terminasse com o confronto no Jaboque e todos acabassem vivendo "felizes para sempre", mas a verdade é que haviam muitos problemas na família de Jacó — e ele era a causa de muitos deles.

Com todo o respeito, o patriarca poderia ter feito um curso sobre casamento e vida familiar. Erro número um: ele se casou com Lia, a quem não amava, para que pudesse se casar com Raquel, a sua amada. Erro número dois: as duas esposas eram irmãs. (Poderia muito bem jogar um fósforo aceso em uma banca de fogos de artifício.) Lia lhe deu filhos. Raquel, não. Então, para expandir seu clã, ele dormiu com uma variedade de servas e concubinas até que tivesse um bando de herdeiros.

Raquel, sua esposa favorita, finalmente deu à luz José, que se tornou seu filho favorito, mas, algum tempo depois — logo depois que Deus reafirmou para Jacó que seu "novo nome seria Israel" (veja Gênesis 35:10) —, Raquel morreu ao dar à luz seu segundo filho, Benjamim. Jacó foi deixado com uma casa cheia de conflitos e o coração quebrado.

Para manter viva a memória de Raquel, Jacó mimava o primeiro filho deles. Os irmãos trabalhavam o dia todo, enquanto José brincava o dia inteiro. Eles usavam roupas de um brechó, mas Jacó deu a José um manto multicolorido, feito à mão, com as mangas bordadas. Eles dormiam num alojamento, ao passo que José tinha uma cama *"queen size"* em seu próprio quarto. Enquanto eles tomavam conta do rebanho da família, José, filhinho do papai, ficava em casa. Jacó tratava seu décimo primeiro filho como se fosse o primogênito, por isso os irmãos cuspiam quando viam José.

Jacó lidou com isso se afastando, e quando José, mais tarde, se vangloriou para seus irmãos sobre eles se curvarem a ele, Jacó ficou em silêncio. Quando Jacó descobriu que seus filhos tinham levado as ovelhas para pastar perto de Siquém, o lugar do conflito anterior, ele entrou em ação para corrigi-los? Não, enviou José para lhe trazer um relatório, ou seja, enviou um filho para fazer o trabalho do pai.

Filhos obstinados e pai alheio. Os irmãos precisavam de um pai, o pai precisava ser alertado, e José precisava de um protetor. Mas ele não foi protegido; foi, na realidade, negligenciado. Como resultado, José foi parar em um lugar distante e escuro.

1. Como Jacó lidou com a situação de sua família? Que problemas ele criou? De que maneira as pessoas tendem a fazer o mesmo hoje?

___

___

___

___

Jacó teve doze filhos: Estes foram seus filhos com Lia: Rúben, o filho mais velho de Jacó, Simeão, Levi, Judá, Issacar e Zebulom. Estes foram seus filhos com Raquel: José e Benjamim. Estes foram seus filhos com Bila, serva de Raquel: Dã e Naftali. Estes foram seus filhos com Zilpa, serva de Lia: Gade e Aser (Gênesis 35:22-26).

Ora, Israel gostava mais de José do que de qualquer outro filho, [...] por isso mandou fazer para ele uma túnica longa (37:3).

Israel disse a José: "[...] seus irmãos estão apascentando os rebanhos perto de Siquém. Quero que você vá até lá" (v. 13).

Quando os mercadores ismaelitas de Midiã se aproximaram, seus irmãos tiraram José do poço e o venderam por vinte peças de prata aos ismaelitas (v. 28).

2. A rivalidade entre os irmãos era desenfreada na casa de Jacó, e seus filhos, por fim, decidiram vender José para uma caravana de comerciantes. Leia Gênesis 37:17-35. Qual foi o sentimento de Jacó quando ouviu que seu filho favorito estava morto? Como acha que o desaparecimento de José afetou seus sentimentos sobre Deus e seu relacionamento com o Senhor?

_____
_____
_____
_____

3. Que similaridades pode encontrar entre a situação familiar de Jacó e a sua própria? Por que você acha que Jacó permitiu que essas rixas se desenvolvessem em sua casa?

_____
_____
_____
_____

4. Em Salmos 119:105, lemos: "A tua palavra é lâmpada que ilumina os meus passos e luz que clareia o meu caminho". Que papel tem a Escritura para evitar que cometamos os mesmos erros que Jacó cometeu depois de seu confronto com Deus?

_____
_____
_____
_____

A RESTAURAÇÃO É IMPORTANTE

Este poderia ter sido o final da história para Jacó. Afinal de contas, José acabou se dando bem no Egito e se tornando o segundo no comando, abaixo apenas do faraó. A família poderia ter permanecido dividida, satisfeita em deixar o passado no passado, mas Deus tem outros planos, porque a restauração é importante para ele. Então, o Senhor sacudiu as coisas.

No final, Deus levou os filhos de Jacó não nascidos de Raquel para o Egito, e então orquestrou uma reunião familiar com José. Os filhos de Jacó retornaram para Canaã com estilo. Lá se foram as vestes gastas e os burros magros. Eles dirigiam agora caminhonetes novinhas recheadas de presentes. Vestiam jaquetas de couro e botas de pele de crocodilo.

Jacó saiu da tenda. Seu cabelo, longo e prateado, soprou sobre seus ombros. Recostou-se, seu rosto era enrugado como couro cru. Ele apertou os olhos ao sol para ver seus filhos e toda a pilhagem. Estava prestes a perguntar de onde eles roubaram todas aquelas coisas quando um deles deixou escapar: "'José ainda está vivo! Na verdade ele é o governador de todo o Egito.' O coração de Jacó quase parou! Não podia acreditar neles" (Gênesis 45:26).

O velho homem pôs a mão no peito e teve que se sentar. Lia lhe trouxe um pouco de água e olhou feio para seus filhos, como se estivesse dizendo que era

---

E o faraó prosseguiu: "Entrego a você agora o comando de toda a terra do Egito" (Gênesis 41:41).

Disse então o faraó a José: "Diga a seus irmãos que [...] retornem para cá, trazendo seu pai e suas famílias. Eu lhes darei o melhor da terra do Egito e vocês poderão desfrutar a fartura desta terra" (45:17-18).

O coração de Jacó quase parou! Não podia acreditar neles (v. 26).

LIÇÃO 3 ❖ Jacó ❖ Quinto dia: Reunião de família

melhor que eles não estivessem brincando com seu pai. Mas não era brincadeira. "Mas, quando lhe relataram tudo o que José lhes dissera, e vendo Jacó, seu pai, as carruagens que José enviara para buscá-lo, seu espírito reviveu" (v. 27).

A tristeza tinha extraído a última lágrima de alegria de Jacó, mas quando os filhos lhe contaram o que José havia dito, como perguntara sobre Jacó, e de que forma os tinha convidado para ir ao Egito, o espírito de Jacó reviveu. Ele observou a evidência das carruagens e roupas, viu os sorrisos e acenos de confirmação de seus filhos, e pela primeira vez em mais de vinte anos, o velho patriarca começou a acreditar que veria seu filho novamente.

Seus olhos começaram a brilhar, e seus ombros se endireitaram. "E Israel disse: 'Basta! Meu filho José ainda está vivo. Irei vê-lo antes que eu morra" (v. 28). Sim, o narrador chama Jacó por seu outro nome. A promessa de uma reunião de família pode fazer isso. Ela nos transforma: de triste a alguém com um alvo; de solitário a alguém que alseia; de eremita a peregrino; de Jacó, o que segura o calcanhar, a Israel, o príncipe de Deus.

E...seu [de Jacó] espírito reviveu (Gênesis 45:27).

E Israel disse: "[...] Meu filho José ainda está vivo. Irei vê-lo antes que eu morra" (v. 28).

5. Em última instância, Jacó foi o responsável por sua separação de José. Você consegue ter empatia com a situação? Já experimentou a separação — ou talvez uma distância emocional — de um ente querido pela qual foi pelo menos em parte responsável? Se sim, quais foram (ou são) as circunstâncias?

_____
_____
_____
_____

6. Que conforto ou sabedoria pode encontrar na história de Jacó?

_____
_____
_____
_____

7. Apesar de toda dor e culpa causados pelo desaparecimento de José, no plano divino ele foi exatamente para onde precisava estar para salvar sua família da fome que devastou a região. Se pudesse ver o plano de Deus para sua vida, o que ele poderia revelar?

_____
_____
_____
_____

8. Poucas pessoas viram Deus transformar o mal em bem da maneira como Jacó presenciou. Se Jacó fosse investigar as áreas "ruins" da sua vida (auto-afligidas ou não) com você, que conselho acha que ele lhe daria?

_____
_____
_____
_____

> *Então Jacó partiu de Berseba. Os filhos de Israel levaram seu pai Jacó, seus filhos e as suas mulheres nas carruagens que o faraó tinha enviado (Gênesis 46:5).*

> *José, de carruagem pronta, partiu para Gósen para encontrar-se com seu pai Israel (v. 29).*

> *José instalou seu pai e seus irmãos e deu-lhes propriedade na melhor parte das terras do Egito, na região de Ramessés, conforme a ordem do faraó. Providenciou também sustento para seu pai, para seus irmãos e para toda a sua família, de acordo com o número de filhos de cada um (47:11-12).*

"Israel partiu com tudo o que lhe pertencia. Ao chegar a Berseba, ofereceu sacrifícios ao Deus de Isaque, seu pai" (Gênesis 46:1). Jacó estava com 130 anos nessa época, ou seja, bem longe dos anos de juventude. Ele tinha um puxão no seu quadril e sentia dor nas juntas, mas nada o impediria de ver seu filho. Então, reuniu seus servos e emitiu a ordem: "Carreguem tudo! Vamos para o Egito".

E que viagem foi aquela. Pirâmides, palácios, fazendas irrigadas, armazéns. Eles nunca tinham visto essas coisas. Então, chegara o momento pelo qual estavam esperando: uma grande ala da realeza apareceu no horizonte com carruagens, cavalos, e a guarda imperial.

Enquanto a comitiva se aproximava, Jacó se inclinou para a frente para observar melhor o homem na carruagem central. Quando viu sua face, sussurrou: "José, meu filho".

À distância, José se inclinou para a frente em sua carruagem e disse a seu cocheiro para apressar o cavalo. Quando os dois grupos se encontraram no meio da planície, o príncipe não hesitou: saltou da sua carruagem e correu na direção de seu pai. "Assim que [José] o viu, correu para abraçá-lo e, abraçado a ele, chorou longamente" (v. 29).

As formalidades já eram. As propriedades foram esquecidas. José enterrou seu rosto na curva do ombro de seu pai. "Chorou longamente" (v. 29). Enquanto as lágrimas molhavam o manto de seu pai, os dois homens resolveram que nunca mais se despediriam um do outro novamente.

Adeus. Para alguns de vocês, essa palavra é o desafio da sua vida, uma vez que passar por isso é vivenciar uma solidão furiosa, um sofrimento pesado. Você dorme sozinho em uma cama de casal. Caminha pelos corredores de uma casa silenciosa. Às vezes se vê chamando o nome dele ou procurando a mão dela. Assim como ocorreu com Jacó, a separação exauriu seu espírito. Você se sente isolado, em quarentena. O resto do mundo seguiu em frente; você sofre para fazer o mesmo, mas não consegue; não consegue dizer adeus.

Se não consegue, tenha bom ânimo. Deus já avisou: todas as despedidas estão com os dias contados. Elas estão passando como grãos de areia por uma ampulheta. Nosso lar final não terá despedidas. Vamos falar do Bom Livro e lembrar da boa-fé, mas adeus? Nunca mais. Deixe a promessa transformá-lo(a). De decadente para alguém com um alvo; de murmurador para esperançoso; de habitantes da terra do adeus para um céu de olás. O Príncipe já decretou a volta para casa.

Vamos pegar nossos servos e viajar na direção do Senhor.

Pontos para Lembrar

- ❖ Precisamos ouvir continuamente a instrução de Deus para não cairmos em padrões de pecado e repetirmos os erros do nosso passado.
- ❖ A restauração é importante para o Altíssimo, e ele vai sacudir as coisas para trazer essa cura para nossa vida.
- ❖ Não importa o mal que outros intentem contra nós, o Criador sempre pode usar nossa situação para alcançar seu bom propósito.

 Oração do Dia

Senhor, obrigado porque não importa quantas vezes nós caímos, tu sempre estás ali para nos levantar novamente. Tu és o Deus da restauração, e queremos ser restaurados para ti hoje. Ajuda-nos a seguir a tua instrução e a chegar cada vez mais perto de ti. Em nome de Jesus, amém.

 Versículo para Memorizar na Semana

Quanto à antiga maneira de viver, vocês foram ensinados a despir-se do velho homem, que se corrompe por desejos enganosos, a serem renovados no modo de pensar e a revestir-se do novo homem, criado para ser semelhante a Deus em justiça e em santidade provenientes da verdade.

Efésios 4:22-24

Leitura suplementar

Os textos dessa lição foram retirados de *Grace* [publicado no Brasil como: *Graça*. Rio de Janeiro: Thomas Nelson Brasil, 2012]; *God Came Near* [publicado no Brasil como: *Deus chegou mais perto*. São Paulo: Vida Cristã, 1998]; *Great House of God* [publicado no Brasil como: *A grande casa de Deus*. Rio de Janeiro: CPAD, 2001]; e *You'll Get Through This* [publicado no Brasil como: *Você vai sair dessa!* Rio de Janeiro: Thomas Nelson Brasil, 2013].

LIÇÃO 4

Moisés

UM VISLUMBRE DA GLÓRIA DE DEUS

O CORREDOR ESTÁ EM SILÊNCIO, exceto pelas rodas do balde de limpeza e pelo arrastar dos pés do velho homem. Os dois pés parecem cansados. Conhecem aqueles andares. Quantas noites Hank já passou por aqui limpando? Sempre cuidadoso para limpar todos os cantinhos e sempre cuidadoso para colocar o sinal amarelo de aviso de piso molhado. Sempre com a sua risadinha característica. "Cuidado, pessoal", ele ri consigo mesmo, sabendo que não tem ninguém por perto, não às três da madrugada.

A saúde de Hank já não é mais a mesma: a gota não o deixa dormir, a artrite o faz mancar, seus óculos são tão grossos que seus olhos parecem ter o dobro do tamanho e seus ombros estão inclinados. Mas ele continua a fazer seu trabalho: derramando a água com sabão no piso de linóleo e esfregando as marcas de salto deixadas pelos advogados bem calçados. Ele vai terminar uma hora antes do seu horário; na verdade, sempre acaba mais cedo, e tem sido assim por vinte anos.

Quando termina, ele guarda seu balde, senta na sala de espera do escritório do sócio sênior e espera. Nunca sai mais cedo. Poderia. Ninguém saberia. Mas ele não sai. Ele quebrou as regras uma vez. Nunca mais.

Às vezes, se a porta estiver aberta, ele entra no escritório, cuja sala é maior do que o seu apartamento, corre os dedos sobre a escrivaninha, aperta o couro macio do sofá, e também fica parado na frente da janela e observa o céu cinzento se tornar dourado. E se lembra: já teve um escritório assim. Lá atrás, quando Hank era Henry, quando o zelador era um executivo. Há muito tempo. Antes do escândalo.

É o seu segredo.

A história de Hank, por sinal, é verdadeira. Mudei o nome e um detalhe ou outro. Dei um emprego diferente e coloquei-o em outro século, mas a história é fato e você já a ouviu. Mas, mais do que um relato verdadeiro, é uma história comum, a história de um sonho que deu errado, de grandes esperanças colidindo com duras realidades.

71

No caso de Hank, foi um erro que ele nunca poderia esquecer. Um erro grave: Hank matou alguém: ele viu um brutamontes batendo em um inocente e perdeu o controle e acabou matando o assaltante. Quando a notícia vazou, Hank fugiu, pois preferiu se esconder a ser preso. Então fugiu. O executivo se tornou um fugitivo.

A maioria das histórias não é tão extrema quanto a de Hank, e poucos passam suas vidas fugindo da lei. Muitos, entretanto, vivem com arrependimentos. Alguns sonhos se tornam realidade, mas muitos não. Mas, pense bem, nem todos deveriam. Espero que o rapaz mirrado que sonhava em ser lutador de sumô tenha mudado de ideia, e faço votos que não tenha perdido sua paixão no processo, pois mudar a direção da vida não é trágico, mas perder a paixão pela vida, sim.

Algo acontece conosco pelo caminho, e as convicções de transformar o mundo viram compromisso de pagar as contas. Em vez de fazermos a diferença, ganhamos um salário; em vez de olharmos para frente, olhamos para trás; e em vez de focarmos lá fora, olhamos para dentro e não gostamos do que vemos.

Hank não gostava, pois via um homem que havia ficado na mediocridade. Treinado nas melhores instituições do mundo, trabalhava no turno da noite por um salário mínimo para que não fosse visto durante o dia, mas tudo aquilo mudou quando ele ouviu a voz que vinha do balde de limpeza (já mencionei que essa história é verdade?).

Primeiramente, ele pensou que a voz fosse uma brincadeira, pois alguns dos caras do terceiro andar faziam esse tipo de coisa.

— Henry, Henry — chamou a voz.

Hank se virou. Ninguém mais o chamava de Henry.

— Henry, Henry.

Ele se virou para o balde, que estava brilhando. Um vermelho brilhante. Quente. Ele conseguia sentir o calor a três metros de distância. Chegou mais perto e olhou dentro. A água não estava fervendo.

— Estranho... — murmurou Hank para si mesmo, enquanto dava mais um passo para olhar mais de perto, mas a voz o interrompeu.

— Não chegue mais perto. Tire seus sapatos, pois você está em piso santo.

De repente, Hank sabia quem estava falando.

— Deus?

Parece loucura. É quase irreverente. Deus falando de dentro de um balde de limpeza para um zelador chamado Hank? Acreditaria se eu dissesse que O Criador estava falando de dentro de um arbusto ardente para um pastor chamado Moisés?

Talvez essa história seja mais fácil de lidar — porque você já a ouviu antes, mas só porque é Moisés e um arbusto, em vez de Hank e um balde, não é menos espetacular.

1. Pense em um momento quando Deus falou contigo — talvez não de maneira audível, mas inconfundivelmente. Como foi essa experiência para você? Explique.

_____
_____
_____

LIÇÃO 4 ❖ Moisés ❖ Primeiro dia: Saindo da escola

2. Quais foram os resultados do seu encontro? Falou sobre ele com mais alguém? Se sim, que reações obteve?

_____
_____
_____
_____

Alguns encontros com Deus são mais dramáticos do que outros, como demonstra o encontro de Moisés com a sarça ardente no deserto. Moisés não era o que chamaríamos de escolha óbvia para receber uma mensagem do Criador, pois o que o Senhor poderia ter para dizer a ele? Pois é, o quê. Aquele encontro singular acabaria mudando a balança do poder no mundo antigo e daria início a eventos que reverberam ainda hoje. Também daria a Moisés a impressionante oportunidade de testemunhar a glória do Senhor em primeira mão.

Oração da Semana

Pai, obrigado porque tu falas conosco — por meio da oração, por meio da nossa consciência, por meio da obra da tua criação, e por meio de outros caminhos mais misteriosos. Obrigado por tua maravilhosa imprevisibilidade e pela perspectiva de que, um dia, tu nos chamarás para fazer algo muito longe da nossa zona de conforto e aparentemente além da nossa capacidade. Abençoa nossos esforços de abordar a tua obra com confiança e humildade. Em nome de Jesus, amém.

Primeiro Dia: Saindo da escola

UMA SÚBITA MUDANÇA DE CARREIRA

O encontro no deserto, com certeza, chocou Moisés, e nos nos perguntamos o que mais maravilhou o homem: o fato de Deus falar no meio de uma sarça, ou simplesmente o fato de o Altíssimo falar.

Moisés, assim como Hank, tinha cometido um erro.

Você lembra da sua história. Adotado pela nobreza, um israelita criado em um palácio egípcio. Seus compatriotas eram escravos, mas Moisés era privilegiado: comia à mesa real e era educado nas melhores escolas.

Mas seu professor mais influente, sua mãe, não tinha formação. Era uma judia que havia sido contratada para ser sua babá.

— Moisés — quase conseguimos ouvir seu sussurro para seu jovem filho —, Deus o colocou aqui com um propósito: um dia você vai libertar o seu povo. Nunca esqueça, Moisés, nunca esqueça.

Tendo o menino crescido, ela o levou à filha do faraó, que o adotou (Êxodo 2:10).

Não vendo ninguém, matou o egípcio e o escondeu na areia (v. 12).

> *O homem respondeu: "Quem o nomeou líder e juiz sobre nós?"* (v. 14).

Moisés não esqueceu, e o fogo da justiça aumentava cada vez mais, até que explodiu. Moisés viu um egípcio batendo em um escravo judeu, e, assim como Hank matou o assaltante, Moisés matou o egípcio. No dia seguinte, viu o judeu. Acha que o escravo agradeceu? Não. Em vez de expressar gratidão, demonstrou raiva. "Quer matar-me como matou o egípcio?", ele perguntou (Êxodo 2:14). Moisés sabia que estava em apuros. Ele fugiu do Egito e se escondeu no deserto. Que mudança de carreira! Foi de jantar com os chefes de Estado para contagem de cabeças de ovelha.

Não dá pra chamar isso de subir na carreira.

> *Mas este [Moisés] fugiu e foi morar na terra de Midiã* (Êxodo 2:15).

Então aconteceu que um judeu brilhante e promissor começou a pastorear ovelhas nos montes. Da liga principal para o uniforme remendado, do Salão Oval para um banco de táxi, de balançar um taco de golfe a cavar valas.

> *Moisés pastoreava o rebanho de seu sogro Jetro* (3:1).

Moisés pensou que a mudança fosse permanente, pois não havia indicação de que ele pretendesse algum dia voltar para o Egito. De fato, só há indicação de que ele queria ficar com suas ovelhas. De pés descalços diante da sarça, ele confessou: "Quem sou eu para apresentar-me ao faraó e tirar os israelitas do Egito?" (3:11).

Fico feliz que Moisés tenha perguntado isso. É uma boa questão. Por que Moisés? Ou, mais especificamente, por que um Moisés de 80 anos de idade? A versão de quarenta anos era mais interessante. O Moisés que vimos no Egito era audacioso e confiante, mas o Moisés que encontramos quatro décadas mais tarde é relutante e abatido pelo tempo.

1. Em Gênesis 47:6, o faraó disse a José: "a terra do Egito está a sua disposição; faça com que seu pai e seus irmãos habitem na melhor parte da terra. Deixe-os morar em Gósen. E se você vir que alguns deles são competentes, coloque-os como responsáveis por meu rebanho". Leia Êxodo 1:1-14. Que mudanças tinham acontecido na posição dos israelitas no Egito desde o tempo de José?

   _____
   _____
   _____
   _____

2. Leia Êxodo 2:1-15. Onde Moisés se encaixava na sociedade egípcia? Onde ele se inseria na sociedade judaica?

   _____
   _____
   _____
   _____

3. Moisés, com quarenta anos, fugiu de seu lugar privilegiado na sociedade egípcia com uma acusação de homicídio pesando sobre sua cabeça. Como acha que ele se via? Como analisava sua vida? E como enxergava seu futuro?

LIÇÃO 4 ❖ Moisés ❖ Primeiro dia: Saindo da escola

4. Leia Êxodo 3:1-6. Moisés, agora com oitenta anos, encontrou Deus no deserto na forma de uma sarça ardente. Como acha que quarenta anos no deserto o transformaram? Como acha que ele via a si mesmo, sua vida e seu futuro nesse ponto?

O HOMEM CERTO PARA O TRABALHO?

Se eu ou você olhássemos para Moisés lá no Egito, teríamos dito: "Este homem está pronto para a batalha". Educado no melhor sistema do mundo, treinado pelos soldados mais hábeis e com acesso direto ao círculo íntimo do faraó; além disso, Moisés falava a língua deles e conhecia seus hábitos, o que o tornava o homem perfeito para o trabalho.

Gostamos do Moisés de quarenta anos. Mas e do Moisés de oitenta? De modo algum. Muito velho. Muito cansado. Cheira como um pastor e fala como um estrangeiro. Que impacto ele teria sobre o faraó? Ele é o homem errado para a tarefa.

E Moisés teria concordado. "Já tentei uma vez", ele diria. "Aquelas pessoas não querem ser ajudadas. Deixe-me em paz aqui para cuidar das minhas ovelhas, pois elas são mais fáceis de lidar." Moisés não teria ido. Você não o teria enviado. Eu não o teria enviado. Mas Deus o chamou.

Por quê? Você escolheria um assassino procurado para liderar a libertação de um povo da escravidão? Chamaria um fugitivo para carregar os Dez Mandamentos? Mas Deus o convocou. Ele o chamou, entre todos os lugares, lá de seu pasto de ovelhas. Chamou seu nome do meio de uma sarça ardente. Assustou muito o velho Moisés!

Por quê? O que Deus sabia sobre o conhecimento de Moisés antes e agora? O que Moisés havia aprendido no deserto, mas não no Egito? Uma coisa eram os caminhos do deserto. O Moisés de quarenta anos era um garoto da cidade já o Moisés octogenário conhecia o nome de cada cobra e a localização de cada poço. Se ele vai levar milhares de judeus para o deserto, é melhor que conheça o básico sobre a vida naquela zona árida.

Outra coisa era a dinâmica familiar. Se ele vai viajar com famílias por quarenta anos, pode ser útil compreender como elas funcionam. Ele se casa com uma mulher de fé, a filha de um sacerdote midianita, e estabelece sua própria família.

Mas, mais do que os caminhos do deserto e as pessoas, Moisés precisava aprender algo sobre si mesmo.

Aparentemente, ele aprendeu. Deus diz que Moisés está pronto.

Moisés foi educado em toda a sabedoria dos egípcios e veio a ser poderoso em palavras e obras (Atos 7:22).

Moisés, porém, respondeu a Deus: "Quem sou eu para apresentar-me ao faraó e tirar os israelitas do Egito?" (Êxodo 3:11).

Passados quarenta anos, apareceu a Moisés um anjo nas labaredas de uma sarça em chamas no deserto (Atos 7:30).

Moisés aceitou e concordou também em morar na casa daquele homem; este lhe deu por mulher sua filha Zípora (Êxodo 2:21).

75

E, para convencê-lo, Deus fala do meio de uma sarça. (Tinha que fazer algo dramático para chamar a atenção de Moisés.)

"Chega de escola", Deus diz. "Agora é hora de começar a trabalhar." Pobre Moisés, que nem sabia que estava matriculado.

Mas estava. E, adivinhe só? Você também está. A voz da sarça é a voz que sussurra para você e o lembra de que Deus não terminou contigo ainda. Ah, você pode achar que ele já terminou. Você pode achar que já atingiu o auge, pode pensar que o Senhor tem outra pessoa para fazer o trabalho. Se acha isso, reflita novamente.

5. Como Deus moldou, treinou e equipou Moisés durante seu tempo no deserto sem que ele nem percebesse?

_____
_____
_____
_____

6. Pense em um período de deserto em sua própria vida — um tempo quando parecia que nada estava indo bem. Como o Criador poderia estar preparando-o(a) como fez com Moisés?

_____
_____
_____
_____

7. Leia Êxodo 3:7-12. Que motivos Deus deu para ter aparecido a Moisés? Que instruções deu a ele? Qual foi a resposta de Moisés?

_____
_____
_____
_____

8. Por que acha que tantas pessoas hoje resistem à mensagem de Deus? Que desafios ela apresenta para aqueles de nós que desejam seguir o chamado divino?

_____
_____
_____
_____

A escola tinha terminado para Moisés. Deus o considerava *a* pessoa certa para liderar o povo judeu ao deixar a escravidão do Egito, atravessar o deserto, e entrar na Terra Prometida. Os pontos fortes e atributos de caráter únicos de Moisés, combinados com seu histórico e seus oitenta anos de experiência de vida, o moldaram à mão para a tarefa, mas, infelizmente, Moisés ainda não conseguia ver isso. Então, o Senhor teve que ampliar sua perspectiva e dar a ele um vislumbre do panorama geral — e como Moisés se encaixava nele.

LIÇÃO 4 ❖ MOISÉS ❖ Segundo dia: Jogue no chão

PONTOS PARA LEMBRAR

❖ Nossas adversidades e "tempos de deserto" podem parecer permanentes para nós, mas nunca são permanentes para o Senhor.
❖ O Criador usa nossas experiências de deserto para nos moldar em pessoas que podem realizar o seu propósito na terra.
❖ Deus pode nos usar em qualquer estágio da nossa vida — nunca seremos muito velhos ou muito jovens para cumprir a vontade divina.

ORAÇÃO DO DIA

Pai, obrigado por confiares a nós um papel em teus planos. Obrigado por veres em nós o que ninguém mais consegue enxergar. Aumenta nosso potencial e nos dá a sabedoria e a perseverança para reconhecer nossas "experiências de deserto" como um treinamento para o trabalho que está por vir. Em nome de Jesus, amém.

Segundo Dia: Jogue no chão

O NOME DE DEUS

Quando o Senhor disse a Moisés: "Vá [...] para tirar do Egito o meu povo, os israelitas" (Êxodo 3:10), Moisés respondeu dando mais desculpas do que uma criança na hora de ir para a cama. Deus, com paciência, refutou cada uma, e, por fim, Moisés perguntou: "Quando eu chegar diante dos israelitas e lhes disser: O Deus dos seus antepassados me enviou a vocês, e eles me perguntarem: 'Qual é o nome dele?', Que lhes direi?" (v. 13).

Disse Deus a Moisés: "Eu Sou o que Sou. É isto que você dirá aos israelitas: Eu Sou me enviou a vocês" (v. 14). Mais tarde, ele lembraria a Moisés: "Eu sou o Senhor [*Yahweh*]. Apareci a Abraão, a Isaque e a Jacó como o Deus todo-poderoso [*El Shaddai*], mas pelo meu nome, o Senhor [*Yahweh*], não me revelei a eles" (Êxodo 6:2-3).

Por que *Yahweh* [Senhor]? Porque *Yahweh* é o nome de Deus. Você pode me chamar de pregador, de escritor ou de quase-golfista — são descrições acuradas, mas não são meus nomes. Posso chamá-lo de pai, mãe, doutor, estudante, e esses termos podem descrever você, mas não são o seu nome. Se você quer me chamar pelo meu nome, diga Max. Se eu quiser chamá-lo pelo seu nome, eu o direi. E se você quiser chamar Deus pelo nome dele, diga *Yahweh*.

Os israelitas, mais tarde, consideraram o nome santo demais para ser dito por lábios humanos. Sempre que precisavam dizer *Yahweh*, substituíam pela palavra *Adonai*, que significa "Senhor". Se o nome precisasse ser escrito, os escribas se lavavam antes de escrevê-lo e destruíam a pena depois.

"Vá, pois, agora; eu o envio ao faraó para tirar do Egito o meu povo, os israelitas" (Êxodo 3:10).

"Quando eu chegar [...] eles me perguntarem: 'Qual é o nome dele?' Que lhes direi?" (v. 13).

Disse Deus a Moisés: "Eu Sou o que Sou" (v. 14).

Seja louvado o teu grande e temível nome, que é santo (Salmos 99:3).

Pois nele foram criadas todas as coisas nos céus e na terra (Colossenses 1:16).

Deus nunca deu uma definição da palavra *Yahweh*, e Moisés nunca pediu. O nome "Eu Sou" soa impressionantemente parecido com o verbo hebraico "ser" — *havah*. É bem possivelmente uma combinação do tempo presente (eu sou) e do tempo causal (eu levo a ser). Yahweh, então, parece significar "eu sou" e "eu levo a ser". Deus é "Aquele que é" e "Aquele que leva a ser".

O Criador apenas afirmou "Eu Sou" para Moisés e não adicionou nada mais, e não precisava de mais nenhuma palavra descritiva, porque ele nunca muda. Deus é o que é, ele é o que sempre foi. *Yahweh* é o Deus imutável, não criado e não governado.

1. Leia Êxodo 3:13-22. O que Deus fala para Moisés dizer ao povo? De que promessas passadas Moisés deveria lembrá-los? Que promessas futuras o Senhor fez?

2. A relutância de Moisés em assumir a liderança é compreensível quando olhamos para sua história passada. Como Deus o ajudou a ver o panorama geral a partir de sua perspectiva eterna, em vez da observação humana do próprio Moisés? Por que nosso ponto de vista humano é uma perspectiva ruim no que se refere ao nosso potencial para realizar a vontade divina?

3. Se alguém estivesse olhando criticamente para você, para seu histórico, e sua chance de realizar algo impressionante na obra de Deus, que falhas e deficiências ele poderia ver?

4. De que maneiras essas falhas e deficiências poderiam ter interesse particular para o Senhor?

LIÇÃO 4 ❖ Moisés ❖ Segundo dia: Jogue no chão

AS ÚNICAS CREDENCIAIS QUE IMPORTAM

O pobre Moisés ainda não está convencido.

— Suponha que eles não acreditem em mim nem ouçam a minha voz? — diz ele. — Suponha que eles digam que o Senhor não apareceu para mim?

— O que é isso na sua mão? — fala a voz de dentro da sarça.

—Isso? — responde Moisés. — É apenas minha vara de caminhada.

— Jogue-a no chão.

Moisés, que tinha caminhado por este monte por quarenta anos, não está confortável com a ordem.

— Deus, você sabe muito sobre muitas coisas, mas pode ser que não conheça aqui... veja bem, você não sai jogando no chão a sua vara, afinal, você nunca sabe quando...

— Jogue no chão, Moisés.

Então Moisés joga a vara no chão. A vara se transforma em uma cobra, e Moisés começa a correr.

— Moisés!

O velho pastor para.

— Pegue a cobra.

Moisés espia pelo ombro, primeiro a cobra e depois a sarça, e então dá a resposta mais corajosa que consegue formar.

— O quê?

— Pegue a cobra... pelo rabo. (Deus devia estar sorrindo nessa hora.)

— Deus, não quero contestar. Quer dizer, como eu disse, você sabe um monte de coisas, mas aqui no deserto... veja bem, você não pega cobras com muita frequência, e nunca pega cobras pelo rabo.

— Moisés!

— Sim Senhor.

Assim que a mão de Moisés toca as escamas da cobra, ela endurece, e Moisés levanta a vara. Essa é mesma vara que ele levantaria na corte do faraó. A mesma vara que ele levantaria para dividir as águas e guiar dois milhões de pessoas pelo deserto, a vara que lembraria Moisés de que, se o Senhor pode fazer uma vara virar uma cobra e depois transformar em uma vara de novo, então talvez ele possa fazer alguma coisa com corações duros e um povo obstinado. Talvez ele possa fazer alguma coisa com o trivial.

Nossas realizações, por mais nobres que sejam, não são importantes, e nossas credenciais, por mais estreladas que sejam, não influenciam em nada. Deus é o fundamento dessa casa. A pergunta-chave na vida não é: "O quanto sou forte?", mas: "O quanto Deus é forte?" O foco é a força do Altíssimo, não a nossa.

Foi isso que Moisés fez, ou pelo menos, foi isso que o Senhor disse para Moisés fazer. Conforme lemos à frente, descobrimos que Deus gastou pouco tempo convencendo-o do que Moisés poderia fazer, mas gastou muito tempo explicando para Moisés o que Deus poderia fazer.

Você e eu faríamos o oposto. Explicaríamos a Moisés como ele é a pessoa adequada para retornar para o Egito — pois quem entende melhor a cultura do que um ex-príncipe? —, e então lembraríamos a Moisés como ele é perfeito para a viagem no deserto — quem conhece o deserto melhor do que

Moisés respondeu: "E se eles não acreditarem em mim?" (Êxodo 4:1).

Moisés jogou-a [a vara], e ela se transformou numa serpente. Moisés fugiu dela (v. 3).

O Senhor lhe disse: "Estenda a mão e pegue-a" (v. 4).

Moisés estendeu a mão, pegou a serpente e esta se transformou numa vara em sua mão (v. 5).

"Para o homem é impossível, mas para Deus todas as coisas são possíveis" (Mateus 19:26).

"Eu formo a luz e crio as trevas, promovo a paz e causo a desgraça; eu, o SENHOR, faço todas essas coisas" (Isaías 45:7).

um pastor?) Passaríamos tempo revisando com Moisés seu currículo e seus pontos fortes. (Vamos lá, Moisés, você consegue. Dê uma chance.)

Mas Deus não, ele nunca considera os pontos fortes de Moisés. Não há nenhum elogio; não há tapinhas nas costas. Nenhuma palavra é dita para recrutar Moisés, mas muitas palavras são usadas para revelar o Senhor. A força de Moisés não é a questão; o poder de Deus é.

5. Leia Êxodo 4:1-17. Por que Deus não castiga Moisés por suas dúvidas e relutância? Por que ele cede com alguns milagres para lhe dar tranquilidade?

6. Como a dúvida é um reflexo de nossa atitude com relação ao Senhor?

7. Leia Daniel 3:16-18. Nessa passagem, três homens judeus estão enfrentando a perspectiva de serem jogados em uma fornalha ardente por não se curvarem e adorarem ao rei da Babilônia. Como a resposta deles difere da resposta de Moisés a Deus?

8. Moisés tinha muitas desculpas, mas, no fim, ele obedeceu a Deus e foi se apresentar diante do faraó. O que pessoas como Moisés, Sadraque, Mesaque e Abede-Nego compreendiam sobre o Altíssimo que os tornaram tão valiosos em seu serviço?

As dúvidas de Moisés diminuíram quando percebeu de quem era o trabalho que ele estava fazendo. Ele, assim como Sadraque, Mesaque e Abede-Nego, compreendeu que as consequências de obedecer a Deus — sem importar o quanto parecesse intimidador ou perigoso — são infinitamente melhores do que as consequências de desobedecer ou de ser excluído de sua obra.

LIÇÃO 4 ❖ Moisés ❖ Terceiro dia: O que Deus pode fazer

~ Pontos para Lembrar ~

❖ Quando o Criador disse que seu nome era "Eu Sou", estava revelando que é um Deus imutável, não criado e não governado.
❖ O Altíssimo é paciente e não se constrange com nossas dúvidas, perguntas e desculpas — mas requer nossa obediência.
❖ A pergunta-chave nunca é o quanto somos fortes ou capazes, mas o quanto Deus é poderoso e quanto está capacitado para fazer sua obra por nosso intermédio.

~ Oração do Dia ~

Pai, obrigado pelos exemplos de obediência e fidelidade encontrados na tua Palavra. Ajuda-nos a compreender que a mesma coragem que conduziu Moisés, Sadraque, Mesaque e Abede-Nego está disponível para nós. Guia nossos pensamentos e acalma nossos medos. Deixa-nos prontos para a tua obra. Em nome de Jesus, amém.

Terceiro Dia: O que Deus pode fazer

DEUS ESTÁ PRESENTE

Satanás e seu bando uivaram de prazer no dia em que o jovem príncipe Moisés foi expulso do Egito pelo próprio povo a quem ele queria libertar, pois pensaram ter arruinado os planos divinos quando, na verdade, só entraram no jogo de Deus. O Altíssimo usou a derrota para humilhar seu servo, e o deserto para treiná-lo. Agora, quarenta anos depois, Moisés se apresentou com seu irmão, Arão, diante do faraó. Este era um Moisés experiente que tinha aprendido a ouvir o Criador e a sobreviver no deserto.

"Deixe o meu povo ir", disse Moisés ao faraó, mas o rei do Egito recusou. Então o Senhor lhe deu um assento na primeira fila da arena da devoção divina, e todo o Antigo Oriente logo saberia o que o Criador é capaz de fazer. A vara de Arão se transformou em cobra e o Nilo se transformou em sangue; o ar se encheu tanto de moscas que as pessoas as respiravam; o chão se encheu tanto de gafanhotos que as pessoas os esmagavam com os pés; escuridão ao meio-dia; plantações arrasadas pelo granizo; a carne cheia de feridas; funerais de primogênitos.

O faraó deixou o povo partir, mas depois mudou de ideia. Ele perseguiu os israelitas até o mar Vermelho, que Deus transformou em um tapete vermelho. O exército egípcio afogou-se. Tudo isso não estava perdido em Moisés. Ouça essas palavras apaixonadas que ele disse aos israelitas:

Perguntem, agora, aos tempos antigos, antes de vocês existirem, desde o dia em que Deus criou o homem sobre a terra; perguntem de um lado ao outro

Depois disso Moisés e Arão foram falar com o faraó e disseram: "Assim diz o SENHOR, o Deus de Israel: Deixe o meu povo ir" (Êxodo 5:1).

Ele os tirou de lá, fazendo maravilhas e sinais no Egito (Atos 7:36).

As águas voltaram e encobriram [...] todo o exército do faraó que havia perseguido os israelitas (Êxodo 14:28).

81

do céu: Já aconteceu algo tão grandioso ou já se ouviu algo parecido? Que povo ouviu a voz de Deus falando do meio do fogo, como vocês ouviram, e continua vivo? Ou que deus decidiu tirar uma nação do meio de outra para lhe pertencer, com provas, sinais, maravilhas e lutas, com mão poderosa e braço forte, e com feitos temíveis e grandiosos, conforme tudo o que o Senhor fez por vocês no Egito, como vocês viram com os seus próprios olhos? (Deuteronômio 4:32-34).

A mensagem de Moisés? O Criador vai transformar o mundo para alcançá-lo. Deus é incansável, persistente, e recusa-se a desistir. Ouça como o Senhor articula sua paixão: "O meu coração está enternecido, despertou-se toda a minha compaixão. Não executarei a minha ira impetuosa, não tornarei a destruir Efraim. Pois sou Deus, e não homem, o Santo no meio de vocês (Oseias 11:8-9). O Altíssimo quer que você saiba que ele está no meio do seu mundo. Está presente: dentro do seu carro, do avião, do seu escritório, do seu quarto, da sua toca. Ele está próximo.

1. Moisés tinha crescido na casa do faraó, e agora, quarenta anos depois, estava voltando para o povo que o tinha conhecido em seu auge. Como acha que foi a reação deles diante de Moisés?

2. Deus tinha usado as adversidades na vida de Moisés para humilhá-lo e o deserto para treiná-lo para o serviço. Por que a humildade é uma qualidade necessária para qualquer servo do Senhor? Como aprendemos com as falhas sem sermos destruídos por elas?

3. Leia Êxodo 14:1-4. Depois que o Criador libertou os israelitas, o rei do Egito pensou melhor sobre perder sua força de trabalho e partiu em perseguição contra eles. Por que o Senhor instruiu Moisés a levar o povo para um lugar onde poderiam ser encurralados?

LIÇÃO 4 ❖ Moisés ❖ Terceiro dia: O que Deus pode fazer

4. Leia Êxodo 14:10-14. O que a resposta de Moisés ao povo revela sobre o que ele aprendeu sobre o Senhor? O que levou sua fé e confiança em Deus a crescer?

_____
_____
_____
_____

O ESQUECIMENTO É PAI DO MAU-HUMOR

Deus tinha libertado os israelitas de seus opressores egípcios. Tendo em vista tudo o que o Senhor fez entre eles, poderia pensar que eles estariam dando seminários sobre fé, pois tinham contemplado milagre atrás de milagre. Mas, em vez disso, os escravos libertos levaram a ansiedade a uma nova forma de arte. "No deserto, toda a comunidade de Israel reclamou a Moisés e Arão. Disseram-lhes os israelitas: 'Quem dera a mão do Senhor nos tivesse matado no Egito! Lá nos sentávamos ao redor das panelas de carne e comíamos pão à vontade, mas vocês nos trouxeram a este deserto para fazer morrer de fome toda esta multidão!'" (Êxodo 16:2-3).

Espere um minuto. Não eram essas as mesmas pessoas em quem os egípcios tinham batido e cujo trabalho exploravam? Os mesmos judeus que tinham clamado a Deus por libertação? Agora, apenas um mês depois da liberdade, eles falam como se o Egito fosse uma colônia de férias. Eles tinham os milagres que viram e a miséria que conheciam. O esquecimento é pai do mau-humor.

O Altíssimo, paciente como só ele é com nossa perda de memória, enviou lembretes. "Disse, porém, o Senhor a Moisés: 'Eu lhes farei chover pão do céu. O povo sairá e recolherá diariamente a porção necessária para aquele dia. Com isso os porei à prova para ver se seguem ou não as minhas instruções. No sexto dia trarão para ser preparado o dobro do que recolhem nos outros dias'" (vv. 4-5).

Observe os detalhes do plano de provisão do Senhor: ele atendia as necessidades diárias _diariamente_: codornizes cobriam o acampamento à noite; o maná brilhava como fino orvalho de manhã; havia carne para o jantar e pão para o café da manhã; resumindo, a comida caía do céu todos os dias. Não todos os anos, meses ou horas, mas todos os dias. E tinha mais.

Ele atendia as necessidades diárias de forma _milagrosa_. Quando o povo viu pela primeira vez os flocos sobre o solo, "começaram a perguntar uns aos outros: 'Que é isso?', pois não sabiam do que se tratava" (v. 15). O povo assustado deu àqueles flocos o nome de _man-hu_, palavra hebraica para "o que é isso?"

Deus tinha recursos que eles não conheciam, soluções fora da realidade deles, provisões fora de suas possibilidades. Eles viam a terra chamuscada; o Senhor vislumbrava o cesto de pães do céu. Eles viam terra seca; o Criador enxergava um bando de codornizes atrás de cada arbusto. Eles viam problemas; Deus avistava provisão.

E o povo foi lembrado exatamente do que o Altíssimo pode fazer.

No deserto, toda a comunidade de Israel reclamou a Moisés e Arão (Êxodo 16:2).

"_O povo [...] recolherá [...] a porção necessária para aquele dia_" (v. 4).

Depois que o orvalho secou, flocos finos semelhantes a geada estavam sobre a superfície do deserto (v. 14).

5. O Criador poderia ter alimentado o povo hebreu de várias maneiras. Por que acha que ele escolheu um processo de coleta diária?

_____
_____
_____
_____
_____

6. Por que as provisões diárias milagrosas de Deus não foram suficientes para manter firme a fé dos judeus?

_____
_____
_____
_____
_____
_____

7. Muitas vezes vemos problemas onde o Senhor vê provisão. Nos seguintes versículos, o que vê o Criador prometendo se você escolher confiar nele completamente?

Salmo 23:1-4: "O Senhor é o meu pastor; de nada terei falta. Em verdes pastagens me faz repousar e me conduz a águas tranquilas; restaura-me o vigor. Guia-me nas veredas da justiça por amor do seu nome. Até mesmo quando eu andar por um vale de trevas e morte, não temerei perigo algum, pois tu estás comigo".

_____
_____
_____
_____

Malaquias 3:10: "Tragam o dízimo todo ao depósito do templo, para que haja alimento em minha casa. Ponham-me à prova", diz o Senhor dos Exércitos, "e vejam se não vou abrir as comportas dos céus e derramar sobre vocês tantas bênçãos que nem terão onde guardá-las".

_____
_____
_____
_____

2Coríntios 9:10-11: "Aquele que supre a semente ao que semeia e o pão ao que come, também lhes suprirá e multiplicará a semente e fará crescer os frutos da sua justiça. Vocês serão enriquecidos de todas as formas, para que possam ser generosos em qualquer ocasião e, por nosso intermédio, a sua generosidade resulte em ação de graças a Deus".

LIÇÃO 4 ❖ Moisés ❖ Terceiro dia: O que Deus pode fazer

Filipenses 4:19: "O meu Deus suprirá todas as necessidades de vocês, de acordo com as suas gloriosas riquezas em Cristo Jesus".

8. Quais são os milagres diários que desprezamos ou desconsideramos? Como evitar que nossas emoções e circunstâncias nos ceguem para esses milagres que nos cercam?

O povo hebreu estava feliz por ser alimentado e protegido por Deus — e quanto mais milagroso fosse, melhor. Entretanto, o entendimento que eles tinham de seu benfeitor era, na melhor das hipóteses, instável. Um pequeno buraco na estrada poderia levá-los ao pânico, certos de que o Senhor os havia abandonado e largado para a morte no deserto. Esse tipo de pânico pode levar as pessoas a tomar decisões das quais se arrependem amargamente mais tarde.

✥ Pontos para Lembrar ✥

❖ Deus está sempre presente em nosso mundo — onde quer que estejamos, podemos ter certeza de que ele está próximo.
❖ O Senhor supre nossas necessidades diariamente, e muitas vezes de forma milagrosa.
❖ Onde vemos problemas insuperáveis, o Altíssimo vê uma oportunidade para demonstrar sua provisão a nós.

✥ Oração do Dia ✥

Pai, obrigado por tua proteção e cuidado diários. Abra nossos olhos para as muitas maneiras com que nos sustenta. Dá-nos tua visão para que possamos ver um cesto de pães em vez de terra chamuscada, sustento em vez de sequidão, provisão em vez de problemas. Abençoa nossos esforços para manter nossa confiança em ti quando surgem os buracos na estrada. Em nome de Jesus, amém.

Quarto Dia: A promessa da oração

A LOUCURA DA ADORAÇÃO DO BEZERRO

Ao amanhecer do terceiro dia houve trovões e raios, uma densa nuvem cobriu o monte (Êxodo 19:16).

O espetáculo era tão terrível que até Moisés disse: "Estou apavorado e trêmulo!" (Hebreus 12:21).

Quando Moisés aproximou-se do acampamento e viu o bezerro [...] irou-se e jogou as tábuas no chão (Êxodo 32:19).

Então o SENHOR disse a Moisés: "Desça, porque o seu povo, que você tirou do Egito, corrompeu-se" (v. 7).

Moisés sabia que Deus podia mover montanhas, e sabia disso porque o Senhor estava agora movendo o próprio monte Sinai sobre o qual ele estava. Quando o Criador falou, o Sinai balançou, e os joelhos de Moisés seguiram o movimento. Sim, Moisés sabia, com certeza, o que o Altíssimo podia fazer. Pior, tinha conhecimento do que o povo estava inclinado a fazer.

Quando Moisés desceu do Sinai, ele os encontrou dançando ao redor de um bezerro de ouro. Ele estava carregando uma pedra escrita à mão por Deus, e os israelitas adoravam ali um animal sem coração. Isso foi mais do que Moisés poderia aguentar. Era mais do que Deus poderia suportar. O Senhor dera ao povo uma posição no camarote para observar o espetáculo do Êxodo. Tinha conquistado a confiança deles. Os ex-escravos haviam testemunhado um milênio de milagres em questão de dias.

E, ainda assim, quando Deus chamou Moisés para uma reunião de cúpula, o povo entrou em pânico como pintinhos longe da galinha: "[...] juntou-se ao redor de Arão e lhe disse: 'Venha, faça para nós deuses que nos conduzam, pois a esse Moisés, o homem que nos tirou do Egito, não sabemos o que lhe aconteceu'" (Êxodo 32:1).

A febre do medo infectou a todos no acampamento. Eles modelaram um bezerro de metal e falavam com ele. Então o Senhor disse a Moisés: "Desça, porque o seu povo, que você tirou do Egito, corrompeu-se. Muito depressa se desviaram daquilo que lhes ordenei e fizeram um ídolo em forma de bezerro, [...] Tenho visto que este povo é um povo obstinado" (vv. 7-9).

A presença do medo nos judeus não incomodava o Senhor; a resposta deles ao medo, sim. Nada persuadiu o povo a confiar nele, pelo menos as pragas e a libertação da escravidão não conseguiram. Deus iluminou o caminho dos israelitas e derramou comida no colo deles e, ainda assim, eles não acreditavam nele. Nada penetrava em seus corações, que eram duros como pedra, rígidos.

O monte Rushmore é mais flexível, uma bigorna é mais macia. O povo era tão sensível quanto a estátua de ouro que adoravam. Mais de três mil anos depois, entendemos a frustração de Deus. Voltar-se para uma estátua por socorro? Que estúpido. Enfrentar os seus medos olhando para um bezerro? Tolice infantil!

Nós optamos por terapias mais sofisticadas: bebedeiras e comilanças que aumentam a barriga, ou maratonas de compras de estourar o orçamento. Curvamo-nos diante de uma garrafa de uísque ou nos perdemos em uma jornada de oitenta horas de trabalho semanais. Progresso? Acho que não. Ainda enfrentamos nossos medos sem olhar para Deus. O Senhor envia demonstrações de poder do nível do Êxodo: o pôr-do-sol, as noites estreladas, os oceanos infinitos. Ele resolve problemas do calibre do mar Vermelho e derrama bênçãos como o maná matutino.

LIÇÃO 4 ❖ Moisés ❖ Quarto dia: A promessa da oração

Mas deixe uma crise vir à tona, deixe Moisés desaparecer por algumas horas, e entramos em um redemoinho de caos. Em vez de nos *voltarmos para* o Criador, nos *escondemos* dele, endurecendo nosso coração. O resultado? A loucura da adoração do bezerro.

1. Coloque-se no lugar de um dos refugiados judeus. Você foi retirado da única vida que já conheceu — a vida de escravo. Está no meio de um deserto abandonado. O homem que liderou cada passo do caminho em sua jornada traiçoeira desapareceu dentro de uma tempestade no topo de uma montanha. Isso é particularmente ruim não apenas porque ele é o único que sabe para onde vocês estão indo, mas é também sua única ligação com Deus. Como isso ajuda você a compreender a decisão dos israelitas de adorar um bezerro de ouro — algo que teria sido familiar para eles em seu tempo no Egito?

2. Ainda se imaginando como um judeu antigo, que instinto o levaria a abandonar o Senhor naquele momento? Por que rejeitaria aquele que obviamente tinha feito tanto por você e se voltaria a um ídolo feito por mãos humanas (as suas)?

3. Pense em um tempo quando se sentiu abandonado por Deus ou por seu povo. O que criou um coração duro em você?

4. A que você se voltou no lugar do bezerro de ouro? Por quê? Quais foram os resultados?

MUDANDO A MENTE DE DEUS

Quando Deus viu a manobra do bezerro de ouro, estava pronto para varrer do mapa a nação de Israel. Eles eram testemunhas das dez pragas e da abertura do mar Vermelho e seus estômagos haviam sido saciados com o maná dado pelo

87

> *"Muito depressa se desviaram daquilo que lhes ordenei"* (Êxodo 32:8).
>
> *Então o Senhor disse a Moisés: [...] "Deixe-me agora, para que a minha ira se acenda contra eles, e eu os destrua"* (Êxodo 32:10).
>
> *Moisés, porém, suplicou ao Senhor, o seu Deus* (v. 11).
>
> *E sucedeu que o Senhor arrependeu-se* (v. 14).
>
> *"Portanto, eu lhes digo: Tudo o que vocês pedirem em oração, creiam que já o receberam, e assim lhes sucederá"* (Marcos 11:24).

Eterno e pelas codornizes vindas do céu, mas será que eles lembravam da sua libertação? Não, eles dançavam a noite inteira na frente de uma estátua feita por eles mesmos.

Deus não estava feliz.

Então o Senhor disse a Moisés: "Desça, porque o seu povo, que você tirou do Egito, corrompeu-se. Muito depressa se desviaram daquilo que lhes ordenei [...] Tenho visto que este povo é um povo obstinado. Deixe-me agora, para que a minha ira se acenda contra eles, e eu os destrua. Depois farei de você uma grande nação" (Êxodo 32:7-10).

A grama seca no monte Vesúvio tinha uma chance melhor de sobrevivência, e sua única esperança era seu líder octogenário, que tinha encontrado com o Criador, possivelmente nesse mesmo monte, alguns anos antes. Se Moisés tinha alguma influência, essa era a hora de usá-la. E ele o fez.

Moisés, porém, suplicou ao Senhor, o seu Deus, clamando: "Ó Senhor, por que se acenderia a tua ira contra o teu povo, que tiraste do Egito com grande poder e forte mão? Por que diriam os egípcios: 'Foi com intenção maligna que ele os libertou, para matá-los nos montes e bani-los da face da terra'? Arrepende-te do fogo da tua ira! Tem piedade, e não tragas este mal sobre o teu povo!" (vv. 11-12).

Olhe a paixão de Moisés no monte Sinai. Ele não está calmo e tranquilo, com as mãos cruzadas e a expressão serena. Ele estava olhando para si em um minuto, e para o Criador no minuto seguinte. Está de joelhos, apontando o dedo, levantando as mãos, vertendo lágrimas, rasgando seu manto, lutando como Jacó no Jaboque pela vida do seu povo.

E como Deus reagiu? "E sucedeu que o Senhor arrependeu-se do mal que ameaçara trazer sobre o povo" (v. 14).

Essa é a promessa da oração! Podemos mudar a mente do Altíssimo! Sua vontade definitiva é inflexível, mas sua implementação não é. Ele não muda em seu caráter e propósito, mas altera sua estratégia por causa dos apelos de seus filhosEm outras palavras, não mudamos sua intenção, mas podemos influenciar suas ações.

5. O que acha que teria acontecido se outra pessoa senão Moisés tivesse feito esse pedido para Deus? Por que Moisés estava apto a chegar com ousadia diante do Senhor e pedir que ele poupasse o povo? Como uma pessoa como Moisés ganha influência sobre o Altíssimo?

_____
_____
_____
_____

6. Abraão foi outro homem que intercedeu com ousadia a Deus em nome de outra pessoa. Leia Gênesis 18:16-33. O que a intervenção de Abraão por Sodoma e Gomorra e o clamor de Moisés pelo povo hebreu têm em comum? Que diferenças vê entre os dois relatos?

LIÇÃO 4 ❖ Moisés ❖ Quarto dia: A promessa da oração

7. O que aprendemos sobre o Criador a partir dessas duas histórias?

8. O que os versículos seguintes dizem a você sobre o poder da oração na sua vida?

2Crônicas 7:14: "Se o meu povo, que se chama pelo meu nome, se humilhar e orar, buscar a minha face e se afastar dos seus maus caminhos, dos céus o ouvirei, perdoarei o seu pecado e curarei a sua terra".

Salmos 34:17: "Os justos clamam, o Senhor os ouve e os livra de todas as suas tribulações".

Jeremias 33:3: "Clame a mim e eu responderei e lhe direi coisas grandiosas e insondáveis que você não conhece".

Lucas 11:9: "Por isso lhes digo: Peçam, e lhes será dado; busquem, e encontrarão; batam, e a porta lhes será aberta".

89

João 15:7: "Se vocês permanecerem em mim, e as minhas palavras permanecerem em vocês, pedirão o que quiserem, e lhes será concedido".

_____
_____
_____
_____

A ousadia e a humildade com as quais Moisés negociou com Deus sugerem força e maturidade espiritual extraordinárias. Ainda assim, o amado líder judeu não estava imune a dúvidas e lutas em seu relacionamento com Yahweh. Às vezes, ele precisava de umas injeções de reforço para sua fé e de lembretes quanto a quem estava servindo.

Pontos para Lembrar

- O Senhor não está incomodado com nossos medos, mas se incomoda quando buscamos conforto para esses medos em qualquer outra coisa que não seja nele.
- Quando estamos no meio de uma crise, é importante nos lembrarmos de todos os caminhos pelos quais Deus passou no passado — e, então, confiarmos nele.
- A promessa da oração é de que podemos mudar a mente do Altíssimo!

Oração do Dia

Pai, obrigado por estares conosco durante nossas experiências no topo na montanha assim como nos vales da nossa fé. Obrigado por tua paciência e compreensão. Obrigado por nos dar lampejos da tua glória — por nos equipar, encorajar e inspirar em nossa jornada diária. Que tua obra, teus feitos e tua glória nunca se afastem da nossa memória. Em nome de Jesus, amém.

Quinto Dia: Mostra-me tua glória

UM PEDIDO OUSADO

Então Moisés lhe declarou: [...] Como se saberá que eu e o teu povo podemos contar com o teu favor, se não nos acompanhares?" (Êxodo 33:15-16).

Não é de admirar que, à medida que Moisés liderava o povo, ele precisasse de lembretes da presença de Deus de tempos em tempos. Disse Moisés ao Senhor: "Tu me ordenaste: 'Conduza este povo', mas não me permites saber quem enviarás comigo. [...] Se não fores conosco, não nos envies" (Êxodo 33:12, 16).

Nós não podemos culpá-lo por seus medos. Rodeado, em primeiro lugar, por israelitas que anseiam pelo Egito e, em segundo lugar, por um deserto de ventos quentes e rochas ardentes, o ex-pastor precisa se sentir seguro. Seu Criador lhe

LIÇÃO 4 ❖ Moisés ❖ Quinto dia: Mostre-me tua glória

oferece esse segurança. "Eu mesmo o acompanharei, [...] Farei o que me pede, porque tenho me agradado de você e o conheço pelo nome" (vv. 14,17).

Poderíamos pensar que isso teria sido o suficiente para Moisés, mas ele se demora. Pensando, talvez, na última frase: "Farei o que me pede..." Talvez Deus ceda a mais um pedido. Então, ele engole em seco, suspira, e pede...

São tantos os pedidos que ele poderia fazer. Talvez um milhão de pedidos... Essa é a quantidade de adultos que Moisés enxerga em seu retrovisor. Um milhão de ex-escravos obstinados, ingratos, que resmungam a cada passo. Se ele tivesse orado: "O Senhor poderia transformar essas pessoas em ovelhas?", quem o teria culpado? E os inimigos de Israel? Os campos de batalha estão à frente. Combates com hititas, jebuseus... Cupins e mosquitos. Eles infestavam a terra. Será que Moisés consegue transformar judeus construtores de pirâmides em um exército?

Farei o que me pede...

O Criador estava pronto para se livrar do povo e recomeçar com Moisés como ele havia feito com Noé. Mas Moisés tinha suplicado por misericórdia, e esta tinha sido alcançada. Deus, tocado pelo coração de Moisés, tinha ouvido a oração dele e respondido, mas Moisés precisa de mais. Mais um pedido. Glória. "Peço-te que me mostres a tua glória" (v. 18).

Ultrapassamos um limite quando fazemos tal pedido. Quando nosso desejo mais profundo não são as coisas de Deus ou um favor do Senhor, mas o próprio Altíssimo, ultrapassamos um limite. Isso significa que devemos estar menos focados em nós mesmos, mais focados em Deus; menos sobre mim, mais sobre ele.

Moisés está orando: "Mostre-me o seu resplendor. Flexione os bíceps. Deixe-me ver o *S* no seu peito. Sua excelência. Seu ser extra-espetacular, de parar o coração e tremer o chão. Esqueça o dinheiro e o poder. Ignore a juventude. Posso viver com um corpo que envelhece, mas não posso viver sem você. Quero mais Deus, por favor. Gostaria de ver mais da sua glória".

Por que Moisés queria ver a grandeza do Senhor?

Faça a si mesmo essa pergunta. Por que você olha o pôr-do-sol e medita sobre o céu noturno no verão? Por que procura pelo arco-íris no meio da névoa ou olha fixo para o Grand Canyon? Por que permite que o oceano Pacífico o fascine e o Niágara o hipnotize? Como explicamos nossa fascinação diante dessas paisagens?

Beleza? Sim. Mas será que a beleza não aponta para aquele que é Belo? Será que a imensidão do oceano não sugere um Criador imenso? Será que o ritmo de migração das aves e das baleias não insinua uma mente brilhante? E não é isso o que desejamos? Um Autor belo? Um Criador imenso? Um Deus tão poderoso que pode nomear as aves e ordenar aos peixes?

1. Como a maioria de nós, Moisés precisava de lembretes da presença de Deus de tempos em tempos. Fale sobre algumas ocasiões em sua vida nas quais precisou se assegurar de que o Senhor estava perto. Como o Altíssimo respondeu ao seu pedido?

_____

_____

Então disse Moisés: "Peço-te que me mostres tua glória" (Êxodo 33:18).

*Uma coisa pedi ao S*ENHOR*; é o que procuro: que eu possa viver na casa do S*ENHOR *todos os dias da minha vida, para contemplar a bondade do S*ENHOR *e buscar sua orientação no seu templo* (Salmos 27:4).

2. Que situações levaram você a fazer o mesmo tipo de pedido feito por Moisés? O que o levou a dizer: "Deus, mostre-me sua glória. Ajude-me a compreender quem o Senhor é e o que é capaz de fazer"?

3. Como você reconhece a glória de Deus? O que acontece quando a experimenta?

4. Em Salmos 19:1, Davi escreveu: "Os céus declaram a glória de Deus; o firmamento proclama a obra das suas mãos". Neste mundo, o que declara a glória do Senhor com mais clareza para você do que qualquer outra coisa? Por quê?

TRANSFORMADO PELA GLÓRIA DE DEUS

Moisés implora: "Mostre-me sua glória, Senhor". Esqueça o banco; ele quer ver Fort Knox; ele precisa caminhar nos cofres da riqueza de Deus. *Você me chocaria com sua força? Entorpeceria com sua sabedoria? Roubaria meu fôlego com um respirar seu? Um momento na névoa das cataratas da graça, um vislumbre da sua glória, Deus.* Essa é a oração de Moisés.

E o Altíssimo a responde. O Senhor coloca seu servo em cima de uma rocha, dizendo a Moisés: "Você não poderá ver a minha face, porque ninguém poderá ver-me e continuar vivo. [...] Eu [...] o cobrirei com a minha mão até que eu tenha acabado de passar. Então tirarei a minha mão e você verá as minhas costas; mas a minha face ninguém poderá ver" (Êxodo 33:20, 22-23).

E então Moisés, coberto pela sombra da palma do Criador, espera, certamente com o rosto curvado, os olhos cobertos, e o pulso aumentando, até que Eterno dê o sinal. Quando a mão se levanta, os olhos de Moisés fazem o mesmo e observam um relance distante, já desaparecendo, das costas de Deus. O coração e o centro do Criador são demais para Moisés suportar, então, um relance vai ter que ser o suficiente.

E Deus respondeu: "Diante de você farei passar toda a minha bondade" (Êxodo 33:19).

E prosseguiu o Senhor: "Há aqui um lugar perto de mim, onde você ficará, em cima de uma rocha" (v. 21).

LIÇÃO 4 ❖ Moisés ❖ Quinto dia: Mostre-me tua glória

Vejo o longo cabelo grisalho de Moisés agitado pelo vento e sua mão enrugada agarrando uma rocha na parede para não cair. E, conforme a rajada de vento diminui e seus cabelos repousam novamente em seus ombros, ele vê o impacto. Sua face. Brilhando. Luminosa como se iluminada por mil tochas. Desconhecida para Moisés, mas inegável para os judeus, está sua face reluzente. Quando ele desce do monte, "os israelitas não podiam fixar os olhos na face de Moisés, por causa do resplendor do seu rosto, ainda que desvanecente" (2Coríntios 3:7).

As testemunhas não viram ira em seu maxilar, ou preocupação em seus olhos, ou uma careta em seus lábios; viram a glória do Altíssimo em sua face.

Se ele tinha motivos para estar irado? Razões para se preocupar? É claro que sim. Os desafios o aguardavam, na verdade, um deserto e quarenta anos de grandes desafios, mas agora, tendo visto a face de Deus, ele pode enfrentá-los.

Perdoe meu descaramento, mas o pedido de Moisés não deveria ser o seu? Você tem problemas. Olhe para si. Vivendo em um corpo mortal, caminhando em um planeta decadente, cercado por uma sociedade egoísta. Alguns salvos pela graça; outros alimentados pelo narcisismo. Muitos de nós, pelos dois. Câncer. Guerra. Doenças.

Não existem assuntos pequenos. Um deus pequeno? Não, obrigado. Você e eu precisamos do que Moisés necessitava — um vislumbre da glória de Deus. — pois tal visão pode nos transformar para sempre.

Ao descer do monte Sinai [...] Moisés não sabia que o seu rosto resplandecia por ter conversado com o Senhor (34:29).

Os israelitas não podiam fixar os olhos na face de Moisés, por causa do resplendor do seu rosto (2Coríntios 3:7).

5. Leia Êxodo 34:29-35. Qual foi a reação do povo a Moisés depois de seu encontro com Deus? Que efeitos a presença do Altíssimo teve sobre Moisés?

_____
_____
_____
_____
_____

6. Nesse ponto da vida de Moisés, ele já tinha visto mais eventos milagrosos do que a maioria das pessoas jamais vai testemunhar: Deus tinha falado com ele do meio de uma sarça ardente; sua vara de caminhada tinha se transformado em uma cobra — e de novo em uma vara; ele tinha visto o Altíssimo infligir nove pragas contra o Egito, liderado os israelitas em segurança pois menos do Mar Vermelho, feito sair água de uma rocha... e assim por diante. O que isso diz sobre Moisés que, mesmo com todos os milagres que ele havia testemunhado, ainda precisava mais de Deus? O que isso diz sobre o Senhor, que deu a Moisés o que ele precisava?

_____
_____
_____
_____
_____

7. Nem mesmo Moisés pôde ver o Criador revelado em toda a sua glória. Entretanto, em João 1:14, lemos: "Aquele que é a Palavra tornou-se carne e viveu entre nós. Vimos a sua glória, glória como do Unigênito vindo do Pai, cheio de graça e de verdade". Como podemos ver a glória divina por intermédio de Jesus?

_____

8. Em João 20:29, Jesus disse para seu discípulo Tomé: "Porque me viu, você creu? Felizes os que não viram e creram". Quais são algumas das bênçãos que Jesus oferece aos que acreditam nele? Como Deus ainda mostra vislumbres de sua glória?

_____

Pela fé Moisés, [...] recusou ser chamado filho da filha do faraó, preferindo ser maltratado com o povo de Deus a desfrutar os prazeres do pecado durante algum tempo (Hebreus 11:24-25).

Quando jovem, Moisés se sobressaiu nos caminhos da corte: ele dominou as leis do mundo antigo e estudou aos pés dos melhores astrônomos, matemáticos e estudiosos da lei. Quinhentos anos depois, ele foi lembrado como sendo "educado em toda a sabedoria dos egípcios" e "poderoso em palavras e obras" (Atos 7:22).

O pouco que sabemos sobre a criação de Moisés nos diz que ele demonstrava afinidade com o ensino superior e tinha alergia à injustiça. Quando viu um egípcio batendo em um escravo judeu, ele matou o egípcio; e quando, no dia seguinte, viu dois judeus brigando, interveio novamente. Dessa vez, um dos judeus perguntou: "Quem o nomeou líder e juiz sobre nós?" (Êxodo 2:14).

Líder e *juiz*. O quanto essa descrição é correta? Vamos para o segundo ato. Para evitar a prisão, Moisés correu para o deserto, onde encontrou mais injustiça. "Ora, o sacerdote de Midiã tinha sete filhas. Elas foram buscar água para encher os bebedouros e dar de beber ao rebanho de seu pai. Alguns pastores se aproximaram e começaram a expulsá-las dali; Moisés, porém, veio em auxílio delas e deu água ao rebanho" (vv. 16-17).

Pela fé o povo atravessou o mar Vermelho como em terra seca; mas, quando os egípcios tentaram fazê-lo, morreram afogados (v. 29).

O que levou Moisés a proteger aquelas jovens? A beleza delas? A sede dele? Talvez ambos, talvez mais. Talvez sementes irrepreensíveis de justiça crescessem em sua alma. Quando ele nocauteou um egípcio cruel ou dispersou pastores machistas, estava agindo por causa de sua inclinação, dada por Deus, para a justiça?

O restante de sua vida confirmaria isso. Quarenta anos depois de fugir do Egito, Moisés retornou, dessa vez com a bênção e o poder do Deus da sarça ardente. Ele desarmou o faraó e libertou os judeus. Moisés, o líder, acompanhou seu povo até um novo reino. Moisés, o juiz, proferiu a Torá e ajudou na criação da lei hebraica.

LIÇÃO 4 ❖ MOISÉS ❖ Quinto dia: Mostre-me tua glória

Os pontos fortes da sua juventude revelaram as paixões da sua vida, e o Senhor começou fazer a boa obra nele. O mesmo é verdade para você. "Estou convencido de que aquele que começou boa obra em vocês, vai completá-la até o dia de Cristo Jesus" (Filipenses 1:6).

Percebe o que Deus está fazendo? *Uma boa obra em você.*

Vê quando vai terminar? *Quando Jesus voltar.*

Posso esclarecer a mensagem? *Deus não terminou ainda contigo.*

Seu Pai quer que você saiba disso, e, para convencê-lo, o Senhor pode surpreendê-lo(a). Pode falar por meio de um arbusto, um balde de limpeza, ou, mais estranho ainda, por intermédio deste livro.

Moisés, o servo do SENHOR, morreu ali, em Moabe [...] Em Israel nunca mais se levantou profeta como Moisés, a quem o SENHOR conheceu face a face (Deuteronômio 34:5,10).

PONTOS PARA LEMBRAR

❖ Deus honra pedidos ousados quando buscamos sua glória e pedimos que ele revele sua presença em nossas vidas.

❖ Todos nós desejamos saber que servimos a um Autor belo, a um Criador imenso, e a um Deus tão poderoso que não há nada que ele não possa fazer.

❖ Precisamos de um vislumbre da glória divina, e, por isso, uma visão pode nos transformar para sempre.

 ## ORAÇÃO DO DIA

Querido Deus, no decorrer do nosso dia pedimos a ti que nos dê pequenos vislumbres da tua glória. Revela tua presença a nós e nos transforma para sermos cada vez mais como teu filho, Jesus. Obrigado pela promessa de que tu sempre ouves nossas orações e pela obra contínua que tu fazes dentro de nós. Em nome de Jesus, amém.

 ## VERSÍCULO PARA MEMORIZAR NA SEMANA

Aquele que é a Palavra tornou-se carne e viveu entre nós. Vimos a sua glória, glória como do Unigênito vindo do Pai, cheio de graça e de verdade.

JOÃO 1:14

Leitura suplementar

Os textos dessa lição foram retirados de *When God Whispers Your Name* [publicado no Brasil como: *Quando Deus sussurra o seu nome*. Rio de Janeiro: CPAD, 2005]; *And the Angels Were Silent* [publicado no Brasil como: *Quando os anjos silenciaram*. São Paulo: United Press, 1999]; *The Applause of Heaven* [publicado no Brasil como: *O aplauso do céu*. São Paulo: United Press, 2002]; *Great House of God* [publicado no Brasil como: *A grande casa de Deus*. Rio de Janeiro: CPAD, 2001]; *Traveling Light* [publicado no Brasil como: *Aliviando a bagagem*. Rio de Janeiro: CPAD, 2002]; *It's Not About Me* [publicado no Brasil como: *Isto não é para mim*. Rio de Janeiro: CPAD, 2005]; *Cure for the Common Life* [publicado no Brasil como: *Quebrando a rotina*. Rio de Janeiro: CPAD, 2012]; *3:16, The Numbers of Hope* [publicado no Brasil como: *3:16, A mensagem de Deus para a vida eterna*. Rio de Janeiro: Thomas Nelson Brasil, 2007]; *Great Day Every Day* [Todo dia é um grande dia]. Nashville: Thomas Nelson, 2007; e *Before Amen* [publicado no Brasil como: *Antes de dizer amém*. Rio de Janeiro: Thomas Nelson Brasil, 2014].

LIÇÃO 5

DAVI

PROBLEMAS GIGANTES E QUEDAS COLOSSAIS

O MENINO MAGRO E SEM BARBA se curva na beira do riacho. A lama umedece seus joelhos e a corrente de água resfria sua mão. Se ele notasse, poderia estudar suas belas feições na água. Cabelos cor de cobre, pele bronzeada, sanguínea, e olhos que roubavam o fôlego das meninas judias. Entretanto, ele não procura seu reflexo, mas pedrinhas, seixos lisos, do tipo que se empilha facilmente na bolsa de um pastor, e se alinha bem contra a atiradeira de couro. Pedras chatas que se equilibram pesadas na palma e voam como mísseis, com a força de um cometa, na cabeça de um leão, um urso, ou, neste caso, um gigante.

Golias o encara de cima a baixo da encosta do monte, e apenas a descrença o impede de rir. Ele e seu exército filisteu transformaram sua metade do vale em uma floresta de lanças; uma gangue barulhenta e sanguinária contando vantagem com suas lanças, seus lenços e suas tatuagens de arame farpado. Golias se ergue como uma torre acima de todos eles: dois metros e noventa centímetros de altura, vestindo uma couraça de sessenta quilos e rosnando como o lutador principal na noite do Campeonato Mundial de Luta Livre. Ele veste colarinho tamanho XXL e cinto de 140 centímetros. Seus bíceps estouram, os músculos da coxa ondulam, e ele arrota sua vanglória pelo cânion. "Eu desafio hoje as tropas de Israel! Mandem-me um homem para lutar sozinho comigo" (1Samuel 17:10). *Quem sairia no tapa comigo? Dê-me sua melhor chance.*

Nenhum voluntário judeu. Até hoje. Até Davi.

Davi acabou de aparecer, naquela manhã. Ele largou o pastoreio das ovelhas para levar pão e queijo para seus irmãos na frente de batalha, e é ali que ele ouve Golias desafiando Deus, e é ali também que Davi toma sua decisão. Então, ele toma sua vara na mão, escolhe cinco pedras lisas no riacho e as coloca em sua bolsa de pastor, em uma repartição interna, e pega a atiradeira com a outra mão. Então, chega perto do filisteu.

Um guerreiro chamado Golias, que era de Gate, veio do acampamento filisteu. Tinha dois metros e noventa centímetros de altura (1Samuel 17:4).

E acrescentou: "Eu desafio hoje as tropas de Israel!" (v. 10).

Davi deixou o rebanho [...] Chegou ao acampamento na hora em que, com o grito de batalha, o exército estava saindo para suas posições de combate (v. 20).

> *Olhou para Davi com desprezo, viu que era só um rapaz, [...] e fez pouco caso dele* (v. 42).

> *Pois a nossa luta não é contra seres humanos, mas contra [...] as forças espirituais do mal nas regiões celestiais* (Efésios 6:12).

Golias zomba do garoto, e o apelida de Magricela. "Por acaso sou um cão, para que você venha contra mim com pedaços de pau?" (v. 43). O pequeno e esquelético Davi. O grandalhão e bruto Golias. O palito de dentes contra o tornado. O triciclo infantil atacando o caminhão de carga. O *poodle toy* se vingando do *rottweiler*. Em sua opinião, que chance Davi teria contra o gigante dele?

Chance melhor, talvez, do que você teria contra o seu gigante.

O seu Golias não carrega espada ou escudo; ele ostenta lâminas de desemprego, abandono, abuso sexual, ou depressão. Seu gigante não desfila para cima e para baixo nas colinas de Elá; ele saltita dentro do seu escritório, do seu quarto ou da sua sala de aula e traz contas que você não tem como pagar, notas que não consegue tirar, pessoas a quem não consegue agradar, bebidas às quais não consegue resistir, pornografia que não consegue recusar, uma carreira da qual não consegue escapar, um passado que não consegue abalar, e um futuro que não consegue encarar.

Você conhece bem o grito de Golias.

Davi enfrentou um Golias que buzinava seus desafios de manhã e à noite. "Durante quarenta dias o filisteu aproximou-se, de manhã e de tarde, e tomou posição" (v. 16). O seu gigante faz o mesmo. Primeiro pensamento pela manhã, última preocupação da noite — seu Golias domina seu dia e se infiltra em sua alegria.

1. O reflexo de Davi revelava um guerreiro jovem e determinado — derrotado aos olhos de todos, menos aos seus. O que o seu reflexo revela?

_____
_____
_____
_____
_____
_____
_____

2. Quais armas você utilizou no passado para lutar contra o seu gigante? Foram eficazes?

_____
_____
_____
_____
_____
_____
_____

Davi parecia ser o sujeito totalmente errado para o trabalho, pois era apenas um garoto e não tinha nenhum treinamento militar formal, tampouco habilidade para falar ou com espada e escudo. O que ele *tinha*, entretanto, era um aliado em quem confiava com toda a sua vida. No primeiro estudo, veremos como a confiança de Davi em seu aliado inclinou a guerra a seu favor.

LIÇÃO 5 ❖ Davi ❖ Primeiro dia: Desafiando o gigante

Oração do Dia

Pai, obrigado por nos dar uma chance de lutar contra os gigantes da nossa vida. Obrigado por nos assegurar que o poder humano nem sempre faz a coisa certa. Guia nossos pensamentos e direciona nosso foco quando chegar a batalha. Ajuda-nos a procurar em ti a força de que precisamos. Em nome de Jesus, amém.

Primeiro Dia: Desafiando o gigante

O VALENTÃO DE LONGA DATA

A família de Golias era um inimigo antigo dos israelitas. Josué os havia retirado da Terra Prometida 300 anos antes e destruído a todos, exceto os habitantes de três cidades: Gaza, Gate e Asdode. Gate criava gigantes assim como o Parque Yosemite cria sequóias. Adivinha onde Golias foi criado? Está vendo o G na sua jaqueta de couro? Colégio Gate. Seus ancestrais foram para os judeus o que os piratas foram para a marinha de Sua Majestade.

Os soldados de Saul viam Golias e resmungavam: "Não de novo. Meu pai lutou com o pai dele. Meu avô lutou com o avô dele".

Você já suspirou palavras semelhantes. "Estou me tornando alcoólatra, assim como meu pai". "O divórcio corre em nossa árvore genealógica como a murchidão do carvalho". "Minha mãe também não conseguia ter amigos. Será que isso vai acabar um dia?"

Golias, o valentão de longa data do vale, mais duro do que um bife de dois reais e rosnando mais do que dois *dobermans*. Ele o espera pela manhã e o atormenta à noite. Ele perseguiu seus ancestrais e agora paira sobre você, bloqueia o sol e o deixa parado na sombra de uma dúvida. "Ao ouvirem as palavras do filisteu, Saul e todos os israelitas ficaram atônitos e apavorados" (1Samuel 17:11).

Mas por que estou lhe dizendo isso? Você conhece Golias, reconhece seu andar e recua ao ouvir sua voz. Você já viu seu Godzilla. A questão é: ele é tudo o que consegue ver? Você conhece sua voz — mas é tudo o que consegue ouvir? Davi viu e ouviu mais. Leia as primeiras palavras que ele falou, não apenas na batalha, mas na Bíblia como um todo: "Davi perguntou aos soldados que estavam ao seu lado: 'O que receberá o homem que matar esse filisteu e salvar a honra de Israel? Quem é esse filisteu incircunciso para desafiar os exércitos do Deus vivo?'" (v. 26).

Davi aparece debatendo sobre Deus. Os soldados não mencionaram nada sobre ele, os irmãos nunca falaram seu nome, mas Davi dá um passo para entrar no palco e levanta o assunto do Deus vivo. Ele faz o mesmo com o rei Saul: sem conversinhas sobre a batalha ou perguntas sobre possibilidades, apenas um anúncio nascido no Altíssimo: "O Senhor que me livrou das garras do leão e das garras do urso me livrará das mãos desse filisteu" (v. 37). Ninguém mais discute sobre Deus, e Davi não discute nada mais *além de* Deus.

Naquela ocasião Josué exterminou os enaquins dos montes de Hebrom, [...] Nenhum enaquim foi deixado vivo no território israelita; somente em Gaza, em Gate e em Asdode é que alguns sobreviveram (Josué 11:21-22).

Todos os israelitas ficaram atônitos e apavorados (1Samuel 17:11).

Durante quarenta dias o filisteu aproximou-se, de manhã e de tarde, e tomou posição (v. 16).

"Quem é esse filisteu incircunciso para desafiar os exércitos do Deus vivo?" (v. 26).

Davi disse a Saul: "Ninguém deve ficar com o coração abatido por causa desse filisteu; teu servo irá e lutará com ele" (v. 32).

1. Leia Salmos 121, em cujos versículos Davi parece esboçar sua estratégia de batalha. Como você resumiria a mentalidade que o ajudou a se aproximar de Golias com confiança? O que ele confiava que Deus faria em cada batalha?

2. Leia 1Samuel 17:1-37. Por que o rei Saul e o restante do exército israelita não conseguiam ver o aliado que Davi via?

3. Que gigantes são grandes o suficiente na sua vida para fazê-lo perder Deus de vista temporariamente e temer pelo seu bem-estar? O que você aprende com a história de Davi e Golias sobre como confrontar esses gigantes?

4. Como pastor, Davi tinha protegido seu rebanho de ataques de um leão e de um urso. Ele conseguiu se valer dessas experiências para construir sua confiança para o confronto com Golias. De que experiências você lançar mão para edificar sua confiança para as suas batalhas?

Respondeu Saul: "Você não tem condições de lutar contra esse filisteu; você é apenas um rapaz, e ele é um guerreiro desde a mocidade" (1Samuel 17:33).

Saul vestiu Davi com sua própria túnica, colocou-lhe uma armadura e lhe pôs um capacete de bronze na cabeça (v. 38).

Disse ele [Golias] a Davi: "Por acaso sou um cão, para que você venha contra mim com pedaços de pau?" (v. 43).

CINCO PEDRINHAS LISAS

Existem algumas coisas que todo mundo sabe que não deve fazer: você não tenta laçar um tornado, não luta contra um leão com um palito de dentes, não espirra contra o vento, não sai para caçar ursos com uma arma de rolhas e não envia um jovem pastor para lutar contra um gigante. Você não faz isso — a não ser que esteja sem opções. Saul não tinha opção, e, quando estamos sem opções ficamos mais prontos para as surpresas do Senhor.

O rei tentou dar alguns equipamentos para Davi. "O que você quer, rapaz? Armadura? Espada? Granadas? Rifles? Um helicóptero? Vamos transformá-lo no Rambo". Davi tinha outra coisa em mente: cinco pedrinhas lisas e uma simples atiradeira de couro.

Os irmãos de Davi cobriram os olhos, tanto de medo como de vergonha, e Saul suspira quando o jovem hebreu sai correndo para a morte certa. Golias joga a cabeça para trás com uma gargalhada, o suficiente para mover seu capacete e expor alguns centímetros da testa. Davi mira no alvo e aproveita o momento. O som da funda girando é o único som ouvido no vale. Ssshhh. Ssshhh. Ssshhh. A pedra sai como torpedo pelo ar até o crânio; os olhos de Golias reviram e suas pernas se dobram. Ele colapsa em direção ao chão e morre. Então, Davi corre e arranca a espada de Golias da bainha, faz o filisteu de churrasquinho e corta fora sua cabeça.

Você poderia dizer que Davi sabia como tirar *a cabeça* do seu gigante.

Quando foi a última vez que você fez o mesmo? Quanto tempo faz que correu na direção do seu desafio? Nossa tendência é recuar, mergulhar atrás de uma escrivaninha de trabalho ou rastejar para um clube noturno de distrações ou uma cama de amor proibido. Por um momento, um dia, ou um ano, nos sentimos seguros, isolados, anestesiados, mas, então, o trabalho termina, a bebida acaba, ou o amor vai embora, e ouvimos Golias gritando novamente. Estrondoso. Bombástico.

Tente uma direção diferente. Ataque seu gigante com uma alma saturada de Deus. *Gigante do divórcio, você não vai entrar na minha casa! Gigante da depressão? Pode levar a vida toda, mas você não vai me dominar. Gigante do álcool, fanatismo, abuso infantil, insegurança... você vai cair.* Quando foi a última vez em que carregou sua atiradeira e arremessou uma pedra em seu gigante?

> [A pedra] *ficou encravada, e ele caiu, dando com o rosto no chão* (v. 49).

> *Assim Davi venceu o filisteu com uma atiradeira e uma pedra* (1Samuel 17:50).

5. Em 2Coríntios 10:3-5, Paulo escreveu: "Pois, embora vivamos como homens, não lutamos segundo os padrões humanos. As armas com as quais lutamos não são humanas; ao contrário, são poderosas em Deus para destruir fortalezas. Destruímos argumentos e toda pretensão que se levanta contra o conhecimento de Deus, e levamos cativo todo pensamento, para torná-lo obediente a Cristo". O que Davi compreendia sobre as armas que lhe tinham sido dadas que o fizeram recusar a armadura de Saul?

_____
_____
_____
_____

6. Pense em uma vez quando confiou nas armas de Deus em vez de em sua própria força. Que circunstâncias estava enfrentando? Como o Senhor o equipou para a batalha? O que você aprendeu com essa experiência?

_____
_____
_____
_____

7. Leia 1Samuel 17:38-51. Como Golias insultou Davi? Qual foi a resposta de Davi a esses desafios?

_____
_____
_____
_____

8. Pense em um gigante que paira sobre você agora. Como esse gigante o insulta? Está em um impasse? Evitando a batalha? Lambendo suas feridas após uma derrota recente? O que você pode aprender a partir da história de Davi sobre como é melhor proceder?

_____
_____
_____
_____

A vitória de Davi deveria tê-lo colocado em boa posição com os poderes existentes em Israel, afinal de contas, a derrota de Golias deu um golpe esmagador contra os odiados filisteus. Entretanto, Davi logo aprenderia que o sucesso de alguém é o motivo de inveja de outra pessoa, e, como veremos no próximo estudo, quando a pessoa que se sente ameaçada é o rei de Israel, há poucos lugares onde se refugiar.

Pontos para Lembrar

❖ Como Davi, precisamos ver além de nossos Golias e perceber que servimos a um Deus que pode fazer cair nosso inimigo mais difícil.
❖ Quando não temos mais opções, ficamos mais prontos para as surpresas do Altíssimo.
❖ Fugir de nossos Golias pode nos fazer sentir seguros a curto prazo, mas o único caminho para a vitória real é atacar nossos gigantes com uma alma saturada de Deus.

Oração do Dia

Pai, obrigado por ficar ao lado do mais fraco e por inclinar a balança do poder em nossos confrontos com nossos gigantes. Por favor, guia nossas decisões e ajuda-nos a buscar a ti como nossa fonte de força. Dá-nos a confiança e a coragem de Davi quando enfrentou Golias. Que nossas vitórias possam ser tão decisivas quanto as dele. Em nome de Jesus, amém.

Segundo Dia: Encontrando refúgio

A IRA DE SAUL

Que ogros perambulam pelo seu mundo? Mães controladoras; técnicos da escola de Stalin; a professora de matemática *pitbull*; o auto proclamado comandante da cabine; o rei que resolve lançar o jovem pastor na parede.

Essa última foi contra Davi. Pobre Davi. O vale de Elá acabou sendo um campo de treinamento para a corte do rei, e, quando Golias perdeu sua

Tudo o que Saul lhe ordenava fazer, Davi fazia com tanta habilidade, [...] (1Samuel 18:5).

LIÇÃO 5 ❖ DAVI ❖ Segundo dia: Encontrando refúgio

cabeça, os judeus fizeram de Davi um herói. O povo fez um desfile de papel picado para ele e cantou: "Saul matou milhares, e Davi, dezenas de milhares" (1Samuel 18:7).

Saul explode como o Vesúvio que é. O rei já é uma alma problemática, inclinado a erupções de ira, louco o suficiente para comer abelhas. A popularidade de Davi joga combustível no gênio de Saul, e o rei tenta matar o garoto de ouro de Belém em seis ocasiões diferentes. Primeiro, ele convida Davi a se casar com sua filha Mical, o que parece um gesto de gentileza, até que você lê sobre o dote cruel exigido por Saul: cem prepúcios de filisteus. Com certeza, um dos filisteus vai matar Davi, Saul espera, mas eles não conseguem. Davi dobra a exigência e retorna com a prova.

Saul não desiste e ordena a seus servos e a Jônatas que matem Davi, mas eles se recusam. Ele tenta com a lança outra vez, mas erra o alvo. Saul envia mensageiros à casa de Davi para matá-lo, mas sua esposa, Mical, o desce por uma janela. Davi, o fugitivo, fica um passo à frente de Saul, o coiote.

A ira de Saul confunde Davi. O que será que ele fez? Tinha levado cura musical para o espírito torturado de Saul, esperança para a nação debilitada. Ele é o Abraham Lincoln da calamidade judaica, salvando a república com modéstia e honestidade. Ainda assim, o monte Saul continua em erupção, recompensando os feitos de Davi com lanças voadoras e planos de assassinato. Compreendemos a pergunta de Davi para Jônatas: "O que foi que eu fiz? Qual é o meu crime? Qual foi o pecado que cometi contra seu pai para que ele queira tirar a minha vida?" (20:1).

> *Saul ficou muito irritado com esse refrão [...] (v.8).*
>
> *"O rei não quer outro preço pela noiva além de cem prepúcios de filisteus"* (v. 25).
>
> *Saul falou a seu filho Jônatas e a todos os seus conselheiros sobre a sua intenção de matar Davi* (1Samuel 19:1).
>
> *Mical fez Davi descer por uma janela* (v. 12).
>
> *"Qual foi o pecado que cometi contra seu pai para que ele queira tirar a minha vida?"* (20:1).

1. Leia 1Samuel 18:1-9. O que levou Saul a ter inveja de Davi? O que esses pensamentos o levaram a fazer?

2. De todas as pessoas que já conheceu, quem tem uma personalidade mais parecida com a do Rei Saul? Como é a vida com uma pessoa assim? Explique.

3. Os escritores da Bíblia muitas vezes alertaram sobre os perigos da inveja e do ciúme. Leia as passagens a seguir e escreva o que Deus está dizendo a você sobre não se tornar presa desses sentimentos negativos.

   Salmos 37:1-3: "Não se aborreça por causa dos homens maus e não tenha inveja dos perversos; pois como o capim logo secarão, como a relva verde logo murcharão. Confie no Senhor e faça o bem; assim você habitará na terra e desfrutará segurança".

Provérbios 14:30: "O coração em paz dá vida ao corpo, mas a inveja apodrece os ossos".

1Coríntios 13:4: "O amor é paciente, o amor é bondoso. Não inveja, não se vangloria, não se orgulha".

Filipenses 2:3: "Nada façam por ambição egoísta ou por vaidade, mas humildemente considerem os outros superiores a si mesmos".

Tiago 3:13-16: "Quem é sábio e tem entendimento entre vocês? Que o demonstre por seu bom procedimento, mediante obras praticadas com a humildade que provém da sabedoria. Contudo, se vocês abrigam no coração inveja amarga e ambição egoísta, não se gloriem disso, nem neguem a verdade. Esse tipo de 'sabedoria' não vem dos céus, mas é terrena; não é espiritual, mas é demoníaca. Pois onde há inveja e ambição egoísta, aí há confusão e toda espécie de males".

4. Por que Davi continuava voltando para uma situação tão volátil? Em que ponto terminava seu dever para com o rei e começava sua responsabilidade de proteger a si mesmo?

LIÇÃO 5 ❖ Davi ❖ Segundo dia: Encontrando refúgio

NENHUM LUGAR PARA IR

Depois do sexto atentado contra sua vida, Davi entende. *Saul não gosta de mim*. Com um prêmio por sua cabeça e um bando atrás dele, ele se despede de Mical e da vida na corte com um beijo e foge. Mas para onde pode ir? Para Belém, e colocar em perigo a vida de sua família? Para o território inimigo, e arriscar sua própria vida? Isso, mais tarde, se torna uma opção. Mas, agora, ele escolhe outro esconderijo. Ele vai para a igreja. "Davi foi falar com o sacerdote Aimeleque, em Nobe" (1Samuel 21:1).

Davi tropeça em sua história — almas desesperadas sempre fazem isso. A cidade era santa; Davi era qualquer coisa, menos santo. Ele mentia cada vez que abria sua boca e piora antes de melhorar. Foge para Gate, a cidade natal de Golias, e tenta forjar uma amizade baseada em um adversário comum. Se seu inimigo é Saul e o meu inimigo é Saul, nos tornamos amigos, certo?

Nesse caso, errado, pois o povo de Gate não é hospitaleiro. Davi entra em pânico. Ele é uma ovelha no meio de um bando de lobos, em um lugar onde os homens são altos e os muros, mais altos ainda. Olhares penetrantes, lanças penetrantes. Davi não vê Deus; ele vê problemas, e então, toma o problema em suas próprias mãos e finge estar louco, arranhando as portas e babando pela barba. Finalmente o rei de Gate diz a seus homens: "'Vejam este homem! Ele está louco! Por que trazê-lo aqui? Será que me faltam loucos para que vocês o tragam para agir como doido na minha frente? O que ele veio fazer no meu palácio?' Davi fugiu da cidade de Gate e foi para a caverna de Adulão" (21:14-22:1).

Davi não tem mais lugar algum para ir. Não pode ir para a corte de Saul ou para a casa de Mical, à cidade de Samuel ou para a segurança de Nobe. Então, segue para o único lugar para onde pode ir — o lugar onde ninguém vai, porque nada sobrevive. Vai para o deserto, para o ermo. Para os desfiladeiros recortados que têm vista para o mar Morto. E encontra uma caverna, chamada de Adulão. Nela encontra sombra, silêncio e segurança. Ele se deita sobre a terra fria e fecha seus olhos, e começa sua década no deserto.

Consegue se identificar com a história de Davi? O seu Saul o tirou da posição que você tinha e das pessoas que amava? Em um esforço para sobreviver aos maus tempos, já esticou a verdade? Distorceu os fatos?

Você está buscando refúgio em Gate? Sob circunstâncias normais, nunca iria lá, mas essas não são circunstâncias normais, então você perambula pelas terras de criação de gigantes. A terra natal do problema. Os braços dela ou aquele bar. Caminha por ruas escuras e frequenta lugares questionáveis, e, enquanto está lá, enlouquece. Para que a multidão o aceite, para que o estresse não o mate, enlouquece. Acorda na caverna do mar Morto, nas grutas de Adulão, no ponto mais baixo da sua vida, sentindo-se tão ridículo quanto uma sala cheia de bigornas. Você fita um futuro árido, duro e sem pessoas, e pergunta: "O que eu faço agora?"

Sugiro que deixe Davi ser seu professor. É claro que ele enlouquece por alguns versículos, mas, na caverna de Adulão, ele se recompõe. O pastor fiel aparece novamente, o matador de gigantes redescobre sua coragem. Sim, ele tem um prêmio por sua cabeça. Não tem lugar para descansar sua cabeça, mas, de alguma forma, ele mantém sua cabeça no lugar.

Volta seu foco para Deus e encontra refúgio.

E ele disse a Davi: "Vá em paz [...] Então Davi partiu, e Jônatas voltou à cidade (1Samuel 20:42).

Respondeu Davi: "O rei me encarregou de uma certa missão" (1Samuel 21:2).

Naquele dia, Davi fugiu de Saul e foi procurar Aquis, rei de Gate (v. 10).

[Davi] fingiu que estava louco (v. 13).

Davi fugiu da cidade de Gate e foi para a caverna de Adulão (22:1).

Feliz é o homem que persevera na provação (Tiago 1:12).

5. Golias queria matar Davi, mas, ainda assim, Davi o enfrentou com ousadia no campo de batalha. Por que então, pouco tempo depois, Davi entrou em pânico e fugiu quando percebeu que Saul queria matá-lo?

_____
_____
_____
_____

6. Como explica o fato de Davi ter mentido para se proteger, em vez de confiar naquele que o tinha mantido a salvo de um leão, de um urso e de um gigante assassino?

_____
_____
_____
_____

7. Qual é a coisa mais desesperada que já fez para escapar de uma situação perigosa? Quais foram os resultados? Com o benefício de se olhar em retrospecto, qual teria sido a melhor alternativa de ação? Explique.

_____
_____
_____
_____

8. Como você se guarda contra o tipo de miopia espiritual que leva as pessoas a buscar refúgio onde não deveriam?

_____
_____
_____
_____

O rei Saul usou todo o seu poder para fazer Davi cair, mas não foi nem perto do suficiente, pois, quando Saul terminou sua própria vida em um campo de batalha, Davi ainda estava vivo e bem — e em posição para assumir o trono de Saul. No próximo estudo, veremos como Davi incorporou a noção de que o que não o mata o faz mais forte.

Pontos para Lembrar

❖ Depois de uma vitória, nosso inimigo atacará e tentará nos levar a um lugar inferior, onde duvidamos do amor e provisão do Senhor.
❖ Quando estamos isolados e em um lugar solitário, somos tentados a buscar refúgio em outras coisas que não em Deus.
❖ Quando experimentamos um revés e as coisas não estão indo como planejadas, precisamos nos reorganizar, redescobrir nossa coragem, e nos concentrar novamente no Altíssimo.

LIÇÃO 5 ❖ Davi ❖ Terceiro dia: Fortalezas

~ Oração do Dia ~

Pai, tu és nosso refúgio e a fonte da segurança quando as situações se tornam terríveis e saem do controle. Dá-nos a clareza de pensamento para buscar a ti quando nos sentimos ameaçados. Protege-nos, como fizeste com Davi, daqueles que querem nos fazer o mal. Em nome de Jesus, amém.

Terceiro Dia: Fortalezas

FRIO NO VALE

Você pode ouvir a notícia de um policial: "Desculpe, ele não sobreviveu ao acidente". Pode retornar a ligação de um amigo, apenas para ouvir: "O cirurgião trouxe más notícias". Várias esposas ouviram essas palavras de soldados de rosto sombrio: "Lamentamos informar..." Nesses momentos, a primavera se transforma em inverno, o azul se torna cinza, os pássaros silenciam e o arrepio de tristeza se acomoda. É frio no vale da sombra da morte.

O mensageiro de Davi não é um policial, amigo ou soldado, mas sim um amalequita sem fôlego com as roupas rasgadas e o cabelo cheio de terra que chega tropeçando no acampamento de Ziclague com a notícia: "O nosso exército fugiu da batalha, e muitos morreram. Saul e Jônatas também estão mortos" (2Samuel 1:4).

Davi sabe que os judeus estão lutando contra os filisteus, sabe que Saul e Jônatas estão na batalha de suas vidas. Está só esperando o resultado final. Quando o mensageiro presenteia Davi com a coroa e o bracelete de Saul, Davi tem sua prova inegável — Saul e Jônatas estão mortos.

Jônatas, mais chegado que um irmão, o qual tinha salvado a vida de Davi e jurado proteger seus filhos.

Saul, o escolhido de Deus, o ungido do Senhor. Sim, ele tinha caçado Davi. Tinha o atormentado. Mas ainda era o ungido de Deus.

O rei escolhido de Deus — morto.

O melhor amigo de Davi — morto.

Deixando Davi enfrentar mais um gigante — o gigante do luto.

Davi chorou com tanta criatividade quanto ele adorava, e "cantou este lamento sobre Saul e seu filho Jônatas, e ordenou que se ensinasse aos homens de Judá" (1:17-18). Davi chamou a nação a prantear e fez do choro uma política pública. Recusou-se a maquiar ou suavizar a morte. Ele a enfrentou, lutou com ela, a desafiou, mas não a negou. Como seu filho Salomão explicou: "Há um tempo certo [...] de prantear" (Eclesiastes 3:1,4).

1. Leia 1Samuel 20:1-42. Como você descreveria o relacionamento entre Davi e Jônatas? O que Jônatas fez para mostrar sua lealdade a Davi?

Os filisteus perseguiram Saul e seus filhos, e mataram Jônatas, Abinadabe e Malquisua, filhos de Saul (1Samuel 31:2).

Saul, então, pegou sua própria espada e jogou-se sobre ela (v. 4).

Chegou um homem que vinha do acampamento de Saul, com as roupas rasgadas e terra na cabeça (2Samuel 1:2).

"Peguei a coroa e o bracelete dele" (v. 10).

Davi cantou este lamento sobre Saul e seu filho Jônatas (v. 17).

2. Leia Salmos 103:13-22. Que sinais de pranto e luto encontra nas palavras de Davi? Como Davi adora a Deus no meio do seu luto?

3. Quem preenche o papel de Jônatas na sua vida? O que significaria para você a perda dessa pessoa? Se já perdeu essa pessoa, que impacto isso teve na sua vida? Como descreveria seu processo de luto?

4. Em Lucas 6:27-28, Jesus diz: "Mas eu digo a vocês que estão me ouvindo: Amem os seus inimigos, façam o bem aos que os odeiam, abençoem os que os amaldiçoam, orem por aqueles que os maltratam". Como Davi demonstrou amor pelo rei Saul mesmo que tivessem um relacionamento complicado e contencioso?

A CASCAVEL ENROLADA

Eles ungiram Davi rei de Israel (2Samuel 5:3).

Davi não podia continuar se lamentando para sempre, pois havia trabalho a ser feito. Como o ungido de Deus, ele deve dar o próximo passo para se tornar o rei de Israel, e isso envolve tomar a fortaleza de Jerusalém.

Fortalezas: desafios antigos, difíceis e desanimadores. Foi isso que Davi encarou quando olhou para Jerusalém. Quando você e eu pensamos na cidade, visualizamos templos e profetas. Imaginamos Jesus ensinando, a igreja do Novo Testamento crescendo, e sonhamos com uma capital próspera, o centro da história.

O rei e seus soldados marcharam para Jerusalém para atacar os jebuseus que viviam lá (v. 6).

Quando Davi vê Jerusalém em 1000 a.C., ele vê outra coisa. Enxerga uma fortaleza sombria e milenar, desafiadora sobre o cume de uma cadeia de montanhas. Elevada sobre uma escarpa rígida, protegida por altos muros e habitada por jebuseus. Ninguém os incomoda. Os filisteus lutam com os amalequitas, os quais lutam com os judeus. Mas, os jebuseus? São como cascavéis enroladas no deserto. Ninguém as incomoda.

LIÇÃO 5 ❖ Davi ❖ Terceiro dia: Fortalezas

Ninguém, exceto Davi. O recém-coroado rei de Israel está de olho em Jerusalém. Ele herdou um reino dividido. O povo não precisa apenas de um líder forte, mas de uma sede forte e a base atual de Davi em Hebrom está longe demais ao sul para engajar a lealdade das tribos do norte. Todavia, se ele se mudar para o norte, vai isolar o sul, então, busca uma cidade neutra, centralizada.

Quer Jerusalém, e podemos imaginar quantas vezes ele encarou aquelas muralhas. Ele cresceu em Belém, a apenas um dia de caminhada para o sul, escondeu-se nas cavernas na região de En-Gedi, não muito mais ao sul. Com certeza, percebeu Jerusalém e em algum momento, determinou o lugar como a capital perfeita. A coroa tinha acabado de ser redimensionada para sua cabeça quando ele colocou os olhos em seu novo Golias.

Os jebuseus desdenharam de Davi como Satanás joga baldes de desencorajamento sobre você: "Você nunca vai superar seus maus hábitos"; "Nasceu um lixo; vai morrer um lixo"; "Acha que pode superar seu vício? Pense bem"; Se já ouviu o deboche que Davi ouviu, sua história precisa da palavra que Davi tem. Viu?

"*Mas* Davi conquistou a fortaleza de Sião." Temos que admitir, a cidade era antiga. As muralhas eram difíceis. As vozes eram desanimadoras... *Mas* Davi conquistou a fortaleza. Não adoraria que Deus escrevesse um "mas" em sua biografia? Nascido para o alcoolismo, *mas* levou uma vida sóbria. Nunca foi para a faculdade, *mas* dominou seu negócio. Não leu a Bíblia até a aposentadoria, *mas* chegou a uma fé profunda e duradoura.

Todos nós precisamos de um "mas", e Deus tem muitos para distribuir, pois fortalezas não significam nada para ele.

E os jebuseus disseram a Davi: "Você não entrará aqui! Até os cegos e os aleijados podem se defender de você" (2Samuel 5:6).

Mas Davi conquistou a fortaleza de Sião (v. 7).

5. Leia Eclesiastes 3:1-8. Como sabemos que um tempo específico — por exemplo, o tempo de prantear — já acabou? Como saber, como Davi, quando é tempo de seguir para o próximo estágio da vida?

___
___
___
___
___

6. Seguir em frente foi exatamente o que Davi fez. Depois de subir ao trono de Israel, vemos que aparecem alguns de seus atributos de caráter mais importantes. Leia 2Samuel 5:6-11. O que podemos concluir sobre ele baseado em seu plano para atacar a fortaleza de Jerusalém, aparentemente impenetrável?

___
___
___
___
___
___

7. Em 2Samuel 5:12 lemos: "Então Davi teve certeza de que o Senhor o confirmara como rei de Israel e que seu reino estava prosperando por amor de Israel, o seu povo". Como isso explica os primeiros sucessos de Davi como rei de Israel?

_____
_____
_____
_____
_____

8. Davi conquistou uma fortaleza que poucos antes tinham tentado confrontar. Que fortalezas estão esperando para serem conquistadas em sua vida? Que princípios da campanha de Davi por Jerusalém pode aplicar a suas próprias lutas?

_____
_____
_____
_____
_____

A popularidade de Davi durante os primeiros anos do seu reinado — com Deus e com o povo de Israel — talvez não tenha rivais no Antigo Testamento. Por um tempo, o homem parecia não poder fazer nada errado, mas então, algo começou a mudar nele. Davi perdeu de vista quem ele era, de onde tinha vindo, e quais eram suas responsabilidades. Como veremos no próximo estudo, quando ele caiu, a queda foi forte.

Pontos para Lembrar

- ❖ Deus nos chama para respeitar aqueles a quem ele ungiu, mesmo que discordemos ou não gostemos deles.
- ❖ Como Davi, devemos enfrentar nossas perdas com a cabeça erguida — não podemos maquiar ou suavizar nosso luto.
- ❖ Fortalezas não significam nada para o Criador, e ele pode escrever um "mas" em nossa biografia.

Oração do Dia

Pai, sabemos que nenhuma fortaleza pode resistir ao teu poder. Dá-nos a coragem e a imaginação para sonhar grande em relação à tua obra. Permita que vejamos as forças impenetráveis em nossas vidas como o que realmente são: simples obstáculos que superaremos com tua ajuda. Damos a ti toda a honra e glória por nossas vitórias. Em nome de Jesus, amém.

LIÇÃO 5 ❖ Davi ❖ Quarto dia: Medo de altura

Quarto Dia: Medo de altura

UMA ALTURA HISTÓRICA

Você pode escalar até muito alto por vontade própria. É possível subir longe demais, ficar excessivamente alto, e se elevar além da conta. Demore-se demais em altas altitudes, e dois dos seus sentidos sofrerão. Sua audição se abafa, ou seja, é difícil ouvir as pessoas quando você está mais alta do que elas, pois as vozes ficam cada vez mais distantes. Quando você está lá em cima, sua visão diminui, ou seja, é difícil focar as pessoas quando você está tão acima delas, pois elas parecem pequenas demais, pequenas figuras sem rostos, e você mal consegue distinguir um do outro — em suma, todos parecem iguais.

Você não os ouve, não os vê. Está acima deles.

E é exatamente ali que Davi estava. Nunca tinha estado tão alto, mas a onda do seu sucesso atingiu o ápice aos cinquenta anos. Israel estava expandindo território, e, em duas décadas no trono, ele se sobressaiu como guerreiro, músico, chefe de Estado e rei. Seu gabinete era forte e seus limites se estendiam por 155 mil quilômetros quadrados. Nenhuma derrota no campo de batalha. Nenhuma mancha em sua administração. Amado pelo povo, servido pelos soldados, seguido pelas multidões. Davi estava em uma altura histórica.

Nunca antes mais alto, ainda assim, nunca antes mais fraco. Davi está no ponto máximo de sua vida, na mais alta posição no reino, no lugar mais alto da cidade — no terraço observando Jerusalém. Ele deveria estar com seus homens, na batalha, montado em seu cavalo e lutando contra o inimigo, mas não está. Está em casa.

É primavera em Israel. As noites são quentes e o ar é doce. Davi tem tempo em suas mãos, amor em sua mente, e pessoas à sua disposição, e seus olhos repousam em uma mulher que toma banho. Sempre nos perguntaremos se Bate-Seba estava tomando banho onde não devia, esperando que Davi olhasse para onde não devia, porém nunca saberemos. Mas sabemos que ele olha e gosta do que vê, e então pergunta sobre ela.

O servo acrescenta um alerta em sua informação. Não dá apenas o nome da mulher, mas seu estado civil e o nome de seu marido. Por que dizer a Davi que ela é casada se não fosse para alertá-lo? E por que dizer o nome do marido a menos que fosse familiar a Davi? Existe a possibilidade de que Davi conhecesse Urias. O servo espera dissuadir o rei com destreza, mas Davi não percebe a dica. O próximo versículo descreve seu primeiro passo em direção a uma ladeira escorregadia. "Davi mandou que a trouxessem, e se deitou com ela" (2Samuel 11:4).

Davi "manda" muitas vezes nessa história: envia Joabe para a batalha (veja o versículo 1), manda o servo perguntar sobre Bate-Seba (veja o versículo 3) e ordena que Bate-Seba venha vê-lo (veja o versículo 4). Quando Davi descobre a gravidez dela, manda uma mensagem a Joabe (veja o versículo 6) para enviar Urias de volta a Jerusalém. Davi o envia a Bate-Seba para descansar, mas Urias é nobre demais, e Davi opta por enviar Urias de volta para um lugar

O orgulho vem antes da destruição, o espírito altivo, antes da queda (Provérbios 16:18).

O Senhor dava vitórias a Davi em todos os lugares aonde ia (2Samuel 8:14).

Na primavera, época em que os reis saíam para a guerra, [...] Davi permaneceu em Jerusalém (11:1).

Do terraço viu uma mulher muito bonita tomando banho (v. 2).

Disseram-lhe: "É Bate-Seba, filha de Eliã e mulher de Urias, o hitita" (v. 3).

Davi mandou que a trouxessem (v. 4).

Informaram a Davi que Urias não tinha ido para casa (v. 10).

Alguns dos oficiais da guarda de Davi morreram, e morreu também Urias, o hitita (2Samuel 11:17).

[Bate-Seba] se tornou sua mulher e teve um filho dele (v. 27).

na batalha onde ele certamente seria morto. Pensando que seu acobertamento está completo, Davi chama Bate-Seba e se casa com ela (veja o versículo 27).

Não gostamos desse Davi que ordena, envia. Preferimos o pastor Davi, cuidando do rebanho; o Davi em fuga, se escondendo de Saul; o Davi adorador, escrevendo salmos. Não estamos preparados para o Davi que perdeu o controle de seu domínio próprio e que peca conforme dá ordens.

1. "Na primavera, época em que os reis saíam para a guerra, [...] Davi permaneceu em Jerusalém" (2Samuel 11:1). Os problemas de Davi começaram quando ele se colocou no lugar errado, na hora errada. Quando você cometeu o mesmo erro? Que consequências teve que enfrentar por causa de suas ações?

2. Em Efésios 4:27, Paulo nos aconselha a "não darmos lugar ao Diabo". Como Davi deu ao diabo uma maneira de derrotá-lo?

3. A tentação é um problema para todos nós. Leia as passagens a seguir e escreva o que Deus está lhe dizendo sobre como evitar a tentação.

Mateus 26:41: "Vigiem e orem para que não caiam em tentação. O espírito está pronto, mas a carne é fraca".

Efésios 6:11: "Vistam toda a armadura de Deus, para poderem ficar firmes contra as ciladas do Diabo".

Hebreus 2:18: "Porque, tendo em vista o que ele mesmo sofreu quando tentado, ele é capaz de socorrer aqueles que também estão sendo tentados".

Tiago 1:13: "Quando alguém for tentado, jamais deverá dizer: 'Estou sendo tentado por Deus'. Pois Deus não pode ser tentado pelo mal, e a ninguém tenta".

_____
_____
_____
_____

Tiago 4:7: "Portanto, submetam-se a Deus. Resistam ao Diabo, e ele fugirá de vocês".

_____
_____
_____
_____

1João 4:4: "Filhinhos, vocês são de Deus e os venceram, porque aquele que está em vocês é maior do que aquele que está no mundo".

_____
_____
_____
_____

4. É óbvio que os avisos do servo não influenciaram muito Davi. O que um conselheiro confiável poderia ter dito ao rei para conseguir sua atenção?

_____
_____
_____
_____

UM BAIXO HISTÓRICO

O que tinha acontecido com Davi? Simples. Medo de altura. Ele estava muito alto por muito tempo e o ar rarefeito tinha confundido seus sentidos. Ele não conseguia ouvir como costumava fazer, não conseguia escutar os avisos do servo ou a voz da sua consciência, tampouco conseguia ouvir o seu Senhor. O pináculo tinha insensibilizado seus ouvidos e cegado seus olhos.

Será que Davi viu Bate-Seba? Não. Ele viu Bate-Seba tomando banho, viu o corpo e as curvas dela, viu Bate-Seba, a conquista. Mas será que ele viu Bate-Seba, o ser humano? A esposa de Urias? A filha de Israel? A criação de Deus? Não. Davi havia perdido sua visão. Muito tempo no topo faz isso com você. Muitas horas na luz do sol e no ar rarefeito deixam você sem fôlego e tonto.

É claro, quem entre nós poderia chegar tão alto como Davi? Que entre nós está a um estalar de dedos de um encontro romântico com qualquer pessoa que escolhermos? Presidentes e reis podem enviar pessoas para fazer o pedido; nós temos sorte de poder pedir comida chinesa, mas não temos esse tipo de influência. Podemos entender as outras lutas de Davi, como seu medo de Saul e

Você conhece alguém que se julga sábio? Há mais esperança para o insensato do que para ele (Provérbios 26:12).

os longos períodos escondido no deserto, pois já estivemos ali. Mas Davi alto e poderoso? O terraço de Davi é um lugar onde nunca estivemos. Ou será que já?

Como está sua audição? Você ouve os servos enviados por Deus? Ouve a voz da consciência que Deus desperta? E a sua visão? Você ainda enxerga as pessoas? Ou vê apenas as suas funções? Enxerga as pessoas que precisam de você ou vê as pessoas abaixo de você? A história de Davi e Bate-Seba é menos uma história de luxúria e mais uma trama de poder. Uma história de um homem que subiu alto demais para o seu próprio bem e que precisava ouvir essas palavras: "Desça daí antes que você caia"

Deve ser por isso que Deus odeia a arrogância: odeia ver seus filhos caírem e também ver seus Davis seduzirem e suas Bate-Sebas serem vitimizadas. O Criador odeia o que o orgulho faz com seus filhos. Não é que o Senhor não goste de arrogância, ele a odeia. É muito mais sábio descer da montanha do que cair dela.

Busque a humildade. Humildade não significa que você pense menos de si mesmo, mas que você pense menos em si mesmo. Abrace a sua pobreza, pois somos todos igualmente quebrados e abençoados, e resista ao lugar de celebridade. Como disse Jesus: "Ocupe o lugar menos importante, de forma que, quando vier aquele que o convidou, diga-lhe: 'Amigo, passe para um lugar mais importante'. Então você será honrado na presença de todos os convidados." (Lucas 14:10).

Você não prefere ser convidado a sentar em um lugar mais importante do que o contrário?

Deus tem uma cura para o alto e poderoso: descer da montanha. Você ficará maravilhado com o que vai ouvir e com quem vai ver, e respirará muito mais facilmente.

Ele [Deus] zomba dos zombadores, mas concede graça aos humildes (Provérbios 3:34).

Portanto, humilhem-se debaixo da poderosa mão de Deus, para que ele os exalte no tempo devido (1Pedro 5:6).

5. Davi tinha visto o que aconteceu com o rei Saul. Como ele não conseguiu reconhecer os sinais perigosos de arrogância e orgulho em sua própria vida?

_____
_____
_____

6. Provérbios 11:2 afirma: "Quando vem o orgulho, chega a desgraça, mas a sabedoria está com os humildes". Como o poder corrompeu o relacionamento de Davi com Deus? Como o poder, ou mesmo apenas a ilusão de poder, corrompe as pessoas hoje?

_____
_____
_____
_____

7. Muitas vezes, pedimos a Deus apenas a provisão, a riqueza, a saúde, e a sabedoria suficientes, e apenas a boa sorte que basta para vivermos independentes dele. A humildade requer nossa admissão de que o Altíssimo é a nossa única fonte de força e apoio nessa vida e que sem ele não temos nada. Essa busca por humildade começa em nossos joelhos, agradecendo a Deus por suas bênçãos e reconhecendo como não somos merecedores delas. Com essas observações em mente, que mudanças você precisa fazer em sua vida de oração?

_____
_____
_____
_____

8. Em Lucas 14:11, Jesus disse: "Pois todo o que se exalta será humilhado, e o que se humilha será exaltado". Que passos você pode dar para buscar mais humildade…

em seu casamento ou relacionamento amoroso?

_____
_____
_____

em suas amizades?

_____
_____
_____

em sua vizinhança?

_____
_____
_____

no seu trabalho ou escola?

_____
_____
_____

na sua igreja?

_____
_____
_____

em suas mídias sociais?

_____
_____
_____

em suas interações com estranhos?

_____
_____
_____

O plano de Davi para encobrir seu pecado foi quase infalível. Ele havia concebido uma explicação plausível para qualquer um que ficasse curioso demais com o seu relacionamento com Bate-Seba e tinha eliminado a única pessoa que poderia ter exposto a situação verdadeira. É claro que os servos do palácio provavelmente sabiam, mas ele conseguiu manter o povo de Israel no escuro. Ainda assim, havia um fio solto: Davi não levou Deus em consideração. O Senhor viu tudo o que Davi havia feito e não estava disposto a deixá-lo sair impune dessa.

Pontos para Lembrar

- Quando estamos em nosso ponto mais alto tendemos a estar mais fracos a respeito da tentação e do pecado.
- Deus odeia a arrogância porque odeia ver seus filhos caírem.
- Humildade não significa que pensamos menos de nós mesmos, mas que pensamos menos em nós mesmos.

Oração do Dia

Pai, para onde podemos fugir de tua presença? O que podemos fazer que escape de tua observação? Tu vês quando ficamos aquém de teus padrões. Vês quando cedemos a nossos desejos e tentações. Vês o efeito de nossas transgressões — não apenas sobre as pessoas a quem fizemos mal, mas sobre nós mesmos, sobre nosso relacionamento contigo e sobre nossa auto imagem. Em tua santa misericórdia, te recusas a nos deixar em nosso pecado. Expões nossos erros e nos obrigas a consertá-los. Obrigado por tua misericórdia — e pelo perdão que ofereces a todos que se arrependem. Em nome de Jesus, amém.

Quinto Dia: Sendo honesto

UMA PARÁBOLA SIMPLES

Se existisse uma caixa de arquivos documentando cada segundo de sua vida, quais queimaria? Você tem um período no qual cedeu, se embebedou ou cheirou? O Rei Davi sim. Será que um colapso poderia ser mais colossal do que o dele? Ele seduz e engravida Bate-Seba, assassina o marido dela e engana seu general e seus soldados. Então se casa com ela, e ela tem um filho dele.

O disfarce parece completo, e o observador casual não detecta nenhum motivo para se preocupar. Davi tem uma nova esposa e uma vida feliz. Tudo parece bem no trono, mas nem tudo está bem no coração de Davi. A culpa fervilha e ele é uma carcaça ambulante. Por quê? Porque Deus continua a trazer o assunto à tona.

Mas o que Davi fez desagradou ao Senhor (2Samuel 11:27).

E o Senhor enviou a Davi o profeta Natã (12:1).

LIÇÃO 5 ❖ Davi ❖ Quinto dia: Sendo honesto

O Senhor não ficará mais em silêncio. Davi, o "expedidor", senta enquanto Deus assume o controle. Ele envia Natã a Davi. Natã é um profeta, um pregador, tipo um capelão da Casa Branca. O homem merece uma medalha por ir até o rei, pois sabe o que aconteceu com Urias, isto é, sabe que Davi havia assassinado um soldado inocente. O que ele fará com um pregador que o confronta?

Ainda assim, Natã vai, e, em vez de declarar o feito, ele relata uma história sobre um pobre homem com uma ovelha. Davi se conecta instantaneamente, pois, pastoreava ovelhas antes de liderar pessoas, e também conhece a pobreza, pois o filho mais novo de uma família pobre demais para contratar um pastor. Natã conta a Davi como o pobre pastor amava essa ovelha — segurando-a no colo, alimentando-a em seu próprio prato e também que ela era tudo o que ele tinha.

Conforme a história continua, entra o rico estúpido. Um viajante para em sua mansão, então ele encomenda um banquete. Em vez de matar uma ovelha de seu próprio rebanho, o rico envia seus guardas para roubar o animal do pobre homem, e eles invadem a propriedade dele, agarram a ovelhinha e acendem o fogo para o churrasco.

À medida que Davi ouve a história, seus pelos se arrepiam. Ele segura nos braços do trono e entrega o veredito sem julgamento: isca de pesca até o cair da noite. "O homem que fez isso merece a morte!" (2Samuel 12:5).

Ah, Davi. Você nem percebeu. Não viu Natã erguendo a forca ou lançando a corda sobre a trave. Não sentiu ele amarrando suas mãos atrás das costas, guiando seus passos, e o posicionando diretamente sobre o alçapão. Você só engoliu em seco quando ele apertou o laço ao redor do seu pescoço, somente quando Natã apertou a corda com quatro palavras:

"Você é esse homem!" (v. 7).

[Natã] disse a Davi: "Dois homens viviam numa cidade, um era rico e o outro, pobre (2Samuel 12:1).

Davi encheu-se de ira contra o homem (v. 5).

"Você é esse homem!", disse Natã a Davi (v. 7).

1. Leia 1Samuel 12:1-31. Lembre-se de que Davi teve o poder e a autoridade para matar Natã, pois já havia mostrado que era capaz de qualquer coisa para cobrir seus pecados. Como você acha que Natã se sentiu com a missão dada por Deus? O que podemos aprender com o seu exemplo?

___

2. Quem você conhece que poderia se beneficiar do tipo de alerta que Natã deu a Davi? Que passos precisaria dar para dar essa exortação?

___

3. Por que você acha que Deus dirigiu Natã para contar a história do homem rico tirando a ovelha do homem pobre? De que maneira isso era mais eficiente para que Davi reconhecesse seu pecado do que apenas confrontá-lo diretamente? O que isso nos diz sobre como o Senhor nos convence do nosso pecado?

4. Como Davi pode ter fracassado em se reconhecer na história de Natã? Qual foi o papel do seu orgulho em cegá-lo para a verdade?

AGITANDO A BANDEIRA BRANCA

O rosto de Davi está pálido; seu pomo de Adão pula. Uma gota de suor se forma em sua testa e cai sentado em sua cadeira. Não se defende, não expressa nenhuma resposta, pois tem nada a dizer. Deus, entretanto, está só limpando a garganta. Por intermédio de Natã, ele proclama:

"Por que você desprezou a palavra do SENHOR, fazendo o que ele reprova?" (2Samuel 12:9).

> Eu o ungi rei de Israel e o livrei das mãos de Saul. Dei-lhe a casa e as mulheres do seu senhor. Dei-lhe a nação de Israel e Judá. E, se tudo isso não fosse suficiente, eu lhe teria dado mais ainda. Por que você desprezou a palavra do Senhor, fazendo o que ele reprova? Você matou Urias, o hitita, com a espada dos amonitas e ficou com a mulher dele (2 Samuel 12:7-9).

As palavras de Deus refletem dor, não ódio; perplexidade, não menosprezo. Seus rebanhos enchem as montanhas. Por que roubar? A beleza enche seu palácio. Por que tirar de outra pessoa? Por que o rico roubaria? Davi não tinha desculpa.

Então Deus dá a sentença.

"Você fez isso às escondidas, mas eu o farei diante de todo o Israel, em plena luz do dia" (v. 12).

> Por isso, a espada nunca se afastará de sua família, pois você me desprezou e tomou a mulher de Urias, o hitita, para ser sua mulher. Assim diz o Senhor: "De sua própria família trarei desgraça sobre você. Tomarei as suas mulheres diante dos seus próprios olhos e as darei a outro; e ele se deitará com elas em plena luz do dia. Você fez isso às escondidas, mas eu o farei diante de todo o Israel, em plena luz do dia" (vv. 10-12).

Sete dias depois a criança morreu (v. 18).

A partir desse dia, a confusão e a tragédia marcam a família de Davi, e até mesmo o filho do seu adultério morrerá. Ele deve morrer, e as nações ao redor agora questionam a santidade do Deus de Davi. Davi tinha sujado a reputação do Senhor, manchado a honra do Altíssimo, e Deus, que guarda sua glória com zelo, pune o pecado público de Davi de maneira pública, e o bebê morre. O rei de Israel descobre a dura realidade de Números 32:23: "Estejam certos de que vocês não escaparão do pecado cometido".

Já descobriu que isso é verdade em sua vida? Desmoronamentos gigantescos não nos deixarão em paz. Pecados não confessados se assentam em nosso coração como feridas purulentas, envenenando, crescendo. E o Senhor, com dedos graciosos, aplica a pressão.

Deus tira seu sono, sua paz, seu descanso. Por quê? Porque ele quer tirar seu pecado. Pode uma mãe ficar sem fazer nada enquanto as drogas invadem seu filho? Pode o Criador se sentar de braços cruzados enquanto o pecado envenena seus filhos? Ele não descansará até que façamos o que Davi fez: confessar o pecado. "Então Davi disse a Natã: 'Pequei contra o Senhor'. E Natã respondeu: 'O Senhor perdoou o seu pecado. Você não morrerá'." (2Samuel 12:13).

Interessante. Davi sentenciou o ladrão de ovelhas imaginário à morte, porém, Deus é mais misericordioso. Ele tira o pecado de Davi; em vez de acobertá-lo, ele o retira e joga fora. "E como o Oriente está longe do Ocidente, assim ele afasta para longe de nós as nossas transgressões. Como um pai tem compaixão de seus filhos, assim o Senhor tem compaixão dos que o temem" (Salmos 103:12-13).

Davi negou seu erro por pelo menos nove meses até que a criança nasceu. Só um profeta conseguiu trazer a verdade à tona, mas, quando ele o fez, Davi finalmente agitou a bandeira branca. Chega de combates com Deus, chega de discutir com o céu. Ele foi honesto com o Altíssimo. E qual foi o resultado de tal honestidade? "Então reconheci diante de ti o meu pecado e não encobri as minhas culpas. Eu disse: 'Confessarei as minhas transgressões ao Senhor', e tu perdoaste a culpa do meu pecado" (Salmos 32:5).

Quer se livrar da sua culpa? Então, seja honesto com Deus.

5. O que os gigantes da luxúria e do orgulho fizeram a Davi que Golias não foi capaz de fazer? Quais foram as consequências a longo prazo para Davi? Para sua família? Para o povo de Israel e para as nações ao redor?

_____
_____
_____
_____
_____
_____

6. Em Salmos 139:23-24, Davi escreveu: "Sonda-me, ó Deus, e conhece o meu coração; prova-me, e conhece as minhas inquietações. Vê se em minha conduta algo te ofende, e dirige-me pelo caminho eterno". Por que era importante para Davi — alguém que tinha caído — se tornar responsável diante de Deus?

_____
_____
_____
_____
_____

Então Davi disse a Natã: "Pequei contra o Senhor" (v. 13).

E Natã respondeu: "O Senhor perdoou o seu pecado" (v. 13).

Se confessarmos os nossos pecados, ele [Deus] é fiel e justo para perdoar os nossos pecados (1João 1:9).

Dez homens da Bíblia ❖ Max Lucado

7. Leia Gálatas 6:1-10. Que avisos Paulo dá àqueles que pensam muito de si mesmos? O que o apóstolo nos adverte a fazer quando um companheiro cristão cai em pecado? Como podemos ser como Natã para confrontar e restaurar outros? Quem seria o candidato ideal para preencher esse papel na sua vida?

_____
_____
_____
_____

8. Se você convidasse Deus para sondá-lo e conhecer seu coração — para prová-lo e conhecer as suas inquietações — o que ele encontraria lá neste momento?

_____
_____
_____
_____

> *"Sobre quem [Deus] testemunhou: 'Encontrei Davi, filho de Jessé, homem segundo o meu coração; ele fará tudo o que for da minha vontade'"* (Atos 13:22).

A Bíblia nos diz que o Senhor chamou Davi de "homem segundo o meu coração" (Atos 13:22). Ele não deu esse título a mais ninguém, nem a Abraão, ou a Moisés, ou a José. Ele chamou Paulo de apóstolo, João de seu amado, mas nenhum deles recebeu o título de homem segundo o coração de Deus.

Podemos ler a história de Davi e nos perguntar o que o Criador viu nele. O cara caiu tanto quanto se manteve de pé, tropeçou tanto quanto conquistou. Ele olhou Golias de alto a baixo, mas olhou Bate-Seba com cobiça; desafiou quem zombava de Deus no vale, mas se uniu a eles no deserto. Escoteiro num dia, camarada da máfia no outro. Ele conseguia liderar exércitos, mas não era capaz de administrar uma família. Davi irado. Davi choroso. Sedento por sangue. Faminto por Deus. Oito esposas. Um Deus.

Um homem segundo o coração de Deus? O fato de o Senhor tê-lo visto assim nos dá esperança, pois a vida de Davi tem pouco a oferecer ao santo imaculado. Almas puras acham a história de Davi frustrante. O resto de nós a achamos reconfortante, pois estamos na mesma montanha-russa e alternamos entre mergulhos de cisne e quedas de barriga, pudins e torradas queimadas.

Nos bons momentos de Davi, ninguém era melhor; porém, em seus maus momentos, alguém poderia ser pior? O coração que Deus amava era duvidoso.

Precisamos da história de Davi. Os gigantes nos espreitam em nossa vizinhança. Rejeição. Fracasso. Vingança. Remorso. Gigantes. Devemos enfrentá-los, mas não precisamos encará-los sozinhos. Concentre-se em primeiro lugar, e principalmente, em Deus. Nas vezes em que Davi fez isso, os gigantes caíram; quando não fez, ele caiu.

Na batalha de Davi contra Golias, seus pensamentos sobre Deus ultrapassavam os pensamentos sobre Golias por nove a dois. Como essa proporção se compara com a sua? Você pensa a respeito da graça do Senhor quatro vezes

LIÇÃO 5 ❖ DAVI ❖ Quinto dia: Sendo honesto

mais do que reflete sobre sua culpa? A sua lista de bênçãos é quatro vezes maior do que sua série de reclamações? Seu arquivo mental de esperança é quatro vezes mais denso do que seu arquivo mental de medo? Será que você tem quatro vezes mais chances de descrever a força de Deus do que tem de traçar as demandas do seu dia?

Não? Então Davi é o seu homem.

Alguns observam a ausência de milagres nessa história, uma vez que mar Vermelho se abriu, nenhuma carruagem em chamas, nenhum Lázaro morto caminhando. Nenhum milagre.

Mas tem um, sim. Davi é um milagre, uma maravilha de Deus de pontas ásperas que ilumina em neon essa verdade:

Concentre-se nos gigantes e você tropeçará; concentre-se em Deus e seus gigantes tombarão.

Teme algum gigante? Então se lembre do leão e do urso. Lembre-se das vezes em que o Senhor se revelou a você no passado. Não olhe para a frente com medo; olhe para trás em reconhecimento. A prova do Criador é o passado de Deus. O esquecimento é pai do mau-humor, mas uma boa memória conduz a um coração grato.

Então, levante seus olhos, matador de gigantes, pois o Deus que fez de Davi um milagre está pronto para fazer um milagre de você também.

> *Tenham cuidado! Não esqueçam o SENHOR que os tirou do Egito, da terra da escravidão* (Deuteronômio 6:12).

Pontos para Lembrar

- ❖ Podemos pensar que acobertamos nossos pecados, mas o Altíssimo promete que sempre colheremos o que plantamos.
- ❖ O Senhor perdoa nossos pecados, mas ainda temos que enfrentar as consequências de nossos atos.
- ❖ A vida de Davi prova que não temos de ser "santos perfeitos" para sermos pessoas segundo o coração de Deus.

Oração do Dia

Senhor, obrigado pelas histórias de homens como Davi na Bíblia. Obrigado por nos mostrar que, mesmo em nossos piores momentos, nunca estamos longe do teu amor. Ajuda-nos a nos concentrar em tuas bênçãos em vez de focarmos em nossas reclamações, em nossas esperanças em vez de nos determos em nossos medos, e em tua bondade em vez de olhar para nossas próprias deficiências e fraquezas. Em nome de Jesus, amém.

Versículo para Memorizar na Semana

Portanto, confessem os seus pecados uns aos outros e orem uns pelos outros para serem curados. A oração de um justo é poderosa e eficaz.

TIAGO 5:16

Leitura suplementar

Os textos dessa lição foram retirados de *Facing Your Giants* [publicado no Brasil como: *Derrubando Golias*. Rio de Janeiro: Thomas Nelson Brasil, 2017]; *The Applause of Heaven* [publicado no Brasil como: *O aplauso do céu*. São Paulo: United Press, 2002]; e *Come Thirsty* [publicado no Brasil como: *Quem tem sede venha*. Rio de Janeiro: CPAD, 2006].

LIÇÃO 6

JOSÉ

PERNAS TRÊMULAS E PERGUNTAS NÃO RESPONDIDAS

GABRIEL DEVE TER COÇADO A CABEÇA DESSA VEZ. Ele não questionaria missões dadas por Deus. Enviar fogo e dividir mares estavam entre os trabalhos de toda a eternidade deste anjo, e quando o Altíssimo mandava, Gabriel ia.

E quando chegou a notícia de que Deus se tornaria homem, Gabriel se entusiasmou, pois conseguia visualizar o momento: o Messias em uma carruagem fulgurante. O Rei descendo sobre uma nuvem flamejante e uma explosão de luz da qual emergiria o Messias.

Era isso que ele esperava. O que ele nunca imaginava era era receber um pedaço de papel com um endereço em Nazaré. "Deus se tornará um bebê", dizia ele. "Diga à mãe para chamar a criança de Jesus. E diga para ela não ter medo".

Gabriel nunca foi de questionar, mas dessa vez ele teve que se perguntar.

O Criador se tornará um bebê? Gabriel já tinha enviado bebês antes. Ele tinha sido o líder de pelotão da operação junco. Lembrava-se de como era o pequeno Moisés.

Isso está certo para humanos, pensou consigo, *mas Deus?*

Os céus não podem contê-lo; como um corpo poderia? Além do mais, já viu o que sai daqueles bebês? Bem pouco digno do Criador do universo. Bebês precisam ser carregados e alimentados, embalados e lavados. Imaginar alguma mãe colocando Deus em seus ombros para arrotar — por quê? Isso estava além do que até mesmo um anjo poderia imaginar.

E esse nome — qual era mesmo — *Jesus*? Um nome tão comum. Existe um Jesus em cada esquina. Ora, até mesmo Gabriel é um nome de mais impacto do que Jesus. Chame o bebê de *Eminência*, ou *Majestade*, ou *Enviado dos Céus*. Qualquer coisa, menos *Jesus*.

Vocês, seus anjos poderosos, que obedecem à sua palavra (Salmos 103:20).

Por isso o SENHOR mesmo lhes dará um sinal: a virgem ficará grávida e dará à luz um filho, e o chamará Emanuel (Isaías 7:14).

Mas será possível que Deus habite na terra com os homens? Os céus, mesmo os mais altos céus, não podem conter-te (2Crônicas 6:18).

> *Deus enviou [...] Gabriel a Nazaré, cidade da Galileia, a uma virgem prometida em casamento a certo homem chamado José* (Lucas 1:26-27).

Então Gabriel coçou a cabeça. O que havia acontecido com os bons velhos tempos? Sodomas e Gomorras. Inundar o globo todo. Espadas flamejantes. Esse é o tipo de ação de que ele gostava.

Mas Gabriel tem suas ordens. Leve a mensagem para Maria. *Deve ser uma garota especial*, ele presumiu enquanto viajava, mas teve outro choque. Em uma olhada, percebeu que Maria não era nenhuma rainha. A futura mãe de Deus não era da realeza, mas sim uma camponesa judia que acabara de sair da adolescência e tinha uma paixão por um cara chamado Zé.

E falando do Zé — o que esse sujeito sabe? Poderia muito bem ser um tecelão na Espanha ou um sapateiro na Grécia, mas não, ele ele é carpinteiro. Olha ele lá, serragem em sua barba e avental de pregos preso na cintura. Você está me dizendo que o Criador vai jantar todas as noites com ele? Está me dizendo que a fonte de toda sabedoria vai chamar esse cara de "papai"? Está me dizendo que um trabalhador comum vai ser encarregado de dar comida a Deus?

E se ele for demitido?

E se ele ficar irritado?

E se ele decidir fugir com uma jovem bonita do final da rua? Então, onde estaremos? Era tudo o que Gabriel podia fazer para não dar a meia-volta.

"Essa sua ideia é mesmo peculiar, Deus", deve ter resmungado para si mesmo.

Será que os guardiões do Altíssimo Deus são dados a tais reflexões? Será que nós somos?

> *O anjo lhe disse: [...] "Você ficará grávida e dará à luz um filho, e lhe porá o nome de Jesus"* (vv. 30-31).

Só Deus sabe quanto tempo Gabriel flutuou invisível acima de Maria antes de respirar fundo e dar a notícia, mas ele deu: disse a ela o nome, contou a ela o plano e disse para ela não ter medo. E quando anunciou: "Nada é impossível para Deus!", falou tanto para si mesmo quanto para ela.

> *"Pois nada é impossível para Deus"* (v. 37).

Pois embora não pudesse responder as perguntas, o anjo sabia quem podia, e isso era o suficiente. E mesmo que não possamos responder a todos, tirar um tempo para fazer algumas perguntas seria um bom começo.

1. O que acha que Deus viu em José, além da serragem e do avental, para fazê-lo dizer: "Olha lá, *esse* é o homem a quem confiarei a criação do meu Filho na terra"?

_____

_____

_____

2. O que o Criador vê além do *seu* exterior que o leva a dizer: "Ah, sim, eu posso fazer grandes coisas com esse aqui"?

_____

_____

_____

O chamado de José foi total e extraordinariamente singular. Nenhum homem antes ou desde então foi chamado para criar o Messias — o próprio

LIÇÃO 6 ❖ José ❖ Primeiro dia: Sentado no galho

Deus — como seu próprio filho. Ainda assim, o chamado foi também igualmente típico porque o Senhor não exigiu que ele alterasse sua personalidade de forma radical ou que adquirisse de repente um novo conjunto de habilidades. Sem o conhecimento de José, o Altíssimo o tinha equipado para a tarefa que o esperava, e agora ele pediria que José retirasse daquilo que lhe tinha sido dado e visse seu plano ser completado.

É isso que o chamado de Deus envolve: utilizar os dons que ele nos deu para um propósito específico, para sua glória. Entretanto, para onde esse chamado pode nos levar, não temos a menor ideia. Como veremos neste primeiro estudo, o chamado divino levou José a lugares onde ele nunca havia imaginado ir e o expôs a situações que ele nunca poderia ter previsto.

Oração da Semana

Pai, obrigado pelo exemplo inspirador de José, uma pessoa comum que se encontrou em circunstâncias extraordinárias. Obrigado por nos dar a oportunidade de ser parte de algo muito maior do que nós mesmos. Ajuda-nos a usar nossos talentos e nossas habilidades de maneira que façam diferença no teu reino. Em nome de Jesus, amém.

Primeiro Dia: Sentado no galho

A VIDA EM UM LUGAR ESTÁVEL

Falando de perguntas, nada suscita tantas quanto o nascimento de Cristo. Personagens aparecem e desaparecem antes que possamos lhes indagar qualquer coisa. O dono da hospedaria ocupado demais para receber Deus — será que chegou a saber a quem ele rejeitou? Os pastores — será que cantarolavam o cântico que os anjos cantaram? Os sábios que seguiram a estrela — como foi adorar um recém-nascido? E José. Especialmente José. Eu tenho perguntas para José.

Você brincava de queda de braço com Jesus? Ele alguma vez deixou você ganhar?

Alguma vez levantou a cabeça depois de orar e viu Jesus ouvindo?

Como se diz "Jesus" em egípcio?

O que aconteceu com os sábios do oriente? O que aconteceu com você?

Não sabemos o que aconteceu com José. Seu papel no Ato I é tão crucial que esperamos vê-lo no restante do drama — mas, exceto por uma curta cena com Jesus aos doze anos em Jerusalém, ele não reaparece mais. O restante de sua vida é deixado para o campo da especulação, e ficamos com as nossas perguntas.

O que sabemos é que José estava em um lugar estável na vida quando Deus o chamou para correr o risco. Ele estava empoleirado firmemente em seu galho na árvore, e esse galho era grosso, confiável e perfeito para se sentar.

De repente, uma grande multidão do exército celestial apareceu com o anjo, louvando a Deus (Lucas 2:13).

"Onde está o recém-nascido rei dos judeus? Vimos a sua estrela no oriente e viemos adorá-lo" (Mateus 2:2).

José, seu marido, [era] um homem justo (1:19).

Tão forte que não tremeu quando as tempestades vieram, nem chacoalhou quando o vento soprou. Não, seu galho era previsível e sólido, e José não tinha a intenção de deixá-lo.

Agora, sentado com segurança no seu galho, ele olhava para cima, para o galho para onde Deus queria que ele subisse. Ele nunca tinha visto um galho tão fino! *Não tem lugar para um homem ficar!*, ele pensou. *Não há lugar para sentar. Não há proteção do tempo. E como alguém poderia dormir balançando naquele raminho trêmulo?*

Posso até vê-lo movendo-se lentamente para trás, encostando-se no tronco, e ponderando sobre a situação. O bom senso lhe dizia pra não correr o risco. *Concebido pelo Espírito Santo? Fala sério!* A auto defesa lhe dizia para não fazer isso. *Quem acreditaria em mim? O que nossas famílias pensarão?* A conveniência lhe dizia para não fazer isso. *Agora que eu estava querendo me estabilizar e formar uma família.* O orgulho lhe dizia para não fazer isso. *Se ela acha que eu vou cair numa história dessas...*

Mas Deus lhe dissera para fazer, e era isso que o incomodava, porque ele estava feliz onde estava, isto é, a vida perto do tronco era boa e seu galho era grande o suficiente para que ele sentasse com conforto. Ele estava perto de muitos outros sentados em galhos e tinha feito algumas contribuições válidas para a comunidade da árvore. Com certeza, Deus não iria querer que ele saísse de lá. Ele tinha... bem, podemos dizer que ele tinha *raízes* ali.

Além do mais, ele conhecia o tipo de sujeito que corre o risco: radical, extremista e liberal, sempre passando dos limites, sempre sacudindo as folhas. Caras com a cabeça cheia de ideias estranhas à procura de frutas diferentes. Por que os estáveis são aqueles que sabem como ficar perto de casa e viver bem sozinhos.

Acho que alguns de vocês conseguem entender bem José e sabem como ele se sente porque já esteve lá e entende o desequilíbrio que vem de ter um pé na sua vontade e outro na vontade de Deus. Você também já afundou os dedos na casca do seu galho seguro para se agarrar melhor e também conhece as borboletas que voam no seu estômago quando percebe as mudanças que estão no ar.

Ninguém conhece os pensamentos de Deus, a não ser o Espírito de Deus (1Coríntios 2:11).

Não se amoldem ao padrão deste mundo, mas transformem-se pela renovação da sua mente (Romanos 12:2).

1. José estava no auge da sua vida e parecia estar em um bom lugar. Tinha uma noiva, uma carreira e era bem visto na comunidade. Como acha que ele vislumbrava o futuro?

   _____
   _____
   _____
   _____

2. Leia Mateus 1:18-24. José, sem dúvida, estava cheio de temor enquanto permaneceu na presença do mensageiro de Deus. Mas, quando o anjo partiu e José ficou sozinho novamente, qual você acha que foi seu primeiro pensamento? Explique.

   _____
   _____
   _____
   _____

LIÇÃO 6 ❖ José ❖ Primeiro dia: Sentado no galho

3. A palavra *anjo*, em português, deriva da palavra grega *angelos*, que significa "mensageiro de Deus". Na Bíblia encontramos muitas ocasiões em que anjos encontraram pessoas e entregaram a mensagem do Senhor para elas. Olhe os seguintes versículos. Qual era a mensagem do anjo? Como o receptor respondeu?

Hagar no deserto: Gênesis 16:7-13

_____
_____
_____
_____

Ló em Sodoma: Gênesis 19:12-25

_____
_____
_____
_____

Gideão no tanque de prensar uvas: Juízes 6:11-18

_____
_____
_____
_____

Elias no deserto: 1 Reis 19:3-9

_____
_____
_____
_____

Zacarias no templo: Lucas 1:8-22

_____
_____
_____
_____

Filipe na estrada no deserto: Atos 8:26-31

_____
_____
_____
_____

4. Que perguntas a visita do anjo despertou em José durante seu encontro? Como ele conseguiu lidar com o plano extraordinário de Deus para a sua vida?

_____
_____
_____
_____

CORRENDO O RISCO

Vivam de maneira digna da vocação que receberam (Efésios 4:1).

Talvez você esteja no meio de uma decisão neste momento. É perturbador, não é? Você gosta do seu galho. Acostumou-se a ele, e ele, a você. E, como José, você adora sentar no galho, mas, então, ouve o chamado.

— Eu preciso que você corra o risco e tome uma posição. Algumas das igrejas locais estão organizando uma campanha anti-pornografia e precisam de voluntários.

— Preciso que você se arrisque e perdoe aquela pessoa. Não importa quem magoou quem primeiro, o que importa é que você vá e construa a ponte.

— Eu preciso que você corra o risco e evangelize. Aquela família nova na quadra de baixo? Eles não conhecem ninguém na cidade. Vá encontrá-los.

— Preciso que você corra o risco e se sacrifique. O orfanato tem uma hipoteca que não consegue pagar. Lembra do bônus que recebeu semana passada?

Não importa qual seja a natureza do chamado, as consequências são as mesmas: guerra civil. Embora seu coração possa dizer sim, seus pés dizem não. As desculpas brotam como folhas douradas no vento de outono. "Esse não é o meu talento." "Está na hora de outra pessoa se encarregar disso." "Agora não. Faço isso amanhã." Mas, no final, você fica olhando fixamente para a árvore nua e para uma escolha difícil: a vontade de Deus ou a sua?

"Contudo, não seja feita a minha vontade, mas a tua" (Lucas 22:42).

José fez sua escolha. Afinal de contas, era a única opção, na verdade. Ele sabia que a única coisa pior do que se aventurar no desconhecido era o pensamento de negar seu Mestre. Então, resoluto, ele agarrou o galho menor, e, com os lábios cerrados e um brilho de determinação nos olhos, ele colocou uma mão na frente da outra até que balançou no ar com sua fé em Deus como única rede de proteção.

José fez o que o [...] Senhor lhe tinha ordenado e recebeu Maria como sua esposa (Mateus 1:24).

Como acabou acontecendo, os medos de José eram justificados. A vida não era tão confortável quanto costumava ser, e o galho que ele agarrou era, de fato, muito fino: o Messias nasceria de Maria e seria criado em sua casa. Ele tomou banhos frios por nove meses para que o bebê pudesse nascer de uma virgem. Teve que empurrar as ovelhas e limpar a manjedoura para que sua esposa tivesse um lugar onde dar à luz. Tornou-se um fugitivo da lei e passou dois anos tentando entender a língua do Egito.

Mas não teve relações com ela (v. 25).

[José] tomou o menino e sua mãe durante a noite, e partiu para o Egito (2:14).

Às vezes aquele galho deve ter balançado furiosamente no vento. Mas José só fechava os olhos e se segurava. E podemos ter certeza de uma coisa: ele nunca se arrependeu. A recompensa de sua coragem era doce. Um olhar na face daquele recém-nascido celestial e ele sabia que faria tudo de novo, sem pensar.

Você foi chamado para correr o risco por Deus? Pode apostar que não será fácil. Subir em árvores nunca foi fácil. Pergunte para José. Ou, melhor ainda, pergunte para Jesus. Ele sabe melhor do que qualquer pessoa o custo de se pendurar em uma árvore.

5. A zona de conforto de José estava em seu lugar e posição na sociedade. Qual é sua zona de conforto — pessoas, situações, circunstâncias e arredores — em que você se sente mais à vontade?

_____

_____

LIÇÃO 6 ❖ José ❖ Primeiro dia: Sentado no galho

6. Qual é o lugar mais distante de sua zona de conforto que já esteve? Quais foram as circunstâncias que o levaram a esse lugar?

7. Por que os planos de Deus nos levam com frequência para fora de nossa zona de conforto?

8. Quais são as recompensas por deixar a zona de conforto? Como elas se comparam com os riscos e desconfortos?

Os planos de José para o futuro — sua esperança de uma vida tradicional e confortável com Maria — não foram as únicas coisas atingidas pela aparição do anjo. Como veremos no próximo estudo, a reputação de José — sua posição na comunidade, que provavelmente ele tinha trabalhado muito para construir — foi subitamente ameaçada pela gravidez de Maria. José descobriu que, quando você se submete ao plano de Deus, as pessoas olham para você de maneira diferente, e, às vezes, falam de você também.

Pontos para Lembrar

❖ Quando estamos em um lugar seguro e estável, muitas vezes Deus nos cutuca para nos ajudar a crescer em nossa fé.
❖ No fim, quando enfrentamos uma escolha difícil, temos que decidir se seguiremos a vontade do Senhor ou a nossa.
❖ Seguir o chamado divino para correr o risco é desgastante, mas é algo de que nunca nos arrependeremos.

129

ORAÇÃO DO DIA

Pai, obrigado por nos tirar de nossa zona de conforto — por nos levar a lugares onde nunca iríamos por nós mesmos e nos deixar experimentar coisas que nunca experimentaríamos sem ti. Obrigado por ampliar nossa perspectiva em relação ao que somos capazes. Fortalece nosso coração, ó Senhor. Dá-nos a coragem e a confiança de perseguir tua vontade, não importa para onde ela nos leve. Em nome de Jesus, amém.

Segundo Dia: Destruindo sua reputação

APANHADO NO MEIO

Não podemos, de uma só vez, promover duas reputações. Ou promovemos a reputação de Deus e esquecemos da nossa própria, ou promovemos a nossa e esquecemos da reputação divina. Temos que escolher.

José escolheu.

Mateus descreve o pai terreno de Jesus como um artífice. "Não é este o filho do carpinteiro? O nome de sua mãe não é Maria, e não são seus irmãos Tiago, José, Simão e Judas?" (Mateus 13:55). Ele vive em Nazaré, um ponto no mapa de um camelo só, às margens do tédio, e ele nunca fala no Novo Testamento. Em vez disso, ele *faz* muito. Vê um anjo, casa com uma menina grávida, e leva sua família a Belém e ao Egito. Ele faz muito, mas não diz nada.

Um carpinteiro de cidade pequena que nunca disse uma palavra digna das Escrituras. Será que Deus não tem opções melhores? Um sacerdote eloquente de Jerusalém ou um estudioso do meio dos fariseus? Por que José? Grande parte da resposta encontra-se em sua reputação: ele desiste de tudo por Jesus. "Por ser José, seu marido, um homem justo, e não querendo expô-la à desonra pública, pretendia anular o casamento secretamente" (Mateus 1:19).

Com a expressão "um homem justo", Mateus reconhece o status de José. Ele era um *tsadiq*, um estudante sério da Torá. Nazaré via José como podemos ver um ancião, diácono ou professor de Escola Bíblica. *Tsadiqs* estudavam a lei de Deus, a recitavam e viviam a Shemá diariamente. Apoiavam a sinagoga, observavam os dias santos, e seguiam as restrições alimentares. Para um carpinteiro comum, ser reconhecido como *tsadiq* não era pouca coisa. José provavelmente tinha orgulho de sua posição, mas o anúncio de Maria colocou tudo em risco. *Estou grávida.*

Os pais de Maria, nessa época, já assinaram o contrato e o selaram com um dote. Maria pertence a José; José pertence a Maria. Ligados legal e matrimonialmente.

E agora? O que um *tsadiq* deve fazer? Sua noiva está grávida, suja, maculada... ele é justo, piedoso. Por um lado, ele tem a lei. Por outro, tem seu amor. A lei diz: apedreje; mas o amor diz: perdoe. José fica preso no meio. Mas ele

---

"Não é este o filho do carpinteiro?" (Mateus 13:55).

Perguntou Natanael: "Nazaré? Pode vir alguma coisa boa de lá?" (João 1:46).

[José], não querendo expô-la à desonra pública, pretendia anular o casamento secretamente (Mateus 1:19).

Maria [...] estava prometida em casamento a José (v. 18).

LIÇÃO 6 ❖ José ❖ Segundo dia: Destruindo nossa reputação

é um homem bom, e, "Não querendo expô-la à desonra pública, pretendia anular o casamento secretamente" (v. 19).

Um divórcio secreto. Por quanto tempo ficaria em segredo? Provavelmente não muito tempo, mas, por um tempo, essa era a solução.

1. Leia Deuteronômio 22:13-21. O que José, um *tsadiq*, deveria fazer para sustentar essa lei? Por que você acha que ele escolheu uma via alternativa de ação?

_____
_____
_____
_____

2. O que José tinha a perder se continuasse seu relacionamento com Maria? O que você tem a perder se seguir o chamado de Deus como José fez — seja compartilhar sua fé com as pessoas ou confrontar um amigo ou ente querido sobre um hábito destrutivo?

_____
_____
_____
_____

3. Em Tiago 1:17, lemos: "Toda boa dádiva e todo dom perfeito vêm do alto, descendo do Pai das luzes, que não muda como sombras inconstantes". Como esse versículo mudaria a perspectiva daqueles que estão preocupados sobre o que vão perder se seguirem o chamado de Deus?

_____
_____
_____

4. Que "boa dádiva" e "dom perfeito" você recebeu quando se submeteu à vontade de Deus para sua vida, como José fez?

_____
_____
_____
_____

ENTREGANDO A VIDA COMUM

Então José preparou um plano para salvar sua reputação como *tsadiq*, mas, então, veio o anjo. "Mas, depois de ter pensado nisso, apareceu-lhe um anjo do Senhor em sonho e disse: 'José, filho de Davi, não tema receber Maria como sua esposa, pois o que nela foi gerado procede do Espírito Santo'" (Mateus 1:20).

A barriga crescente de Maria não é motivo para preocupação, mas razão para se alegrar. "Ela carrega o Filho de Deus em seu útero", anuncia o anjo.

"José, filho de Davi, não tema receber Maria como sua esposa, pois o que nela foi gerado procede do Espírito Santo" (Mateus 1:20).

Mas quem acreditaria? Quem compraria essa história? Imagine José sendo questionado pelos líderes da cidade.

— José — dizem eles —, ficamos sabendo que Maria está grávida.

Ele assente com a cabeça.

— A criança é sua?

Ele balança a cabeça negativamente.

— Sabe como ela engravidou?

Engole em seco. Uma gota de suor se forma embaixo da barba de José, e ele enfrenta um dilema: inventar uma mentira e preservar seu lugar na comunidade, ou contar a verdade e dar adeus à sua posição de *tsadiq*. Ele toma sua decisão. "José fez o que o anjo do Senhor lhe tinha ordenado e recebeu Maria como sua esposa. Mas não teve relações com ela enquanto ela não deu à luz um filho. E ele lhe pôs o nome de Jesus" (vv. 24-25).

José destruiu sua reputação, trocou seu diploma de *tsadiq* por uma noiva grávida e um filho ilegítimo e tomou a grande decisão do discipulado. Colocou o plano de Deus à frente do seu.

Você estaria disposto a fazer o mesmo? O Senhor nos concede uma vida incomum quando submetemos nossa vida comum. "Pois quem quiser salvar a sua vida, a perderá, mas quem perder a sua vida por minha causa, a encontrará" (Mateus 16:25). Você perderia sua reputação para ver Jesus nascer em seu mundo?

> *José fez o que o anjo do Senhor lhe tinha ordenado* (v. 24).

> *"Pois quem quiser salvar a sua vida, a perderá, mas quem perder a sua vida por minha causa, a encontrará"* (Mateus 16:25).

5. Leia Mateus 13:53-56, Marcos 6:1-3, Lucas 4:16-22, e João 6:41-42. De acordo com esses relatos, como as pessoas da cidade natal de Jesus o consideravam? O que isso lhe diz sobre a maneira como ele foi criado por José e Maria?

___
___
___

6. A história do evangelho não menciona José fazendo um discurso para o povo de Nazaré para se defender ou para explicar a posição extraordinária na qual ele e Maria se encontravam. Em vez disso, José parece ter utilizado o método de ser um parceiro e pai amoroso e solidário para Maria e Jesus. O que podemos concluir sobre José baseado em seus feitos?

___
___
___
___

7. José precisou de humildade para seguir a Deus e destruir sua reputação, e também precisamos de humildade para fazer o mesmo. Leia Filipenses 2:5-11. O que essa passagem diz sobre Jesus, nosso modelo de humildade? De que modo Deus estabeleceu o exemplo ao enviar Jesus para este mundo para pagar o preço por nossos pecados?

LIÇÃO 6 ❖ José ❖ Terceiro dia: Um lugar humilde

8. Lembre-se de um tempo quando sua reputação levou um golpe por causa de seu relacionamento com Jesus. Como você reagiu?

_____
_____
_____
_____

José pode ter pensado que sabia para onde os planos de Deus o levariam, mas ele logo descobriria que não tinha a menor ideia. Como ele poderia ter imaginado se sentar em um estábulo em Belém e observar o nascimento do Filho de Deus em meio a animais variados? Com ele poderia ter previsto a ordem de Herodes para matar todas as crianças com menos de dois anos e a fuga desesperada de sua família para o Egito? Como veremos no próximo estudo, José não se comprometeu simplesmente com um papel pequeno nos planos de Deus. Ele disse a Deus, na verdade: "Minha vida é sua. Faça com ela conforme a sua vontade". E Deus fez.

Pontos para Lembrar

❖ Podemos escolher promover a reputação de Deus ou a nossa própria, mas não podemos optar pelas duas.
❖ Seguir a Deus exige que andemos com fé e vejamos as coisas de uma perspectiva eterna, e não do nosso ponto de vista terreno.
❖ Deus nos concede uma vida incomum quando estamos dispostos a desistir de nossa vida comum.

Oração do Dia

Pai, agradecemos pela sabedoria e complexidade de teu plano, pela maneira com que trazes ordem para o caos e bem para o mal. Dá-nos a coragem de José para nos comprometermos com a tua vontade para a nossa vida e conceda-nos a paz de espírito para abraçar o fato de que, embora possamos não saber o que o futuro tem para nós, sabemos quem controla o futuro. Em nome de Jesus, amém.

Terceiro Dia: Um lugar humilde

DEUS ENTRA NO MUNDO

O barulho e a confusão começaram mais cedo do que o normal naquela vila. Quando a noite deu lugar ao dia, as pessoas já estavam nas ruas e os vendedores já se posicionavam nas esquinas das avenidas mais movimentadas. Os donos

> *Assim, José também foi da cidade de Nazaré da Galileia para a Judeia, para Belém, cidade de Davi, porque pertencia à casa e à linhagem de Davi. Ele foi a fim de alistar-se, com Maria, que lhe estava prometida em casamento* (Lucas 2:4-5).

133

de loja estavam destrancando as portas de seus estabelecimentos e as crianças haviam sido acordadas pelo latido animado dos cães de rua e pelas reclamações dos burros puxando carroças.

O dono da hospedaria tinha acordado mais cedo do que a maioria da cidade, afinal de contas, a pousada estava cheia, todas as camas ocupadas; todos os tapetes ou cobertores disponíveis haviam sido utilizados e logo todos os hóspedes estariam agitados e haveria muito trabalho a fazer.

Enquanto estavam lá, chegou o tempo de nascer o bebê, e [Maria] deu à luz o seu primogênito (Lucas 2:6-7).

A imaginação se incendeia pensando sobre a conversa do dono da hospedaria e sua família na mesa do café da manhã. Será que alguém mencionou a chegada do jovem casal na noite anterior? Será que alguém perguntou sobre o bem-estar deles? Será que alguém comentou sobre a gravidez da garota sobre o burrinho? Talvez. Talvez alguém tenha levantado o assunto, mas, na melhor das hipóteses, ele foi mencionado, não discutido, pois não havia nada de novo sobre eles. Eles foram, possivelmente, uma das várias famílias rejeitadas naquela noite.

Naqueles dias César Augusto publicou um decreto ordenando o recenseamento de todo o império romano (v. 1).

Além do mais, quem tinha tempo para conversar sobre eles quando havia tanta animação no ar? César Augusto fez um favor para a economia de Belém quando decretou o recenseamento. Quem poderia se lembrar da última vez em que houve tanto comércio na vila?

Não, é questionável que alguém tenha mencionado a chegada do casal ou se perguntado sobre a condição da garota, pois eles estavam ocupados demais. O dia passou, o pão diário tinha que ser feito e as tarefas da manhã precisavam ser executadas. Havia muita coisa a se fazer para imaginar que o impossível havia acontecido.

[Maria] envolveu [Jesus] em panos e o colocou numa manjedoura, porque não havia lugar para eles na hospedaria (v. 7).

Deus tinha entrado no mundo como um bebê. Sim, se alguém tivesse a possibilidade de passar pelo estábulo na periferia de Belém naquela manhã, que cena peculiar teria visto. O estábulo fede como todos os estábulos, e o fedor de urina, estrume e ovelhas paira pungente no ar. O chão é duro e o feno, escasso. Teias de aranha pendem do teto e um rato corre pelo chão sujo.

Não poderia existir um lugar mais humilde para se nascer.

1. Setecentos anos antes de Jesus nascer, o profeta Miqueias escreveu: "Mas tu, Belém-Efrata, embora pequena entre os clãs de Judá, de ti virá para mim aquele que será o governante sobre Israel. Suas origens estão no passado distante, em tempos antigos" (Miqueias 5:2). Leia Lucas 2:1-7. Que eventos ocorreram para cumprir essa profecia?

_____
_____
_____

2. O profeta Isaías escreveu: "Ouçam agora, descendentes de Davi! Não basta abusarem da paciência dos homens? Também vão abusar da paciência do meu Deus? Por isso o Senhor mesmo lhes dará um sinal: a virgem ficará grávida e dará à luz um filho, e o chamará Emanuel" (Isaías 7:14). O povo de Israel conhecia essas profecias sobre o futuro Messias. Por que, então, você acha que tantos israelitas não entenderam o significado do nascimento de Jesus quando aconteceu?

LIÇÃO 6 ❖ José ❖ Terceiro dia: Um lugar humilde

3. Leia Mateus 25:1-13. O que essa parábola diz sobre a importância de ser vigilante para aquilo que Deus está fazendo? Por que isso é importante para nós hoje, enquanto esperamos a volta de Jesus para essa terra?

4. Como ficar vigilante e atento nas questões espirituais?

MAJESTADE NO TERRENO

Perto da jovem mãe se senta José, o pai exausto. Se tem alguém cochilando, é ele, que não consegue se lembrar da última vez em que se sentou. E agora que a animação acalmou um pouco, agora que Maria e o bebê estão confortáveis, ele se encosta na parede do estábulo e sente seus olhos pesados. Ainda não conseguiu compreender tudo. O mistério dos eventos o intriga. Mas ele não tem energia para lutar com essas perguntas.

O importante é que o bebê está bem e que Maria está segura. Enquanto o sono chega, ele se lembra do nome que o anjo lhe disse para usar... Jesus. "Nós o chamaremos de Jesus."

Maria está bem acordada, e sua cabeça repousa no couro macio da sela de José. A dor foi eclipsada pelo assombro, e ela olha para o rosto do bebê. Seu filho. Seu Senhor. Sua Majestade. Neste ponto da história, o ser humano que melhor entende quem Deus é e o que está fazendo é uma adolescente em um estábulo fedorento. Ela não consegue tirar os olhos dele. De alguma maneira, Maria sabe que está segurando Deus no colo. Então, esse é ele. E ela se lembra das palavras do anjo. "Seu Reino jamais terá fim" (Lucas 1:33).

Ele parece qualquer coisa, menos um rei. Seu rosto vermelho e enrugado. Seu choro, embora forte e saudável, é ainda o choro impotente e agudo de um bebê. E ele é absolutamente dependente de Maria e José para seu bem-estar.

Majestade no meio do ordinário. Santidade na sujeira, suor e esterco. Divindade entrando no mundo no chão de um estábulo, por intermédio do útero de uma adolescente e na presença de um carpinteiro.

Ela toca o rosto do Deus-bebê. Como sua jornada foi longa!

Este neném tinha feito pouco caso do universo, e esses trapos que o mantinham quente eram os mantos da eternidade. Sua sala dourada do trono tinha

"Você ficará grávida e dará à luz um filho, e lhe porá o nome de Jesus" (Lucas 1:31).

"Ele reinará para sempre sobre o povo de Jacó; seu Reino jamais terá fim" (v. 33).

Porque um menino nos nasceu, um filho nos foi dado, e o governo está sobre os seus ombros. E ele será chamado Maravilhoso Conselheiro, Deus Poderoso, Pai Eterno, Príncipe da Paz (Isaías 9:6).

sido abandonada e trocada por um curral sujo de ovelhas, e anjos adoradores haviam sido substituídos por pastores amáveis, porém perplexos.

Enquanto isso, a cidade cantarola. Os mercadores não têm ideia de que o Senhor visitou o planeta deles, o dono da hospedaria nunca acreditaria que mandou Deus para o frio, e o o povo zombaria de qualquer um que dissesse que o Messias dorme nos braços de uma adolescente na periferia da vila deles. Eles estavam todos ocupados demais para considerar a possibilidade.

Aqueles que perderam a chegada de Sua Majestade, naquela noite, perderam não por causa de atos malignos ou de malícia; não, perderam porque simplesmente não estavam olhando. Pouco mudou nos últimos dois mil anos, não acha?

> *Mas Deus escolheu o que para o mundo é loucura para envergonhar os sábios, e escolheu o que para o mundo é fraqueza para envergonhar o que é forte* (1Coríntios 1:27).

5. Ver Maria tão perto de dar à luz depois de carregar o bebê durante toda a gravidez deve ter feito José ver que era um ator coadjuvante no plano de Deus. Ele não tinha nada a ver com a concepção, e teria pouco a ver com o nascimento. Se, digamos, o dono da hospedaria tivesse tropeçado na cena e perguntado a ele: "Qual é o seu propósito aqui?", o que acha que José teria dito?

_____

_____

_____

_____

_____

6. Que tipo de personalidade se sobressai em um papel coadjuvante? Por que as pessoas com papéis secundários são tão vitais para os planos de Deus?

_____

_____

_____

_____

_____

7. Os pastores viriam logo, os sábios, um pouco mais tarde; mas no momento do nascimento de Jesus, José e Maria estavam sozinhos, exceto por um conjunto de animais. Aquele momento era crucial para José, pois a profecia tinha se tornado realidade, o Messias tinha chegado, e José era responsável por criar, proteger e cuidar dele. Que pensamentos acha que estavam fervilhando na mente dele naquele momento?

_____

_____

_____

_____

_____

LIÇÃO 6 ❖ José ❖ Terceiro dia: Um lugar humilde

8. Que responsabilidades José teria sentido?

9. A história do nascimento de Jesus é a história de Deus trabalhando por meio de pessoas, lugares e eventos comuns. De que maneira ele trabalhou por experiências diárias em sua vida? Como você tem visto o milagroso nas coisas comuns?

Naquele estábulo em Belém, José observou as horas finais da era do Antigo Testamento passarem. Ele, sem dúvida, sentia-se confuso, com medo, inseguro, sufocado — e talvez um pouco animado. Afinal de contas, o povo judeu esteve esperando pelo Messias por séculos, e José estava prestes a conhecê-lo pessoalmente e a chamá-lo de filho.

Pontos para Lembrar

❖ Deus escolheu entrar no mundo não com esplendor, mas no ambiente mais comum possível.
❖ O Altíssimo escolhe usar aquilo que o mundo considera tolice para humilhar aqueles que se acham sábios.
❖ Se não estivermos observando, podemos perder as coisas milagrosas que o Senhor está fazendo ao nosso redor todos os dias.

Oração do Dia

Pai, te louvamos por dar papéis para todos em teus planos — de Personagem A e Personagem B àqueles que desafiam a categorização. Mantenha-nos sempre atentos ao fato de que, enquanto alguns papéis são mais notáveis e públicos do que outros, todos são igualmente importantes e agradáveis para ti. Em nome de Jesus, amém.

"Mas tu, Belém-Efrata, embora pequena entre os clãs de Judá, de ti virá para mim aquele que será o governante sobre Israel. Suas origens estão no passado distante, em tempos antigos" (Miqueias 5:2).

Quarto Dia: Obedecer ou não obedecer

TANTAS PERGUNTAS

Dentre todas as perguntas que tenho sobre o nascimento de Cristo, gostaria de saber sobre aquela noite no estábulo. Consigo imaginar José lá. Pastagens à luz do luar, estrelas brilhando no céu. Belém brilha a distância, e lá está ele, andando de um lado para o outro fora do estábulo.

No que ele pensava enquanto Jesus nascia? O que estava em sua mente enquanto Maria dava à luz? Ele tinha feito tudo o que podia: esquentou a água, preparou um lugar para Maria se deitar, a fez se sentir tão confortável quanto possível em um celeiro e depois saiu. Ela tinha pedido para ficar sozinha, e José nunca havia se sentido daquela maneira.

Naquela eternidade entre a dispensa de sua mulher e a chegada de Jesus, em que ele pensava? Caminhou pela noite e olhou as estrelas. Será que orou?

Por algum motivo, não o vejo em silêncio; vejo José animado, andando para lá e para cá. Balançando a cabeça em um momento, o punho em outro. Não era isso que ele tinha em mente. Imagino o que ele disse...

Não foi assim que eu planejei, Deus. De maneira nenhuma. Meu filho nascendo em um estábulo? Não foi assim que pensei que seria. Uma caverna com ovelhas e burros, feno e palha? Minha esposa dando à luz em um lugar onde apenas as estrelas podem ouvir sua dor?

Não é, de maneira nenhuma, o que imaginei. Não, Senhor, eu imaginei família. Imaginei avós. Imaginei vizinhos aglomerados do lado de fora da porta e amigos ao meu lado. Imaginei a casa festejando com o primeiro choro do bebê. Batidas nas costas. Altas risadas. Júbilo.

Foi assim que imaginei que seria.

A parteira me daria a criança e todo mundo aplaudiria. Maria descansaria e nós celebraríamos. Toda Nazaré celebraria.

Mas olhe. Olhe agora. Nazaré está a cinco dias de viagem, e aqui estamos em uma... pastagem de ovelhas. Quem celebrará conosco? As ovelhas? Os pastores? As estrelas?

Isso não parece certo. Que tipo de marido sou eu? Não ofereci nenhuma parteira para ajudar minha esposa, muito menos uma cama para descansar suas costas. Seu travesseiro é um cobertor do meu burro e minha casa para ela é um monte de feno e palha.

O cheiro é ruim, os animais fazem barulho. Por quê? Eu mesmo estou cheirando como um pastor.

Será que perdi alguma coisa? Perdi, Deus?

Quando o senhor enviou o anjo e falou do filho nascendo — não foi isso que imaginei. Imaginei Jerusalém, o templo, os sacerdotes, o povo reunido para olhar. Um cortejo talvez. Um desfile. No mínimo um banquete. Quer dizer, esse é o Messias!

Ou, se não fosse para nascer em Jerusalém, que tal em Nazaré? Nazaré não teria sido melhor? Pelo menos lá tenho minha casa e meu trabalho. Aqui, o que eu tenho? Uma mula cansada, uma pilha de lenha, e uma jarra de água quente. Não era assim que eu queria que fosse! Não era assim que eu queria meu filho.

[Herodes] perguntou-lhes onde deveria nascer o Cristo. E [os magos] responderam: "Em Belém da Judeia" (Mateus 2:4-5).

Havia pastores que estavam nos campos próximos e durante a noite tomavam conta dos seus rebanhos. E aconteceu que um anjo do Senhor apareceu-lhes e a glória do Senhor resplandeceu ao redor deles; e ficaram aterrorizados. Mas o anjo lhes disse: "Não tenham medo. Estou lhes trazendo boas novas de grande alegria, que são para todo o povo: Hoje, na cidade de Davi, lhes nasceu o Salvador, que é Cristo, o Senhor. Isto lhes servirá de sinal: encontrarão o bebê envolto em panos e deitado numa manjedoura" (Lucas 2:8-12).

LIÇÃO 6 ❖ José ❖ Quarto dia: Obedecer ou não obedecer

Ó céus, eu fiz de novo. Eu fiz de novo, não fiz, Pai? Eu não quis dizer aquilo; é que me esqueci. Ele não é meu filho... é seu. O filho é seu. O plano é seu, a ideia é sua. E perdoe-me por perguntar, mas... é assim que Deus entra no mundo? A vinda do anjo, eu aceitei. As perguntas que o povo fez sobre a gravidez, eu posso tolerar. A viagem para Belém, tudo bem. Mas por que o nascimento em um estábulo, Deus?

Não estou acostumado com coisas tão estranhas, Deus. Sou um carpinteiro, faço as coisas se encaixarem. Aparo os cantos, sigo a linha do prumo e meço duas vezes antes de cortar. Ou seja, surpresas não são amigas de um construtor, gosto também de conhecer o projeto. Gosto de ver a planta antes de iniciar.

Mas, dessa vez, eu não sou o construtor, sou? Dessa vez sou uma ferramenta. Um martelo em sua mão. Um prego entre seus dedos. Um cinzel em suas mãos. Este projeto é seu, não meu. Acho que é uma tolice questioná-lo. Perdoe a minha luta. A confiança não vem fácil para mim, Deus, mas o senhor nunca disse que seria fácil, disse?

Contudo, SENHOR, tu és o nosso Pai. Nós somos o barro; tu és o oleiro. Todos nós somos obra das tuas mãos (Isaías 64:8).

1. José ainda era relativamente um novato nos planos de Deus, mas teve algum tempo para pensar sobre isso. Quais das seguintes palavras descrevem melhor como José pode ter se sentido quando testemunhou a chegada *verdadeira* de Jesus? Por quê?

   ❑ Desapontado
   ❑ Chocado
   ❑ Impotente
   ❑ Culpado (por não fornecer um lugar melhor para o nascimento)
   ❑ Assustado
   ❑ Desorientado
   ❑ Sobrecarregado

   _____
   _____
   _____
   _____

2. Pense num período quando suas expectativas sobre como o Senhor responderia a uma oração se provaram erradas. Qual foi sua reação à resposta verdadeira de Deus?

   _____
   _____
   _____
   _____

3. Compreender os planos de Deus é sempre um pré-requisito para obedecer? Por que, ou por que não? Explique.

   _____
   _____
   _____

4. Apesar das perguntas de José, ele reconhece que era "um cinzel nas mãos

139

de Deus" e foi obediente aos planos de Deus. O que os versículos a seguir lhe dizem pessoalmente sobre a importância de ser obediente a Deus?

Mateus 6:24: "Ninguém pode servir a dois senhores; pois odiará um e amará o outro, ou se dedicará a um e desprezará o outro".

_____
_____
_____
_____

Lucas 6:47-49: "Eu lhes mostrarei com quem se compara aquele que vem a mim, ouve as minhas palavras e as pratica. É como um homem que, ao construir uma casa, cavou fundo e colocou os alicerces na rocha. Quando veio a inundação, a torrente deu contra aquela casa, mas não a conseguiu abalar, porque estava bem construída. Mas aquele que ouve as minhas palavras e não as pratica, é como um homem que construiu uma casa sobre o chão, sem alicerces. No momento em que a torrente deu contra aquela casa, ela caiu, e a sua destruição foi completa".

_____
_____
_____
_____

João 14:21: "Quem tem os meus mandamentos e lhes obedece, esse é o que me ama. Aquele que me ama será amado por meu Pai, e eu também o amarei e me revelarei a ele".

_____
_____
_____
_____

Tiago 1:22-25: "Sejam praticantes da palavra, e não apenas ouvintes, enganando-se a si mesmos. Aquele que ouve a palavra, mas não a põe em prática, é semelhante a um homem que olha a sua face num espelho e, depois de olhar para si mesmo, sai e logo esquece a sua aparência. Mas o homem que observa atentamente a lei perfeita, que traz a liberdade, e persevera na prática dessa lei, não esquecendo o que ouviu mas praticando-o, será feliz naquilo que fizer".

_____
_____
_____
_____

LIÇÃO 6 ❖ José ❖ Quarto dia: Obedecer ou não obedecer

UM CÉU ESCURECIDO PELA DÚVIDA

Fico imaginando. Será que José chegou a fazer uma oração assim? Talvez sim, talvez não, mas você provavelmente já fez. Já esteve onde José estava: preso entre o que Deus diz e o que faz sentido. Você fez o que Deus lhe disse para fazer só para ficar pensando se era mesmo ele falando em primeiro lugar. Já fitou um céu escurecido pela dúvida e já perguntou o que José indagou.

Você já questionou se ainda estava no caminho certo, já inquiriu se deveria virar para a esquerda quando virou para a direita e já perguntou se existe um plano por trás desse esquema. As coisas não aconteceram como você pensou que aconteceriam.

Cada um de nós sabe como é procurar por luz à noite. Não do lado de fora de um estábulo, mas talvez do lado de fora de uma sala de emergência, no cascalho de um acostamento de estrada ou sobre a grama aparada de um cemitério. Já fizemos nossas perguntas, já questionamos os planos de Deus, e nos perguntamos por que o Altíssimo faz o que faz.

O céu de Belém não é o primeiro a ouvir os questionamentos de um peregrino confuso.

Se você está indagando o que José perguntou, deixe-me instigá-lo(a) a fazer o que José fez. Obedeça. Foi isso que ele fez, ele obedeceu. Obedeceu quando o anjo chamou, quando Maria explicou, quando Deus enviou.

Ele era obediente a Deus.

Era obediente quando o céu estava claro e também quando estava escuro.

Ele não deixou sua confusão perturbar sua obediência. Não sabia de todas as coisas, mas conhecia o que sabia. Ele fechou seu negócio, reuniu sua família, e foi para outro país. Por quê? Porque foi isso que Deus mandou fazer.

E você? Assim como José, não consegue ver o panorama geral; assim como José, sua tarefa é ver que Jesus é trazido para a sua parte do seu mundo; e, assim como José, tem uma escolha: obedecer ou desobedecer. Porque José obedeceu, Deus o usou para transformar o mundo.

Será que ele pode fazer o mesmo com você?

Confie no SENHOR de todo o seu coração (Provérbios 3:5).

"Eu sou a luz do mundo. Quem me segue, nunca andará em trevas, mas terá a luz da vida" (João 8:12).

5. Se você pudesse fazer o Senhor responder a uma pergunta, qual seria? Que impacto essa resposta teria em sua vida? Que impacto teria se nunca conseguisse uma resposta nessa vida?

_____
_____
_____
_____
_____

6. Em 1Coríntios 13:12, Paulo escreveu: "Agora, pois, vemos apenas um reflexo obscuro, como em espelho; mas, então, veremos face a face. Agora conheço em parte; então, conhecerei plenamente, da mesma forma como sou plenamente conhecido". Que conforto pode tirar das palavras de Paulo quando a situação não é clara para você?

DEZ HOMENS DA BÍBLIA ❖ Max Lucado

_____
_____
_____
_____
_____

7. Por que motivos Deus pode reter certas informações de nós?
_____
_____
_____
_____
_____

8. Se pudesse pedir conselhos para José sobre como se manter fiel quando não consegue ver o plano completo de Deus, o que acha que ele diria?
_____
_____
_____
_____
_____
_____

José e Maria logo descobririam que não eram os únicos na expectativa da chegada de Jesus. Como veremos no próximo estudo, um encontro com um homem devoto chamado Simeão os fez perceber que outros tinham interesse pessoal no filho deles. Eles tinham que lidar com o fato de que o filho de José e Maria era, antes e acima de tudo, o Filho de Deus e Filho do Homem.

◈ Pontos para Lembrar

❖ Na maioria das vezes, a maneira como imaginamos nossa vida e o modo como Deus a imagina não serão as mesmas.
❖ Todos temos dúvidas às vezes — perguntas sobre os planos de Deus e por que ele faz o que faz.
❖ Quando não conseguimos ver o panorama geral, temos que fazer a escolha de obedecer ao Senhor e confiar nele quanto aos resultados.

Oração do Dia

Pai, te louvamos por contrariar nossas expectativas a todo momento. As pessoas esperavam pela vinda do Messias há séculos, mas ninguém esperava que acontecesse como aconteceu. Ajuda-nos a lembrar disso da próxima vez que lutarmos com uma oração não respondida ou uma situação que não acontece como esperávamos. Em nome de Jesus, amém.

LIÇÃO 6 ❖ José ❖ Quinto dia: Cenas finais

Quinto Dia: Cenas finais

A ESPERA DE SIMEÃO

É engraçado como a Bíblia lembra das diferentes pessoas. Abraão é lembrado por sua fé. Imagine Moisés, e você irá visualizar um líder. O lugar de Paulo no Texto Sagrado foi talhado pelos seus escritos, e João é conhecido por seu amor. Mas Simeão é recordado, de maneira interessante, não por liderar ou pregar ou amar, mas por ver.

"Havia em Jerusalém um homem chamado Simeão, que era justo e piedoso, e que *esperava* a consolação de Israel; e o Espírito Santo estava sobre ele" (Lucas 2:25, grifo do autor).

Nosso breve encontro com Simeão acontece oito dias depois do nascimento de Jesus. José e Maria haviam trazido seu filho ao templo, pois é o dia do sacrifício, da circuncisão, da dedicação. Mas, para Simeão, é o dia da celebração.

Vamos imaginar um sujeito enrugado, de cabelos brancos, abrindo caminho pelas ruas de Jerusalém. As pessoas no mercado chamam o seu nome e ele acena, mas não para. Os vizinhos o cumprimentam e ele responde com uma saudação, mas não para. Amigos conversam na esquina e ele ri, mas não se detém. Ele tem um lugar onde precisa estar e não tem tempo a perder.

Lucas 2:27 contém essa afirmação curiosa: "Movido pelo Espírito, ele foi ao templo". Simeão, aparentemente, não havia planejado ir ao templo. Deus, entretanto, pensava o contrário. Não sabemos como veio esse mover — o chamado de um vizinho, o convite de sua esposa, um aperto dentro do coração — não sabemos, mas, de alguma maneira, Simeão sabia que tinha que cancelar sua agenda e colocar os tacos de golfe de lado.

"Acho que vou à igreja", ele anunciou.

Deste lado do evento, entendemos o mover. Se Simeão entendeu ou não, não sabemos, no entanto, temos conhecimento de que esta não era a primeira vez que Deus lhe dava um tapinha nos ombros. Pelo menos uma vez em sua vida ele já recebera uma mensagem de Deus. "Fora-lhe revelado pelo Espírito Santo que ele não morreria antes de ver o Cristo do Senhor" (v. 26).

Simeão nos lembra de que devemos "esperar olhando para o futuro". Pacientemente vigilantes, mas não tão pacientes a ponto de perder nossa vigilância, nem tão vigilantes de modo a perder nossa paciência.

No final, a oração de Simeão foi respondida. "Simeão tomou [Jesus] nos braços e louvou a Deus, dizendo: 'Ó Soberano, como prometeste, agora podes despedir em paz o teu servo'" (Lucas 2:28-29).

Um olhar para a face de Jesus, e Simeão sabia que finalmente era tempo de ir para casa. E um olhar para a face de nosso Salvador, e saberemos o mesmo.

1. Leia Lucas 2:25-35. Como discutimos antes, poucas pessoas em Israel reconheceram o Messias quando ele nasceu. Simeão, entretanto, foi um deles. Como ele estivera vigilante para observar o nascimento prometido? Como ele reagiu quando viu Jesus?

Completando-se o tempo da purificação deles, de acordo com a Lei de Moisés, José e Maria o levaram a Jerusalém para apresentá-lo ao Senhor (Lucas 2:22).

Havia em Jerusalém um homem chamado Simeão (v. 25).

Movido pelo Espírito, ele foi ao templo (v. 27).

Fora-lhe revelado pelo Espírito Santo que ele não morreria antes de ver o Cristo do Senhor (v. 26).

Simeão o tomou nos braços e louvou a Deus (v. 28).

2. Não sabemos por quanto tempo Simeão esperara pelo Messias. Poderia ter sido uma semana, um mês, um ano. Talvez até vinte anos. Apesar disso, ele estava vigilante e agiu quando Deus o chamou. Quais são os benefícios de esperar por uma resposta à oração — mesmo sendo isso difícil de fazer?

3. O profeta Isaías escreveu: "Até os jovens se cansam e ficam exaustos, e os moços tropeçam e caem; mas aqueles que esperam no Senhor renovam as suas forças. Voam alto como águias; correm e não ficam exaustos, andam e não se cansam" (Isaías 40:30-31). Qual é a chave para se manter em paciente vigilância? De que promessa esse versículo fornece para todos que esperam e colocam sua esperança no Senhor?

4. Pense sobre as palavras de Simeão em Lucas 2:34-35: "Este menino está destinado a causar a queda e o soerguimento de muitos em Israel, e a ser um sinal de contradição, de modo que o pensamento de muitos corações será revelado. Quanto a você, uma espada atravessará a sua alma". Como você teria reagido a essa profecia se fosse Maria e José?

PASSANDO TEMPO NO TEMPLO

Lucas nos diz que Maria e José ficaram "admirados com o que fora dito a respeito dele [Jesus]" (Lucas 2:33). Lucas continua contando uma última história com a família no templo de Jerusalém antes de José deixar os evangelhos para sempre. Ela acontece doze anos depois, durante a Festa da Páscoa. "Quando ele completou doze anos de idade, eles subiram à festa, conforme o costume. Terminada a festa, voltando seus pais para casa, o menino Jesus ficou em Jerusalém, sem que eles percebessem (Lucas 2:42-43).

Simeão os abençoou e disse a Maria [...] "Este menino está destinado a causar a queda e o soerguimento de muitos em Israel" (Lucas 2:34).

LIÇÃO 6 ❖ José ❖ Quinto dia: Cenas finais

Por três dias José e Maria ficaram separados de Jesus. "Depois de três dias o encontraram no templo, sentado entre os mestres, ouvindo-os e fazendo-lhes perguntas. Todos os que o ouviam ficavam maravilhados com o seu entendimento e com as suas respostas" (vv. 46-47). O templo era o último lugar onde eles pensaram em procurar, mas foi o primeiro lugar para onde Jesus foi.

Cristo não foi para a casa de um primo ou para o jardim de um amigo. O filho de José, o carpinteiro, não foi para o meio dos carpinteiros, mas para o meio dos mestres da fé e intérpretes da Torá. Ele buscava o lugar do pensamento piedoso, e, embora Jesus não tivesse barba nem adornos, os pensamentos desse menino eram profundos. Pergunte aos teólogos com quem ele conversou e a quem deixou perplexo. Esse menino não pensava como um garoto.

Por quê? O que tornava Jesus diferente? A Bíblia não fala sobre seu QI. No que diz respeito ao tamanho da memória RAM do seu computador mental, não nos é dito nada. Mas, com relação à sua pureza de mente, recebemos essa afirmação surpreendente: Cristo "não tinha pecado" (2Coríntios 5:21). Pedro diz que Jesus "não cometeu pecado algum, e nenhum engano foi encontrado em sua boca" (1Pedro 2:22). João viveu próximo a ele por três anos e concluiu: "nele não há pecado" (1João 3:5).

A expressão *sem pecado* nunca sobreviveu à coabitação de outra pessoa. Aqueles que mais conheciam a Cristo, entretanto, falaram de sua pureza em uníssono e com convicção. E porque ele não tinha pecado, sua mente era imaculada. Não me espanta que os outros estivessem "maravilhados com o seu ensino" (Marcos 1:22). Sua mente era livre de vírus.

O menino de doze anos no templo — aquele garoto com pensamentos excelentes e uma mente imaculada? Adivinha só: ele representa o objetivo de Deus para contigo! Você foi feito para ser como Cristo! A prioridade de Deus é que você "transforme-se pela renovação da sua mente" (Romanos 12:2). Você pode ter nascido suscetível a vírus, mas não tem que viver dessa maneira. Há esperança para sua mente!

Você tem uma ruga de preocupação? Não precisa ter para sempre. É atormentado pela culpa e manchado pela vergonha? Inclinado à ira? Invejoso? Deus pode tomar conta disso. O Senhor pode transformar a sua mente, pois o céu é o lugar de mentes sem pecado. Pensamento livre de vírus. Confiança absoluta. Sem medo ou ira. Vergonha e mudança de opinião são práticas de uma vida anterior. O céu será maravilhoso, não por causa das ruas de ouro, mas porque nossos pensamentos serão puros.

Então, o que você está esperando? Aplique o antivírus do Altíssimo. "Mantenham o pensamento nas coisas do alto, e não nas coisas terrenas" (Colossenses 3:2). Dê a ele seus melhores pensamentos, e veja se ele não transforma sua mente.

5. Leia Lucas 2:41-52. Como José e Maria perderam Jesus de vista por três dias? O que isso lhe diz sobre o sistema familiar da época?

_____
_____
_____
_____

Quando [Jesus] completou doze anos de idade, [Maria e José] subiram à festa (Lucas 2:42).

Depois de três dias o encontraram no templo (v. 46).

"Por que vocês estavam me procurando?" [Jesus] perguntou: "Não sabiam que eu devia estar na casa de meu Pai?" (v. 49).

Não temos um sumo sacerdote que não possa compadecer-se das nossas fraquezas, mas sim alguém que, como nós, passou por todo tipo de tentação, porém, sem pecado (Hebreus 4:15).

E todos nós, que com a face descoberta contemplamos a glória do Senhor, segundo a sua imagem estamos sendo transformados com glória cada vez maior, a qual vem do Senhor, que é o Espírito (2Coríntios 3:18).

Mantenham o pensamento nas coisas do alto (Colossenses 3:2).

6. Lucas nos diz que "Jesus ia crescendo em sabedoria, estatura e graça diante de Deus e dos homens" (Lucas 2:52). Essa afirmação é praticamente o resumo de toda a informação bíblica sobre Cristo desde o dia em que seus pais o encontraram no templo em Jerusalém até o tempo em que ele começou seu ministério público aos trinta anos de idade. Ele resume quase duas décadas da vida de Jesus! Pense sobre esses "anos perdidos". Qual teria sido o papel de José para ajudar Jesus a crescer em sabedoria? E em estatura? E em graça diante de Deus? E em graça diante dos homens? Explique.

_____
_____
_____
_____
_____
_____

7. O templo era o último lugar onde José e Maria pensaram em procurar, mas foi o primeiro lugar para onde Jesus foi. O que Cristo quis dizer quando falou: "Não sabiam que eu devia estar na casa de meu Pai?" (Lucas 2:49)? O que isso diz sobre as prioridades dele? O que isso diz sobre quais deveriam ser nossas prioridades?

_____
_____
_____
_____
_____

8. Como o Criador está moldando você para ser mais parecido com Cristo em seus pensamentos? Como ele está o transformando pela renovação da sua mente?

_____
_____
_____
_____
_____

O Altíssimo ainda procura por Josés hoje, isto é, homens e mulheres que acreditem que o Criador não desistiu desse mundo, pessoas comuns que sirvam a um Deus incomum.

Você seria esse tipo de pessoa? Estaria disposto a servir... mesmo quando não compreendesse? Escolheria "confiar no Senhor de todo o seu coração e não se apoiar em seu próprio entendimento" (conforme Provérbios 3:5)?

O céu de Belém não é o primeiro a ouvir os questionamentos de um coração honesto nem o último. Talvez Deus não tenha respondido a todas as perguntas feitas por José, mas respondeu a mais importante: "Você ainda está comigo, Deus?"

"E eu estarei sempre com vocês, até o fim dos tempos" (Mateus 28:20).

E por intermédio do primeiro choro do Deus-bebê a resposta veio: "Sim. Sim, José. Eu estou com você".

Há muitas perguntas sobre a Bíblia que não conseguiremos responder até que voltemos para casa, muitos buracos e observações isoladas. Muitas vezes refletiremos: "Gostaria de saber..."

Mas, em nossas reflexões, existem algumas perguntas que nunca precisamos fazer. Será que o Senhor se importa? Será que somos importantes para Deus? Será que o Altíssimo ainda ama seus filhos?

Pelo rosto do bebê nascido no estábulo, ele diz sim.

Sim, seus pecados estão perdoados.

Sim, seu nome está escrito no céu. Sim, a morte foi derrotada.

E sim, Deus entrou em seu mundo. Emanuel. Deus conosco.

Aquele que é a Palavra tornou-se carne e viveu entre nós (João 1:14).

 PONTOS PARA LEMBRAR

- A história de Simeão nos lembra de que devemos "esperar olhando para o futuro" em Deus e sermos pacientemente vigilantes na obra que o Senhor está fazendo em nosso meio.
- A prioridade do Criador é que sejamos como Jesus aos doze anos de idade no templo, com pensamentos excelentes e uma mente livre de vírus.
- O Altíssimo ainda procura por homens e mulheres que acreditem que ele não desistiu deste mundo e sejam obedientes para seguir o seu chamado.

 ORAÇÃO DO DIA

Deus, ajuda-nos a esperar em ti com paciência, mas com vigilância. Renova nossa mente e nos dá teus pensamentos. Ajuda-nos a sermos Josés para ti e a responder obedientemente ao chamado que colocaste em nossa vida. Obrigado por nunca teres desistido de nós, mas renova nossas forças a cada dia. Em nome de Jesus, amém.

 VERSÍCULO PARA MEMORIZAR NA SEMANA

Lancem sobre ele toda a sua ansiedade, porque ele tem cuidado de vocês.
1 PEDRO 5:7

Leitura suplementar

Os textos dessa lição foram retirados de *When God Whispers Your Name* [publicado no Brasil como: *Quando Deus sussurra o seu nome*. Rio de Janeiro: CPAD,

2005]; *He Still Moves Stones* [publicado no Brasil como: *Ele ainda remove pedras*. Rio de Janeiro: CPAD, 2005]; *God Came Near* [publicado no Brasil como: *Deus chegou mais perto*. São Paulo: Vida Cristã, 1998]; *When Christ Comes* [publicado no Brasil como: *Quando Cristo voltar*. Rio de Janeiro: Thomas Nelson Brasil, 2011]; *Next Door Savior* [publicado no Brasil como: *O Salvador mora ao lado*. Rio de Janeiro: Thomas Nelson Brasil, 2011]; *Cure for the Common Life* [publicado no Brasil como: *Quebrando a rotina*. Rio de Janeiro: CPAD, 2012].

LIÇÃO 7

Mateus

REDEFININDO A FAMÍLIA DE DEUS

"SAINDO, Jesus viu um homem chamado Mateus, sentado na coletoria, e disse-lhe: 'Siga-me'. Mateus levantou-se e o seguiu" (Mateus 9:9).

A surpresa desse convite foi o convidado: um coletor de impostos. Misture a ganância de um executivo sonegador com a presunção de um televangelista artificial. Junte a audácia de um advogado de porta de cadeia e a covardia de um atirador de elite. Adicione uma pitada da moralidade de um cafetão e termine com o código de ética de um traficante — e o que você tem?

Um coletor de impostos do primeiro século.

De acordo com os judeus, esses homens ficavam abaixo do plâncton na cadeia alimentar. César permitia que esses cidadãos judeus taxassem quase qualquer coisa: seu barco, o peixe que você pescou, sua casa, sua colheita. Contanto que César recebesse sua cota, eles poderiam manter o restante.

Mateus era um coletor de impostos *público*. Os coletores de impostos privados contratavam outras pessoas para fazer o trabalho sujo. Os publicanos, como Mateus, só estacionavam suas limusines no lado pobre da cidade e abriam a loja. Tão tortuosos quanto saca-rolhas.

Seu nome de batismo era Levi, um nome sacerdotal. Será que seus pais esperavam que ele fosse um sacerdote? Se sim, ele era um fracasso no círculo familiar.

Pode apostar que ele era rejeitado. Os churrascos da vizinhança? Nunca era convidado. Reuniões de ex-alunos? De alguma maneira seu nome não entrava na lista. O sujeito era evitado como uma bactéria. Todos mantinham distância de Mateus.

Todos, menos Cristo. "[Jesus] disse-lhe: 'Siga-me'. Mateus levantou-se e o seguiu" (Mateus 9:9).

Mateus deve ter amadurecido, pois o Senhor Jesus não teve nem que puxar muito. Em minutos, os amigos cinzentos de Mateus e os amigos verdes de

Saindo, Jesus viu um homem chamado Mateus, sentado na coletoria, e disse-lhe: "Siga-me" (Mateus 9:9).

Todos os publicanos e pecadores estavam se reunindo para ouvi-lo (Lucas 15:1).

[Jesus] viu Levi, filho de Alfeu, sentado na coletoria (Marcos 2:14).

Então Levi ofereceu um grande banquete a Jesus em sua casa (Lucas 5:29).

Cristo estão trocando endereços de e-mail. "Então Levi ofereceu um grande banquete a Jesus em sua casa. Havia muita gente comendo com eles: publicanos e outras pessoas" (Lucas 5:29).

1. O que Jesus viu em Mateus? O que Mateus viu em Cristo?

_____
_____
_____
_____

2. Por que você acha que Mateus estava tão disposto a largar tudo e seguir Jesus? O que o teria levado a desejar fazer essa drástica mudança?

_____
_____
_____
_____

A história de Mateus esclarece nosso próprio discipulado. Afinal de contas, se somos melhores do que Mateus, é por pouca coisa. Se as pessoas pudessem conhecer nosso coração e os pensamentos que temos às vezes, veriam que estamos longe de ser assunto de discipulado. Mas Jesus vê — e, ainda assim, nos chama para segui-lo. Ele vê valor em nós e quer um relacionamento conosco, por isso podemos olhar para a história de Mateus procurando dicas de como maximizar o potencial desse relacionamento.

❧ Oração da Semana ❧

Pai, obrigado por olhar além da nossa reputação, da nossa fraqueza e dos nossos fracassos. Obrigado por ver o potencial em nós como fizeste com Mateus. Abençoa nossos esforços para te compreender melhor e aprofunda nosso relacionamento contigo. Em nome de Jesus, amém.

Primeiro Dia: Uma festa de despedida

AMIGO É AMIGO

Em sua opinião, o que gerou aquela festa? Vamos tentar imaginar. Posso ver Mateus indo para os fundos do escritório e empacotando suas coisas. Ele remove o Prêmio de Traidor do Ano da parede e encaixota o certificado da Escola de Negócios Escusos. Seus colegas começam a fazer perguntas.

Durante uma refeição na casa de Levi, muitos publicanos e pecadores estavam comendo com Jesus e seus discípulos (Marcos 2:15).

LIÇÃO 7 ❖ MATEUS ❖ Primeiro dia: Uma festa de despedida

— O que está acontecendo, Matt? Vai sair em um cruzeiro?

— Ei, Mateus, o chefão te despediu?

Mateus não sabe o que dizer. Ele resmunga alguma coisa sobre mudança de área, mas, quando chega na porta, ele para. Segurando sua caixa cheia de material de escritório, Mateus olha para trás. Seus colegas estão com um olhar desanimado — meio que triste, confuso.

Ele sente um aperto na garganta. Ah, esses sujeitos não são muita coisa. Os pais alertam seus filhos sobre esse tipo de pessoa. Linguagem picante. Moralidade de carnaval. Eles têm o número do cafetão na discagem rápida do telefone, o segurança da casa de prostituição manda cartão de aniversário para eles. Mas amigo é amigo. Ainda assim, o que ele pode fazer? Convidá-los para conhecer Jesus? Sim, claro, pois eles gostam de pregadores tanto quanto ovelhas gostam de açougueiros. Dizer para eles ligarem no canal religioso da TV? Daí pensariam que cabelo de algodão doce é um pré-requisito para seguir a Cristo. E se ele colocar pequenos panfletos da Torá em suas escrivaninhas? Não, eles não leriam.

Então, sem saber mais o que fazer, ele encolhe os ombros e acena para eles. "Essa alergia estúpida", ele diz, esfregando um olho.

Mais tarde, naquele dia, o acontecido se repete. Ele vai até o bar para acertar suas contas. A decoração é "operário chique": um lugar desleixado, esfumaçado, com um candelabro de garrafas de cerveja sobre a mesa de sinuca e uma radiovitrola no canto. Nenhum clube de campo, mas, para Mateus, é sua casa no caminho de casa.

E quando ele diz para o dono que está seguindo em frente, o garçom responde: "Poxa, Matt. O que está acontecendo?"

Mateus resmunga uma desculpa sobre uma transferência, mas sai com um sentimento de vazio em seu estômago.

O amigo ama em todos os momentos; é um irmão na adversidade (Provérbios 17:17).

1. Em 2Coríntios 3:18, Paulo escreveu: "E todos nós, que com a face descoberta contemplamos a glória do Senhor, segundo a sua imagem estamos sendo transformados com glória cada vez maior, a qual vem do Senhor, que é o Espírito". Pense sobre esse processo de ser transformado à imagem de Cristo. Será que se trata de algo que acontece imediatamente, ou de maneira mais gradual? Explique.

_____
_____
_____

2. Em 2Coríntios 5:17, Paulo acrescenta: "Portanto, se alguém está em Cristo, é nova criação. As coisas antigas já passaram; eis que surgiram coisas novas!" Como Mateus se tornou uma "nova criação" depois de conhecer Jesus? Quais partes nossas "já passaram" e ficaram para trás com a vida antiga?

_____
_____
_____

151

3. Como você acha que Mateus explicou sua decisão de seguir a Jesus para sua família, amigos e conhecidos?

_____
_____
_____

4. Será que sua família, amigos e conhecidos já reconheceram que uma nova vida se iniciou em você? Se sim, que reações ou comentários recebeu deles? Se não, como explica isso?

_____
_____
_____

CONVIDE-OS

Mais tarde, Mateus se encontra com Jesus no jantar e compartilha seu problema.

— São os meus amigos... você sabe, os caras do escritório. E os companheiros do bar.

— E o que tem eles? — perguntou Jesus.

— Bem, é que meio que andamos junto, sabe? Vou sentir falta deles. O Jô, por exemplo — mais escorregadio que peixe fresco, mas ele visita os órfãos no domingo. E o Bruno, da academia? Pode te esmagar como uma barata, mas é o melhor amigo que alguém pode ter. Ele já pagou minha fiança três vezes.

Jesus acena para que ele continue.

— E qual é o problema?

— Bom, vou sentir falta desses caras. Quer dizer, não tenho nada contra Pedro, Tiago e João, Jesus... mas eles são domingo de manhã, e eu sou sábado à noite. Tenho meu próprio círculo de amizade, entende?

Cristo começa a sorrir e balança a cabeça.

— Mateus, Mateus, acha que vou aprisionar você? Seguir a mim não significa esquecer dos seus amigos. É exatamente o contrário. Eu quero conhecê-los.

— Sério, Jesus?

— Será que macaco gosta de banana?

— Mas, Jesus, esses caras... metade deles está em liberdade condicional. O Jô não usa meias desde o seu bar mitzvah...

— Não estou falando sobre um culto religioso, Mateus. Deixe-me fazer uma pergunta: o que eles gostam de fazer? Jogar boliche? Jogos de tabuleiro? Como está o seu futebol?

Os olhos de Mateus brilham.

— Você tem que me ver cozinhar. Eu traço um bife como a baleia fez com Jonas.

— Perfeito. — Jesus sorri. — Então dê uma festa de despedida. Uma balada para aposentar as chuteiras. Reúna o pessoal.

Mateus está por toda parte. Liga para o bufê, para a empregada, para sua secretária. "Avise todo mundo, Telma. Jantar e bebidas na minha casa hoje. Diga para os caras virem e trazerem acompanhante."

É melhor ter companhia do que estar sozinho, porque maior é a recompensa do trabalho de duas pessoas. Se um cair, o amigo pode ajudá-lo a levantar-se (Eclesiastes 4:9-10).

Sobretudo, amem-se sinceramente uns aos outros, porque o amor perdoa muitíssimos pecados (1Pedro 4:8).

LIÇÃO 7 ❖ MATEUS ❖ Primeiro dia: Uma festa de despedida

5. Quando Mateus convidou Jesus para sua casa, a festa incluía muitos de seus companheiros publicanos e "pecadores". Leia 2Coríntios 6:14-18. Nessa passagem, Paulo diz para os cristãos não se colocarem em jugo desigual com descrentes. Será que isso significa que não devemos nos associar com nenhum não cristão? Como você concilia essa passagem com a decisão de Cristo de estar perto dos amigos de Mateus?

_____
_____
_____
_____

6. O problema que Paulo estava abordando em Corinto era a tendência dos cristãos de se envolverem nas práticas pecaminosas de suas vidas antigas — práticas que achavam difícil abandonar. Quando as pessoas tomam a decisão de seguir a Cristo como Mateus fez, por que é importante que elas se afastem de certas situações? O que isso muitas vezes exige em termos de seu relacionamento com pessoas de sua "vida antiga" — pessoas que *não* seguem a Cristo?

_____
_____
_____
_____

7. Em João 10:10 Jesus afirmou: "O ladrão vem apenas para roubar, matar e destruir; eu vim para que tenham vida, e a tenham plenamente". Como Cristo nos alcança onde quer que estejamos para nos oferecer essa vida? O que isso nos obriga a fazer depois que a recebemos?

_____
_____
_____
_____

8. Como você apresenta a abundância que Jesus oferece para alguém que parece estar desfrutando da "vida boa" de festas, riqueza e bens?

_____
_____
_____
_____

O Senhor Jesus estava interessado nos amigos de Mateus não porque compartilhasse o gosto deles pela devassidão, mas porque podia visualizar o potencial deles. Ele via sua paixão, sua energia, seus anseios, e enxergava também sua dor, sua culpa e sua autoimagem danificada. Cristo sabia que podia oferecer a eles algo que nenhum de seus vícios seria capaz de preencher: alegria verdadeira e realização, liberdade e um novo começo. Como veremos no próximo estudo, Jesus estava mais do que disposto a encontrar os amigos de Mateus onde eles viviam — e faziam suas festas.

Pontos para Lembrar

- Cristo alcança aqueles que são rejeitados pela sociedade e os convida a vir e serem seus discípulos.
- Quando o Senhor Jesus chama, devemos deixar tudo para trás e segui-lo.
- Seguir Jesus não significa esquecer de nossos amigos — ele quer alcançá-los também.

Oração do Dia

Pai, obrigado pela nova vida que tu ofereces. Que nunca percamos de vista o seu sacrifício, perdão e graça necessários para tornar possíveis nossos novos começos. Guia nossas atitudes e ações para que sejamos porta-vozes eficazes da vida abundante que tu dás. Trabalha em nós e por nosso intermédio, para fazermos a diferença na vida das pessoas que ainda não experimentaram a tua abundância. Em nome de Jesus, amém.

Segundo Dia: Sendo normal

UMA BRISA FRIA

Estando Jesus em casa, foram comer com ele e seus discípulos muitos publicanos e pecadores (Mateus 9:10).

Quando os mestres da lei que eram fariseus o viram comendo com pecadores e publicanos, perguntaram aos discípulos de Jesus: "Por que ele come com publicanos e pecadores?" (Marcos 2:16).

Ouvindo isso, Jesus disse: "Não são os que têm saúde que precisam de médico, mas sim os doentes (Mateus 9:12).

E então Jesus termina na casa de Mateus, uma sofisticada casa de dois andares com vista para o mar da Galileia. Estacionados na frente vemos de BMWs a Harleys e até limusines, e a multidão lá dentro lhe diz que isso é qualquer coisa, menos uma reunião do clero.

Homens de brinco e mulheres com tatuagens. Cabelos arrumados. Música que faz a raiz do dente tremer. E fazendo barulho no meio do grupo está Mateus, fazendo mais ligações do que um eletricista.

Ele apresenta Pedro para o clube de baixo dos publicanos e Marta para a equipe de cozinha. Simão, o Zelote, encontra um parceiro de debates da escola. E Jesus? Radiante. O que poderia ser melhor? Pecadores e santos na mesma sala, e ninguém está tentando determinar quem é quem.

Mas, depois de mais ou menos uma hora de festa, a porta se abre, e entra uma brisa fria. "Mas os fariseus e aqueles mestres da lei que eram da mesma facção queixaram-se aos discípulos de Jesus: 'Por que vocês comem e bebem com publicanos e pecadores?'" (Lucas 5:30). Entra a polícia religiosa e sua piedade mesquinha: grandes livros pretos debaixo do braço; animados como agentes carcerários siberianos; e colarinhos clericais tão apertados que as veias saltam. Eles também gostam de assar — mas não churrasco.

Mateus é o primeiro a sentir o golpe. "Você é mesmo um cara religioso", diz um, praticamente puxando um músculo da sobrancelha. "Olhe o tipo de pessoas com quem você sai".

Mateus não sabe se fica louco ou se vai embora. Antes de conseguir escolher, Jesus intervém, explicando que o coletor de impostos está justamente onde precisa estar. "Não são os que têm saúde que precisam de médico, mas sim os doentes. Eu não vim chamar justos, mas pecadores ao arrependimento" (vv. 31-32).

1. Leia Lucas 5:27-32. Os fariseus, sem dúvida, se consideravam os heróis nessa história, afinal de contas, eles eram os líderes religiosos mais cultos e estavam tentando evitar que as pessoas violassem a lei de Deus. Então, por que Jesus lhes responde da maneira como retrucou? O que os fariseus não entenderam?

_____
_____
_____

2. Muitos dos fariseus eram especialistas na letra da lei de Deus, mas não no espírito da graça e da misericórdia do Altíssimo por trás daquelas leis. Como Jesus tenta corrigir algumas dessas atitudes nos versículos seguintes?

Mateus 15:3,6-9: "Respondeu Jesus: 'E por que vocês transgridem o mandamento de Deus por causa da tradição de vocês? [...] por causa da sua tradição, vocês anulam a palavra de Deus. Hipócritas! Bem profetizou Isaías acerca de vocês, dizendo: 'Este povo me honra com os lábios, mas o seu coração está longe de mim. Em vão me adoram; seus ensinamentos não passam de regras ensinadas por homens'''.

_____
_____
_____

Mateus 23:13-14: "Ai de vocês, mestres da lei e fariseus, hipócritas! Vocês fecham o Reino dos céus diante dos homens! Vocês mesmos não entram, nem deixam entrar aqueles que gostariam de fazê-lo. Ai de vocês, mestres da lei e fariseus, hipócritas! Vocês devoram as casas das viúvas e, para disfarçar, fazem longas orações. Por isso serão castigados mais severamente".

_____
_____
_____

Lucas 14:2-4,7: "Mas os fariseus e os mestres da lei o criticavam: 'Este homem recebe pecadores e come com eles'. Então Jesus lhes contou esta parábola: 'Qual de vocês que, possuindo cem ovelhas, e perdendo uma, não deixa as noventa e nove no campo e vai atrás da ovelha perdida, até encontrá-la? [...] Eu lhes digo que, da mesma forma, haverá mais alegria no céu por um pecador que se arrepende do que por noventa e nove justos que não precisam arrepender-se".

Lucas 18:10-14: "Dois homens subiram ao templo para orar; um era fariseu e o outro, publicano. O fariseu, em pé, orava no íntimo: 'Deus, eu te agradeço porque não sou como os outros homens: ladrões, corruptos, adúlteros; nem mesmo como este publicano. Jejuo duas vezes por semana e dou o dízimo de tudo quanto ganho'. Mas o publicano ficou a distância. Ele nem ousava olhar para o céu, mas batendo no peito, dizia: 'Deus, tem misericórdia de mim, que sou pecador'. Eu lhes digo que este homem, e não o outro, foi para casa justificado diante de Deus. Pois quem se exalta será humilhado, e quem se humilha será exaltado".

_____
_____
_____
_____
_____

3. D.T. Niles descreveu o cristianismo como "um mendigo contando para outro mendigo onde encontrou pão". O que isso significa para você?

_____
_____
_____
_____
_____

4. Como a imagem do mendigo afeta (ou deveria afetar) a maneira como falamos para outras pessoas sobre Jesus e sobre nosso relacionamento com ele?

_____
_____
_____
_____
_____

QUAL LADO DA MESA

Que história. Mateus vai de negociante traiçoeiro a discípulo, e dá uma festa que deixa a direita religiosa tensa, mas Cristo, orgulhoso. Os mocinhos se dão bem, e os bandidos caem fora. De fato, que história.

O que fazemos com ela?

Isso depende do lado da mesa do publicano no qual você está. Você e eu somos Mateus. Não me olhe assim. O melhor de nós tem um espírito aproveitador o suficiente para nos qualificar para a mesa de Mateus. Talvez você nunca tenha arrecadado impostos, mas já tomou liberdade com a verdade, se apossou de um crédito que não era seu, levou vantagem sobre o mais fraco. Você e eu? Mateus.

Se você ainda está à mesa, recebe um convite. "Siga-me." E daí se você tem reputação de caipira? Mateus também tinha. Você pode acabar escrevendo seu próprio evangelho.

Pois todos pecaram e estão destituídos da glória de Deus (Romanos 3:23).

"As minhas ovelhas ouvem a minha voz; eu as conheço, e elas me seguem" (João 10:27).

LIÇÃO 7 ❖ Mateus ❖ Segundo dia: Sendo normal

Se já saiu da mesa, recebe um esclarecimento. Você não precisa ser esquisito para seguir a Jesus, isto é, não tem que parar de gostar de seus amigos para convertê-los. É exatamente o contrário. Seria bom fazermos algumas apresentações. Você sabe como assar uma carne?

Há algum tempo fui convidado para jogar uma partida de golfe. O quarteto incluía dois pregadores, um líder da igreja e um "Mateus antes de Jesus". A ideia de passar quatro horas com três cristãos, dois dos quais eram homens de púlpito, não o agradava muito, mas seu melhor amigo, um seguidor de Cristo e seu chefe, insistiu, então ele concordou.

Fico feliz por dizer que ele achou a experiência indolor. No nono buraco ele se virou para nós e disse, sorrindo: "Fico tão feliz por vocês serem pessoas normais". Acho que o que ele quis dizer foi isso: "Fico feliz por não terem me confrontado ou batido em mim com uma King James. Obrigado por rirem das minhas piadas e também contarem algumas vocês mesmos. Obrigado por serem normais". Nós não baixamos nossos padrões, mas também não selamos um cavalo muito alto. Em outras palavras, fomos agradáveis, normais e agradáveis.

O discipulado é, às vezes, definido como ser normal.

Uma mulher em uma pequena comunidade do Arkansas era mãe solteira com um bebê frágil. Sua vizinha passava na casa dela alguns dias do mês e ficava com a criança para que ela pudesse fazer compras, mas, depois de algumas semanas, ela compartilhou mais do que tempo; compartilhou a sua fé, e a mulher fez o que Mateus fez: seguiu a Cristo.

Os amigos da jovem mãe foram contra. "Você sabe o que aquela gente ensina?", eles alertaram.

"Isso é o que eu sei", ela lhes disse. "Eles cuidaram do meu bebê." Eu acho que Jesus gosta desse tipo de resposta, você não acha?

5. Jesus disse aos seus discípulos: "Vocês são a luz do mundo. Não se pode esconder uma cidade construída sobre um monte. E, também, ninguém acende uma candeia e a coloca debaixo de uma vasilha. Ao contrário, coloca-a no lugar apropriado, e assim ilumina a todos os que estão na casa" (Mateus 5:14-15). O que significa deixar a sua luz brilhar para o mundo? Como as suas boas obras levam outros a glorificar a Deus?

_____
_____
_____
_____
_____

6. Em que situações ou circunstâncias você pode ser mais tentado a esconder a sua luz?

_____
_____
_____
_____
_____

Tornei-me tudo para com todos, para de alguma forma salvar alguns. Faço tudo isso por causa do evangelho (1Coríntios 9:22-23).

E consideremos uns aos outros para nos incentivarmos ao amor e às boas obras. Não deixemos de reunir-nos como igreja (Hebreus 10:24-25).

7. Ser testemunha de Cristo não quer dizer baixar nossos padrões, mas também não significa selar um cavalo muito alto. De que maneiras você pode ser um exemplo para Jesus apenas caminhando pela vida com outras pessoas? De que maneira as ações, às vezes, falam mais alto do que as palavras quando mostramos aos outros o que é ser cristão?

_____
_____
_____
_____
_____

8. Jesus, certa vez, orou assim por seus discípulos: "Não rogo que os tires do mundo, mas que os protejas do Maligno. Eles não são do mundo, como eu também não sou" (João 17:15-16). De que maneira o trabalho que Deus quer que façamos envolve encontrar as pessoas onde elas estão? O que significa estar neste mundo mas não ser dele?

_____
_____
_____
_____
_____
_____

O interesse de Jesus em Mateus era mais do que recíproco. O coletor de impostos estava faminto por conhecer a Cristo e aprender tudo o que pudesse sobre esse mestre extraordinário, e não estava sozinho em sua curiosidade. Conforme a fama de Jesus se espalhava, muitas pessoas o buscavam, e a paixão e zelo com os quais o buscavam revelava algo sobre eles.

Pontos para Lembrar

❖ No fim, ninguém é realmente santo — somos todos pecadores que precisam da graça de Deus.
❖ Jesus veio para ajudar os doentes (que somos todos nós), nos chamar ao arrependimento e nos curar.
❖ O discipulado é, às vezes, definido como apenas ser normal e caminhar pela vida diária com aqueles que nos rodeiam.

Oração do Dia

Pai, obrigado pela luz que acendes em nós. Ajuda-nos a reconhecer a importância de fazer essa luz brilhar em todo tempo e em todas as circunstâncias — especialmente em nossas interações diárias normais. Quando as pessoas te virem em nós, conceda-nos a sabedoria e a humildade para dar toda a honra e toda a glória a ti. Em nome de Jesus, amém.

LIÇÃO 7 ❖ MATEUS ❖ Terceiro dia: Buscando a Cristo

Terceiro Dia: Buscando a Cristo

CORAÇÃO FAMINTO

O que é fascinante na história de Mateus é que ele não se contentou em apenas *se encontrar* com Jesus. Ele queria *conhecê-lo*. Como você se lembra, Mateus se converteu no trabalho: ele estava sentado em sua coletoria quando o Mestre disse: "Siga-me." No versículo seguinte, encontramos o Senhor Jesus sentado na mesa de jantar de Mateus. "Estando Jesus em casa, foram comer com ele e seus discípulos muitos publicanos e 'pecadores'" (Mateus 9:10).

Uma conversão na calçada não satisfaria seu coração, então Mateus levou Jesus para casa. Algo acontece à mesa do jantar que não ocorre na escrivaninha do escritório. Tire a gravata, acenda o fogo, abra as garrafas de refrigerante, e passe a noite com aquele que criou as estrelas. "Você sabe, Jesus, perdoe-me por perguntar, mas sempre quis saber..." Mateus queria conhecer o Senhor, e como Deus "recompensa aqueles que o buscam" (Hebreus 11:6), ele foi recompensado com a presença de Cristo em sua casa.

É claro, fazia sentido que Jesus passasse tempo com Mateus, afinal de contas, ele era da primeira linha de recrutamento, escolhido para escrever o primeiro livro do Novo Testamento. O Senhor passa tempo apenas com os grandes caras, como Mateus, André e João. Certo?

Posso contrariar essa opinião com um exemplo? Zaqueu estava longe de ser um grande cara. Era pequeno, tão baixo que não conseguia ver através da multidão que estava na rua no dia em que Jesus chegou em Jericó. É claro que a multidão teria deixado ele passar para a frente. O problema é que ele, assim como Mateus, era um coletor de impostos, mas, assim como Mateus, tinha fome em seu coração para ver Jesus.

Não era o suficiente ficar lá atrás da multidão, não era o suficiente espiar por um telescópio de papelão, não era o suficiente ouvir outra pessoa descrever a passagem do Messias. Zaqueu queria ver Jesus com seus próprios olhos.

Então, ele se arriscou. Trajando seu terno Armani e seus mocassins italianos novinhos, ele se esgueirou para o alto de uma árvore na esperança de ver Cristo.

Imagino se você estaria disposto a fazer o mesmo. Se arriscaria para ver Jesus? Nem todos se arriscariam.

1. Leia Lucas 19:1-10. Mateus seguiu a Jesus porque o Senhor lhe tinha dito para fazê-lo. Entretanto, nessa situação, foi Zaqueu quem buscou o Messias. O que o motivou a se esforçar tanto para investigar o Filho de Deus? O que Zaqueu estava procurando em Cristo?

_____
_____
_____
_____
_____

Levi levantou-se e o seguiu (Marcos 2:14).

[Deus] recompensa aqueles que o buscam (Hebreus 11:6).

Jesus entrou em Jericó, e atravessava a cidade. Havia ali um homem rico chamado Zaqueu, chefe dos publicanos (Lucas 19:1-2).

Ele queria ver quem era Jesus, mas, sendo de pequena estatura, não o conseguia, por causa da multidão. Assim, correu adiante e subiu numa figueira brava (vv. 3-4).

Quando Jesus chegou àquele lugar, olhou para cima e lhe disse: "Zaqueu, desça depressa. Quero ficar em sua casa hoje" (v. 5).

2. Quando Jesus chegou àquele lugar, olhou para cima e lhe disse: "Zaqueu, desça depressa. Quero ficar em sua casa hoje" (v. 5). O que a resposta de Cristo para Zaqueu nos diz sobre o Senhor?

_____
_____
_____

3. Como as multidões responderam quando ouviram o convite de Jesus? Como Zaqueu respondeu?

_____
_____
_____

4. O que acha que Zaqueu e Mateus descobriram sobre Jesus nesse encontro pessoal que transformou para sempre o curso das suas vidas?

_____
_____
_____
_____

NÃO SATISFEITO

Certo homem importante lhe perguntou: "Bom Mestre, que farei para herdar a vida eterna?" (Lucas 18:18).

Na mesma Bíblia onde lemos sobre Zaqueu se esgueirando na árvore, lemos sobre um jovem. Diferente da reação da multidão a Zaqueu, o povo abriu espaço para deixá-lo passar. Ele era o... hmm.. jovem *rico*. Quando descobriu que Jesus estava na região, ele chamou a limusine, atravessou a cidade, e se aproximou do carpinteiro.

Observe a pergunta que o jovem rico tinha para Jesus: "Mestre, que farei de bom para ter a vida eterna?" (Mateus 19:16). Cara direto esse jovem. Sem tempo para formalidades ou conversas. "Vamos direto ao assunto. Sua agenda é cheia; a minha também. Diga-me como posso ser salvo, e deixarei você em paz".

Não havia nada errado com essa pergunta, mas havia um problema com seu coração. Compare o desejo dele com o de Zaqueu: "Será que eu consigo subir naquela árvore?"

Ou João e André: "Onde você mora?"

Ou Mateus: "Você pode passar a noite?"

Ou Simeão: "Posso ficar vivo até vê-lo?"

Ou os magos: "Selem os camelos Não vamos parar até encontrá-lo".

Ou os pastores: "Vamos...Vamos ver".

Jesus lhes respondeu: "Não são os que têm saúde que precisam de médico, mas sim os doentes (Lucas 5:31).

Vê a diferença? O jovem rico queria remédio, ao passo que os outros queriam o médico. O jovem queria uma resposta para a pergunta, mas os outros queriam o Mestre. Ele estava com pressa, mas aqueles tinham todo o tempo do mundo. Ele pediu uma xícara de café na janela do *drive-thru*, mas os outros não aceitariam nada menos do que uma refeição completa à mesa do banquete: queriam mais do que salvação, queriam o Salvador. Queriam ver Jesus.

LIÇÃO 7 ❖ MATEUS ❖ Terceiro dia: Buscando a Cristo

Eram honestos em sua busca. Uma tradução transmite Hebreus 11:6 assim: "Deus [...] recompensa aqueles que o buscam *seriamente*" (NIV, tradução livre do inglês, grifos nossos). E outra: "Deus [...] recompensa aqueles que o buscam *sinceramente*" (TLB, tradução livre do inglês, grifos nossos). Gosto da tradução da King James: "Ele [...] é galardoador daqueles que *diligentemente* o buscam" (grifos nossos).

Diligentemente — que palavra. Seja diligente em sua busca. Seja ávido em sua meta, persistente em sua peregrinação. Afaste-se da perseguição débil por posses e posições, e busque o seu Rei.

Não se satisfaça com anjos, não se contente com as estrelas do céu. Procure por ele assim como os pastores fizeram, anseie por ele assim como Simeão fez e adore-o como os sábios o adoraram. Faça como João e André: peça seu endereço. Faça como Mateus: convide Jesus para sua casa. Imite Zaqueu. Arrisque o que quer que seja para ver Cristo.

Prossigo para o alvo, a fim de ganhar o prêmio (Filipenses 3:14).

Então Pedro lhe respondeu: "Nós deixamos tudo para seguir-te!" (Mateus 19:27).

5. Leia Mateus 19:16-30. Tenha em mente que, no primeiro século em Israel, a riqueza era considerada sinal da bênção de Deus. O jovem não tinha apenas muitas riquezas, mas também foi rápido para apontar que obedecia a *todos* os mandamentos. Que tipo de afirmação ele esperava receber de Jesus?

_____
_____
_____
_____

6. Por que Cristo disse para o jovem vender suas posses e dar o dinheiro aos pobres? Como sua resposta revela a condição do seu coração e suas prioridades reais?

_____
_____
_____
_____

7. Depois que o jovem rico foi embora, Pedro disse: "Nós deixamos tudo para seguir-te! Que será de nós?" (v. 27). O que os discípulos tinham deixado para seguir a Jesus? Que recompensa Cristo disse estar guardada para aqueles que deixassem tudo para segui-lo?

_____
_____
_____
_____

8. Olhando para essas histórias, acha que sua tendência é desejar o "remédio", como o jovem rico, ou o "médico", como Mateus e Zaqueu? Como está sendo diligente em buscar mais a Jesus?

_____
_____
_____
_____
_____

Mateus e os discípulos não se contentaram em ser espectadores no que dizia respeito a estar com Jesus: eles deixaram suas antigas vidas para trás para segui-lo. Ainda assim, com todo o tempo que passaram aprendendo sobre o Senhor Jesus, e com todos os milagres e curas que testemunharam, eles nunca entenderam bem a magnitude integral de seu poder e autoridade. Como veremos no próximo estudo, em nenhum lugar isso é mais evidente do que no relato de Mateus sobre uma viagem de barco aterrorizante pelo mar da Galileia.

Pontos para Lembrar

- ❖ Há uma grande diferença entre se contentar em apenas encontrar Jesus e realmente desejar conhecê-lo.
- ❖ Muitas vezes nos contentamos com o remédio quando Deus está nos convidando para vir e conhecer o Médico.
- ❖ Ser um seguidor de Cristo significa ser diligente em nossa busca, ávido em nossa meta, e persistente em nossa peregrinação.

Oração do Dia

Pai, obrigado pela oportunidade de te seguir, de participar em tua obra, e de lutar pelos teus objetivos. Obrigado por nos dar um propósito mais profundo — e por fim, uma satisfação mais profunda — do que qualquer outra coisa que a vida tenha a oferecer. Concentra nossos pensamentos e guia nossa perspectiva. Que nunca percamos de vista o fato de que os "sacrifícios" que fazemos por ti serão recompensados muito além do que podemos imaginar. Em nome de Jesus, amém.

Quarto Dia: Tempestades *sísmicas*

ERUPÇÃO NO MAR

Certo dia Jesus disse aos seus discípulos: "Vamos para o outro lado do lago." Eles entraram num barco e partiram (Lucas 8:22).

Mateus, por fim, acabaria escrevendo um dos quatro relatos que temos da vida de Jesus na terra. Ele é o primeiro em nossas Bíblias, o evangelho que leva o seu nome. Como um dos discípulos de Jesus, foi testemunha de tudo o que relatou, incluindo uma cena memorável que aconteceu certo dia no mar da Galileia. Ele escreveu: "Entrando ele [Jesus] no barco, seus discípulos

LIÇÃO 7 ❖ MATEUS ❖ Quarto dia: Tempestades *sísmicas*

o seguiram. De repente, uma violenta tempestade abateu-se sobre o mar, de forma que as ondas inundavam o barco" (Mateus 8:23-24).

Mateus se lembrava bem da tempestade e do barco saltitante, e foi cuidadoso em sua terminologia. Não era qualquer substantivo que serviria, então puxou seu dicionário de grego da estante e procurou por uma descrição que explodisse como as ondas pelo barco. Passou por termos comuns para tempestade de primavera, rajada de vento, aguaceiro ou pé-d'água, mas ele se lembrava de mais do que ventos e cristas de ondas. Seu dedo percorreu a lista de sinônimos, até que parou em uma palavra que funcionaria. "Ah, encontrei." *Seismo* — um tremor, uma erupção estremecedora do mar e do céu. "Um grande *sismo* se levantou no lago."

O termo ainda ocupa um lugar em nosso vernáculo. A *sismo*logia estuda terremotos, o *sismó*logo os mede, e Mateus, junto com um grupo de recrutas recentes, sentiu um *sismo* que os chacoalhou até a alma. Ele utilizou essa palavra em apenas duas outras ocasiões: uma vez na morte de Jesus, quando o Calvário tremeu (veja Mateus 27:51-54), e novamente na ressurreição de Jesus, quando o sepulcro tremeu (veja 28:2). Aparentemente, a tempestade violenta tem o mesmo papel na trilogia dos grandes terremotos de Cristo: derrotar o pecado na cruz, a morte no sepulcro e, aqui, silenciar o medo no mar.

Pedro e João, pescadores experientes, lutavam para manter a vela abaixada. Mateus, marinheiro de primeira viagem, luta para manter seu café da manhã no estômago. A tempestade não é o que o coletor de impostos negociou. Enquanto isso, "Jesus, porém, dormia" (Mateus 8:24).

Olhe só a cena. Os discípulos gritam; Cristo sonha. Os trovões estrondam; Jesus ronca. Ele não cochila, tira uma soneca ou descansa. Ele dorme profundamente. Você conseguiria dormir em um tempo como esse? Poderia roncar durante um passeio de montanha-russa? Em um túnel de vento? Em um concerto de tambores? O Senhor dorme em todos os três de uma só vez!

> *De repente, uma violenta tempestade abateu-se sobre o mar, de forma que as ondas inundavam o barco* (Mateus 8:24).

> *A terra tremeu, e as rochas se partiram* (27:51).

> *E eis que sobreveio um grande terremoto* (28:2).

> *Jesus estava na popa, dormindo com a cabeça sobre um travesseiro* (Marcos 4:38).

1. No Novo Testamento, a palavra grega *seismo* é quase sempre usada para se referir a um tremor de terra (veja, por exemplo, Atos 16:26 e Apocalipse 6:12). O que o fato de Mateus ter usado essa palavra para descrever a tempestade no mar nos diz sobre sua fúria? O que nos diz sobre seus sentimentos depois de ter testemunhado o evento?

   _____
   _____
   _____
   _____
   _____

2. Dada a forçada tempestade, por que a resposta de Jesus é tão surpreendente?

   _____
   _____
   _____
   _____

3. Pense em um período da sua vida quando enfrentou uma "tempestade" e Jesus parecia estar dormindo. Como você reagiu?

_____
_____
_____

4. Quando você olha para trás, para aquela situação, como vê que Jesus estava no controle o tempo todo?

_____
_____
_____

AMNÉSIA ESPIRITUAL

A soneca de Jesus incomoda os discípulos. "Senhor, salva-nos! Vamos morrer!", eles disseram (Mateus 8:25). Eles não perguntam sobre a força de Jesus: "Pode acalmar a tempestade?" Seu conhecimento: "Está ciente da tempestade?" Ou seu domínio técnico: "Tem alguma experiência com tempestades?"

Mateus e os outros discípulos tinham motivos para confiar em Jesus. Nessa época eles já o tinham visto "curando todas as enfermidades e doenças entre o povo" (Mateus 4:23) e tinham acabado de testemunhar a cura de um leproso com um toque e a de um servo com uma palavra (veja 8:3,13). Pedro viu sua sogra doente se recuperar (veja vv. 14-15), e todos eles viram demônios se dispersando como morcegos fora da caverna. "Ele expulsou os espíritos com uma palavra e curou todos os doentes" (v. 16).

Alguém não deveria ter mencionado o histórico de Jesus ou revisado seu currículo? Será que eles se lembram das realizações de Cristo? Talvez não. O medo cria uma forma de amnésia espiritual, ou seja, ele entorpece nossa memória de milagres. Faz-nos esquecer o que o Senhor Jesus fez e como Deus é bom.

A resposta de Jesus que Mateus relata é um bom argumento. Cristo levanta a cabeça do travesseiro, sai da popa em direção à tempestade e pergunta: "Por que vocês estão com tanto medo, homens de pequena fé?" (8:26). Será que Deus poderia ver nossas tempestades *sísmicas* da mesma maneira? "Então ele se levantou e repreendeu os ventos e o mar, e fez-se completa bonança" (v. 26).

Jesus lida com o imenso tremor com uma grande bonança. O mar se torna tão parado quanto um lago congelado, e os discípulos ficam se perguntando: "Quem é este que até os ventos e o mar lhe obedecem?" (v. 27).

Quem é esse, de fato.

5. À primeira vista, a reação dos discípulos parece razoável, considerando as circunstâncias. Por que Jesus os chamou de "homens de pequena fé"? O que alguém de grande fé teria feito diferente?

_____
_____
_____

Os discípulos o acordaram e clamaram: "Mestre, não te importas que morramos?" (Marcos 4:38).

Recordarei os feitos do Senhor; recordarei os teus antigos milagres (Salmos 77:11).

"Por que vocês estão com tanto medo, homens de pequena fé?" (Mateus 8:26).

Ele se levantou e repreendeu o vento e a violência das águas; tudo se acalmou e ficou tranquilo (Lucas 8:24).

Eles perguntaram uns aos outros: "Quem é este?" (v. 25).

LIÇÃO 7 ❖ MATEUS ❖ Quarto dia: Tempestades *sísmicas*

6. O medo cria uma forma de amnésia espiritual dentro de nós. O que as seguintes passagens nos ordenam a fazer com relação aos nossos medos?

Deuteronômio 7:21: "Não fiquem apavorados [...] pois o Senhor, o seu Deus, que está com vocês, é Deus grande e temível".

Josué 1:9: "Não fui eu que lhe ordenei? Seja forte e corajoso! Não se apavore, nem desanime, pois o Senhor, o seu Deus, estará com você por onde você andar".

Salmos 56:3-4: "Mas eu, quando estiver com medo, confiarei em ti. Em Deus, cuja palavra eu louvo, em Deus eu confio, e não temerei. Qual poderá fazer-me o simples mortal?"

Provérbios 29:25: "Quem teme o homem cai em armadilhas, mas quem confia no Senhor está seguro".

2Timóteo 1:7: "Pois Deus não nos deu espírito de covardia, mas de poder, de amor e de equilíbrio".

1João 4:18: "No amor não há medo; ao contrário o perfeito amor expulsa o medo, porque o medo supõe castigo. Aquele que tem medo não está aperfeiçoado no amor".

7. Por que é tão fácil cair numa abordagem "o que você tem feito por mim ultimamente" em nossa fé cristã? Qual é o problema com esse tipo de atitude?

_____
_____
_____
_____

8. No final dessa história, os discípulos dizem: "Quem é este que até os ventos e o mar lhe obedecem?" (Mateus 8:27). Como essa pergunta captura o entendimento deles sobre o poder de Jesus? Como ela molda nosso entendimento sobre o que Cristo pode fazer em nossas situações *sísmicas*?

_____
_____
_____
_____

A capacidade de Jesus de acalmar uma tempestade violenta certamente impressionou aqueles que a testemunharam. Entretanto, menos de dois anos depois, Mateus e os outros discípulos enfrentariam uma crise ainda maior quando os líderes romanos e judeus levaram o Senhor Jesus em custódia e o condenaram à cruz. De repente, aquele a quem eles chamavam "Mestre" tinha desaparecido do meio deles. Como eles responderiam? Como lembrar que Cristo era aquele que acalmou o vento e as ondas e ficar bravamente ao seu lado? Ou será que eles permitiriam que seus antigos medos e dúvidas novamente os levassem a sofrer de amnésia espiritual?

Pontos para Lembrar

❖ Quando as tempestades da vida se enfurecem ao nosso redor, nossa tendência é esquecer da força de Jesus, de seu conhecimento, e de seu domínio técnico para nos fazer atravessá-las.

❖ Às vezes, pode nos parecer que Deus está dormindo ou não ouve nossas orações, mas ele está sempre cuidando de nós.

❖ Não importa o que enfrentamos, devemos ter fé e lembrar que o Altíssimo está *sempre* no controle.

Oração do Dia

Pai, nós, como Mateus e os discípulos, ocasionalmente precisamos ser lembrados de que nenhuma tempestade está além de tua capacidade de acalmá-la. Perdoa-nos por aqueles períodos quando nos esquecemos — quando nossa fé falha e nossos antigos medos voltam correndo. Conduza-nos na aventura que tens preparada para nós, fortalece nossa determinação e aumenta nossa fé para que tiremos o melhor dela. Em nome de Jesus, amém.

LIÇÃO 7 ❖ MATEUS ❖ Quinto dia: Traído por todos

Quinto Dia: Traído por todos

SOZINHO NO JARDIM

"Levantem-se e vamos! Aí vem aquele que me trai!" (Mateus 26:46). Mateus relata que essas palavras foram ditas de Judas, mas poderiam ter sido proferidas acerca de qualquer um. Poderiam ter sido ditas a respeito de João, Pedro e até de Mateus; poderiam ter sido ditas a respeito dos soldados romanos, dos líderes judeus; e também poderiam ter sido ditas para referir-se a Pilatos, Herodes e Caifás; resumindo, poderiam ter sido ditas sobre qualquer pessoa que o adorou no último domingo, mas o abandonou nessa noite.

Todos traíram Jesus naquela noite. *Todos*.

Judas traiu. Mateus nos diz: "O traidor havia combinado um sinal com eles, dizendo-lhes: 'Aquele a quem eu saudar com um beijo, é ele; prendam-no.' Dirigindo-se imediatamente a Jesus, Judas disse: 'Salve, Mestre!', e o beijou" (vv. 48–49). Qual foi a sua motivação, Judas? Por que fez isso? Estava tentando fazer Cristo mostrar o jogo? Queria o dinheiro? Estava buscando atenção? E por que, querido Judas, por que tinha que ser com um beijo? Você poderia ter apontado, poderia ter apenas chamado o seu nome, mas você colocou seus lábios na bochecha dele e o beijou. Uma cobra mata com a boca.

Os homens traíram. "Então os homens se aproximaram, agarraram Jesus e o prenderam" (v. 50). Ficamos imaginando quem estava na multidão. Quem eram os espectadores? Mateus só diz que eram *homens*. Sujeitos comuns, como você e eu, com contas para pagar, filhos para criar e trabalho a fazer. Individualmente, eles nunca teriam traído Jesus, mas coletivamente queriam matá-lo. Até mesmo a cura instantânea de uma orelha amputada não os fez mudar de ideia (veja v. 51). Eles sofriam da cegueira da multidão. Cada um bloqueava a visão que o outro tinha de Cristo.

Os discípulos traíram. "Então todos os discípulos o abandonaram e fugiram" (v. 56). Mateus deve ter escrito essas palavras bem devagar, pois estava naquele grupo — aliás, *todos* os discípulos estavam. Jesus lhes disse que eles fugiriam. Eles juraram que não, mas fugiram. Quando tiveram que escolher entre a própria pele e seu amigo, escolheram fugir. Ah, eles ficaram por um tempo, mas sua coragem foi tão passageira quanto seus pés, então, quando viram que Cristo estava sendo preso, saíram dali.

Todos traíram Jesus. Embora o beijo tenha sido dado por Judas, a traição foi cometida por todos, uma vez que todos deram um passo, mas ninguém tomou uma posição. Quando Jesus deixou o jardim, saiu sozinho; em outras palavras, o mundo virou as costas para ele. Ele foi traído.

1. Leia Mateus 26:31-56. Lembre-se de que o próprio Mateus está relatando os eventos daquela noite. Como você acha que ele se sentiu quando escreveu essas palavras? Que arrependimentos passavam por sua cabeça enquanto ele revivia a memória daquela noite?

"Eis que o Filho do homem está sendo entregue nas mãos de pecadores. Levantem-se e vamos! Aí vem aquele que me trai!" (Mateus 26:45-46).

O traidor havia combinado um sinal com eles (v. 48).

Os homens se aproximaram, agarraram Jesus e o prenderam (v. 50).

Um dos que estavam com Jesus, estendendo a mão, puxou a espada (v. 51).

Todos os discípulos o abandonaram e fugiram (v. 56).

Até o meu melhor amigo, em quem eu confiava e que partilhava do meu pão, voltou-se contra mim (Salmos 41:9).

2. Depois de tudo o que os discípulos haviam visto e experimentado até aquele momento, por que acha que eles abandonaram Jesus naquela noite?

3. Nem todo abandono é tão dramático quanto aquele que lemos nessa história. As pessoas abandonam o Senhor de várias outras maneiras — como quando escolhem outro caminho que não o dele, ou permitem que um hábito as controle, ou trocam o que sabem ser o certo por aquilo que as faz elas se sentirem bem. De que maneira já foi culpado por esse tipo de abandono no passado?

4. O que isso fez com seu relacionamento com Jesus? Como ele o convenceu daquela traição e procurou restaurar você?

Chegaram a um lugar chamado Gólgota [...] [e] o crucificaram (Mateus 27:33,35).

Depois do sábado, tendo começado o primeiro dia da semana, Maria Madalena e a outra Maria foram ver o sepulcro (28:1).

E eis que sobreveio um grande terremoto, pois um anjo do Senhor desceu dos céus e [...] rolou a pedra da entrada e assentou-se sobre ela (v. 2).

TUDO MUDA

Discípulos covardes. Um Judas de duas caras, uma orelha cortada, fariseus froxos, um sacerdote de coração duro, um julgamento perante Pilatos, e a crucificação, a morte e o enterro. Mateus relata esses momentos finais da vida de Jesus Cristo que raramente fala naquela sexta-feira, até porque ele não precisa — seus acusadores fornecem um relato minucioso.

Mas esse não é o fim do Evangelho de Mateus. Três dias depois da morte de Cristo na cruz, duas mulheres chamadas Maria vão olhar o sepulcro e encontram um terremoto. Um anjo desce dos céus, rola a pedra, e anuncia: "Ele não está aqui; ressuscitou, como tinha dito" (Mateus 28:6).

Como as condições mudaram desde sexta-feira. A crucificação foi marcada por um escurecimento súbito, anjos silenciosos e soldados zombadores. No

LIÇÃO 7 ❖ MATEUS ❖ Quinto dia: Traído por todos

sepulcro vazio, os soldados estavam silenciosos, um anjo fala, e a luz irrompe como o Vesúvio. Aquele que estava morto é anunciado como estando vivo, e os soldados, que estavam vivos, parecem estar mortos. As mulheres podem dizer que algo está acontecendo, só não não sabem que Alguém reviveu. Então o anjo as informa: "Não tenham medo. Sei que vocês estão procurando Jesus, que foi crucificado. Ele não está aqui; ressuscitou, como tinha dito. Venham ver o lugar onde ele jazia" (vv. 5-6).

Olhe para o sepulcro vazio que Mateus descreve. Você sabia que os oponentes de Cristo nunca questionaram o fato de estar vazio? Nenhum fariseu ou soldado romano jamais levou um grupo de volta para o local do enterro e declarou: "O anjo estava errado. O corpo está aqui. Tudo não passou de um boato". O melhor que os líderes religiosos puderam fazer foi pagar aos soldados que guardavam o sepulcro e dizer: "Vocês devem declarar o seguinte: Os discípulos dele vieram durante a noite e furtaram o corpo" (v. 13).

Não era o suficiente. Algumas semanas depois, Mateus e os outros discípulos ocupam todas as esquinas de Jerusalém anunciando um Cristo ressurreto. Que maneira mais rápida para os inimigos da igreja calarem os discípulos do que produzindo um corpo frio e sem vida? Mostrem o cadáver, e o cristianismo morre antes de nascer, mas o problema era que eles não tinham cadáver para mostrar.

Isso ajuda a explicar o posterior avivamento de Jerusalém. Quando os apóstolos defenderam o sepulcro vazio, as pessoas olharam para os fariseus buscando um contra-argumento, mas eles não tinham nenhum para dar. Vá quarenta dias adiante, depois da ressurreição, e os mesmos homens que tinham se escondido durante a crucificação eram agora uma força furiosa de mudança de vida. Pedro está pregando no lugar onde Cristo foi preso. Seguidores de Jesus desafiam os inimigos do Senhor. Chicoteie os discípulos e eles adorarão. Prenda-os e eles lançarão um ministério prisional. Tão ousados depois da ressurreição quanto estavam acovardados antes dela. Explicação:

Ganância? Eles não ganharam dinheiro algum.

Poder? Eles davam todo o crédito a Cristo.

Popularidade? A maioria foi morta por suas crenças.

Só uma explicação permanece — um Cristo ressuscitado e seu Espírito Santo. A coragem desses homens e mulheres foi forjada no fogo do sepulcro vazio. Os discípulos não sonharam com a ressurreição, mas ela os incendiou. Provocou Mateus a escrever seu evangelho e terminar com esta promessa maravilhosa de Cristo: "E eu estarei sempre com vocês, até o fim dos tempos" (v. 20).

5. Leia 1Coríntios 15:1-28. Por que o apóstolo Paulo faz um relato de todas as pessoas a quem Cristo apareceu depois que voltou à vida? Por que Paulo coloca tanta ênfase na ressurreição?

_____
_____
_____
_____
_____
_____

O anjo disse às mulheres: [...] "Ele não está aqui; ressuscitou" (Mateus 28:5-6).

Quando os chefes dos sacerdotes se reuniram com os líderes religiosos, elaboraram um plano. Deram aos soldados grande soma de dinheiro, dizendo-lhes: "Vocês devem declarar o seguinte: Os discípulos dele vieram durante a noite e furtaram o corpo, enquanto estávamos dormindo" (vv. 12-13).

Todos os dias, continuavam a reunir-se no pátio do templo. Partiam o pão em suas casas, e juntos participavam das refeições, com alegria e sinceridade de coração, louvando a Deus e tendo a simpatia de todo o povo. E o Senhor lhes acrescentava diariamente os que iam sendo salvos (Atos 2:46-47).

"Não tenham medo", disse ele [o anjo]. "Vocês estão procurando Jesus, o Nazareno, que foi crucificado. Ele ressuscitou! Não está aqui. Vejam o lugar onde o haviam posto" (Marcos 16:6).

6. Por dois dias — o dia da prisão, julgamento e crucificação de Jesus, e o dia seguinte (Sabbath) no qual seu corpo esteve no sepulcro —, Mateus e os outros discípulos personificaram a descrição de Paulo de "os mais dignos de compaixão" (v. 19). Por que era esse o caso?

_____
_____
_____
_____
_____

7. Algo mudou dentro de Mateus e dos outros discípulos no momento em que ouviram as duas palavras das mulheres que haviam visitado o sepulcro de Jesus: "Ele ressuscitou" (Mateus 28:6). A história da igreja conta que Mateus se tornou um evangelista cristão fervoroso, ajudando a espalhar as boas-novas de Jesus por toda a Judeia e outros países. Por fim, sua fé o tornou um alvo do governo romano, e ele foi condenado à morte por proclamar a mensagem de Cristo com ousadia. Pense no início da vida de Mateus, como coletor de impostos para os romanos. Como explica uma mudança tão súbita, profunda e duradoura em sua vida?

_____
_____
_____
_____
_____

8. O que a ressurreição de Jesus e sua promessa de estar conosco "até o fim dos tempos" (v. 20) significa para você? Como isso afeta a maneira como lida com sua vida diária?

_____
_____
_____
_____
_____
_____

Se você e eu estivéssemos presentes durante o tempo de Mateus, teríamos olhado para a "família" de Jesus e visto muito pouco que nos impressionasse. Nenhum de seus seguidores era de nobre nascimento, ninguém de posses ou de sangue azul. Pedro e seu gosto por se vangloriar, João e seu temperamento, e Mateus, é claro, e seu passado duvidoso e amigos animados.

Como os filhos de Jacó na corte do Egito, eles pareciam sem classe e fora de lugar. Ainda assim, Cristo não se envergonhava de chamá-los de sua família. Ele fez essa reivindicação por eles em público e nos reivindica também. "Ora, tanto o que santifica quanto os que são santificados provêm de um só. Por isso Jesus não se envergonha de chamá-los irmãos" (Hebreus 2:11). O Senhor Jesus redefiniu sua família para incluir todos os que se aproximassem dele.

Receberam o Espírito que os torna filhos por adoção, por meio do qual clamamos: "Aba, Pai" (Romanos 8:15).

Pontos para Lembrar

❖ Embora o beijo tenha sido dado por Judas, a verdade é que cada um de nós já traiu Jesus uma vez ou outra em nossas vidas.
❖ A única explicação para as atitudes dos discípulos depois da morte de Jesus é que Cristo foi realmente ressuscitado dos mortos.
❖ Jesus redefiniu a família para incluir todos aqueles que se aproximem dele e, como Mateus e os discípulos, escolham segui-lo.

Oração do Dia

Jesus, é difícil compreender o maravilhoso amor que tu tens por nós — um amor que o levou a tomar os nossos pecados sozinho e a sofrer na cruz por nós. Obrigado por teu sacrifício e pelo dom da vida que nos deste através da tua ressurreição. Obrigado por nos escolher para sermos parte da tua família. Perdoa-nos por nossas traições e nos cobre com tua graça quando estamos aquém dos teus padrões. No nome de Jesus, amém.

Versículo para Memorizar na Semana

Todos vocês são filhos de Deus mediante a fé em Cristo Jesus.
Gálatas 3:26

Leitura suplementar

Os textos dessa lição foram retirados de *Next Door Savior* [publicado no Brasil como: *O Salvador mora ao lado*. Rio de Janeiro: Thomas Nelson Brasil, 2011]; *And the Angels Were Silent* [publicado no Brasil como: *Quando os anjos silenciaram*. São Paulo: United Press, 1999]; *Just Like Jesus* [publicado no Brasil como: *Simplesmente como Jesus*. Rio de Janeiro: CPAD, 2005]; *Fearless* [publicado no Brasil como: *Sem medo de viver*. Rio de Janeiro: Thomas Nelson Brasil, 2009]; e *You'll Get Through This* [publicado no Brasil como: *Você vai sair dessa!* Rio de Janeiro: Thomas Nelson Brasil, 2013].

LIÇÃO 8

Lázaro

A TESTEMUNHA FINAL

IMAGINE QUE VOCÊ ESTEJA EM UM TRIBUNAL quase vazio. Estão presentes quatro pessoas: o juiz, o advogado, um órfão e um pretendente a guardião. O juiz é Deus, Jesus é o que requer a guarda, e você é o órfão. Você não tem nome, nem herança, nem lar, e o advogado está propondo que você seja colocado aos cuidados de Jesus.

Quem é o advogado? Um pescador galileu chamado João.

São dados seis testemunhos, são verificados seis milagres, e João gesticula em direção à mesa onde ficam as provas: os jarros de água que Jesus transformou em vinho; o atestado assinado do médico que tratou o filho doente que Cristo curou; a maca do paralítico que não caminhava há trinta e oito anos; a cesta do garoto com o almoço que Jesus usou para alimentar os cinco mil; um remo quebrado para mostrar a força da tempestade no mar; e a xícara e a bengala do homem cego que não precisava mais pedir esmolas.

— E agora — diz João, virando-se para o juiz — temos uma última testemunha para chamar e mais uma peça de prova para submeter ao juízo.

João vai até sua mesa e retorna com um lençol de linho branco.

— Esta é uma mortalha — ele explica.

Colocando o tecido na mesa, ele pede:

— Se sua excelência permitir, gostaria de chamar nossa última testemunha para depor, Lázaro de Betânia.

As portas pesadas do tribunal se abrem, e entra um homem alto. Ele caminha pelo corredor e para diante de Jesus apenas o tempo de colocar uma mão no seu ombro e dizer: "Obrigado". Você consegue ouvir o carinho na sua voz. Lázaro se vira e toma seu lugar na cadeira das testemunhas.

— Declare seu nome para a corte.

— Lázaro.

— Você já ouviu falar de um homem chamado Jesus de Nazaré?

Temos um intercessor junto ao Pai, Jesus Cristo (1João 2:1).

Tiago [...] e João, seu irmão [...] estavam num barco com seu pai (Mateus 4:21).

Jesus foi por toda a Galileia, [...] curando todas as enfermidades e doenças entre o povo (v. 23).

> *Lázaro [...] era de Betânia, do povoado de Maria e de sua irmã Marta* (João 11:1).
>
> *Se alguém confessa publicamente que Jesus é o Filho de Deus, Deus permanece nele* (1João 4:15).

— Quem não ouviu?

— Como você o conhece?

— Ele é meu amigo. Nós (minhas irmãs e eu) temos uma casa em Betânia. Quando ele vem para Jerusalém, muitas vezes fica conosco. Minhas irmãs, Maria e Marta, se tornaram crentes nele também.

— Crentes?

— Crentes de que ele é o Messias. O Filho de Deus.

— Por que você acredita nisso?

Lázaro sorri.

— Bem, deixe-me contar a minha história.

1. Coloque-se nesse cenário do tribunal e imagine que alguém se aproxima de você e pergunta: "Como você conhece Jesus?" Qual seria sua resposta?

_____
_____
_____
_____
_____
_____
_____

2. Que história contaria? Como essa narrativa demonstraria o relacionamento que você tem com Cristo?

_____
_____
_____
_____
_____
_____
_____
_____

Todos temos uma história para contar, mas o testemunho de Lázaro era extraordinário. A maioria das histórias tocará *alguém*, mas poucas tocarão a *todos*. Como veremos no primeiro estudo, a ressurreição de Lázaro por Jesus não foi apenas um momento marcante em seu ministério terreno, mas também uma prévia da vitória final de Cristo sobre a morte.

Oração da Semana

Pai, obrigado por nos dar uma história para contar. Obrigado pelo final "felizes para sempre" que tu escreveste para nós. Dá-nos a sabedoria, coragem e humildade para compartilhar a nossa história — junto com a de Lázaro e dezenas de outras das páginas da tua Palavra — de maneira que faça diferença na vida de outras pessoas. Em nome de Jesus, amém.

LIÇÃO 8 ❖ LÁZARO ❖ Primeiro dia: Uma história extraordinária

Primeiro Dia: Uma história extraordinária

UM PÉ NA COVA

— Sempre fui uma pessoa doente — continua Lázaro. — Por isso, fiquei com minhas irmãs, sabe? Elas cuidam de mim. Meu coração nunca foi o mais forte, então tenho que tomar cuidado. Marta, a irmã mais velha, ela... bem, ela é como uma mãe para mim. Foi Marta quem chamou Jesus quando meu coração falhou.

— Continue — diz João.

— Bem, eu sobrevivi por alguns dias, mas sabia que estava perto do fim. Os médicos apenas entravam, balançavam a cabeça e saíam. Eu estava com um pé na cova.

— Foi aí que Jesus chegou?

— Não. Continuamos esperando pela chegada dele. Marta sentava ao lado da cama à noite e sussurrava várias vezes: "Seja forte, Lázaro. Jesus chegará aqui a qualquer minuto". A gente sabia que ele viria. Quer dizer, ele havia curado todos aqueles estranhos; com certeza me curaria também, pois eu era seu amigo.

— O que o atrasou?

— Por muito tempo não soubemos. Pensei que ele poderia estar preso ou algo assim. Fiquei esperando e esperando, e a cada dia ficava mais fraco. Minha visão se turvou, e eu não conseguia mais enxergar. Eu ia e vinha. Toda vez que alguém entrava no meu quarto, eu pensava que poderia ser ele, mas nunca era. Ele nunca veio.

— Você ficou com raiva?

— Mais confuso do que com raiva. Eu simplesmente não conseguia entender.

— E então, o que aconteceu?

— Bem, eu acordei uma noite. Meu peito estava tão apertado que eu mal conseguia respirar. Devo ter me sentado, porque Marta e Maria vieram para a minha cama e seguraram na minha mão. Ouvi as duas chamando meu nome, mas então comecei a cair. Era como um sonho. Eu estava caindo, girando livremente no ar. As vozes ficavam cada vez mais longe e distantes, e, então, nada. O giro parou, a queda parou. E a dor parou. Eu estava em paz.

1. Leia João 11:1-16. O que Jesus disse quando ouviu que Lázaro estava doente? O que ele quis dizer com isso? Que ações o Senhor tomou em resposta à notícia?

___
___
___
___

2. Lembre-se de uma vez que ficou em vigília por um ente querido doente ou machucado, talvez parecido com o que Marta e Maria fizeram na beira da cama de Lázaro. Como você se aproximou de Deus durante esse tempo?

Lázaro ficou doente (João 11:2).

Quando [Jesus] ouviu falar que Lázaro estava doente, ficou mais dois dias onde estava (v. 6).

"Nosso amigo Lázaro adormeceu, mas vou até lá para acordá-lo". Seus discípulos responderam: "Senhor, se ele dorme, vai melhorar". Jesus tinha falado de sua morte, mas os seus discípulos pensaram que ele estava falando simplesmente do sono (vv. 11-13).

175

3. Qual era seu estado emocional? Você temia pela vida da pessoa? Estava com raiva do Criador por permitir que seu ente querido sofresse? Estava confuso, sem saber bem o que fazer? Estava lutando com o arrependimento por coisas que havia dito — ou que não tinha dito — para o seu ente querido? Estava se sentindo com pena de si mesmo? Explique.

_____
_____
_____
_____

4. Como acabou a situação? Que impacto essa experiência teve sobre seu relacionamento com Jesus? Explique.

_____
_____
_____
_____

A VOZ DE JESUS

Ele enxugará dos seus olhos toda lágrima. Não haverá mais morte, nem tristeza, nem choro, nem dor (Apocalipse 21:4).

João faz uma pausa, deixando o silêncio do tribunal falar. O juiz escuta. O guardião ouve. E você, o órfão, não diz nada.

— Em *paz*? — João diz, quebrando o silêncio.

— Como se eu estivesse dormindo. Descansando. Tranquilo. Eu estava morto.

— E então, o que aconteceu?

— Bem, Marta pode lhe contar os detalhes. O funeral foi planejado, a família veio, amigos viajaram de Jerusalém, e eles me enterraram.

— Jesus foi ao funeral?

— Não.

— Ele ainda não estava lá?

— Não, quando ele ouviu que eu tinha sido enterrado, esperou mais quatro dias.

— Por quê?

Lázaro parou e olhou para Jesus.

"Lázaro morreu, e para o bem de vocês estou contente por não ter estado lá, para que vocês creiam" (João 11:14-15).

— Para marcar posição.

João sorri, sabendo o que tinha acontecido.

— O que aconteceu a seguir?

— Eu ouvi sua voz.

— Ouviu a voz de quem?

— A voz de Jesus.

— Mas pensei que você estivesse morto.

— Eu estava.

— Eu, hmmm, pensei que você estava no túmulo.

LIÇÃO 8 ❖ Lázaro ❖ Primeiro dia: Uma história extraordinária

— Eu estava.
— Como um homem morto dentro de um túmulo ouve a voz de outro homem?
— Não ouve. O morto só ouve a voz de Deus, e eu ouvi a voz de Deus.
— O que ele disse?
— Ele não disse; ele gritou.
— E o que ele gritou?
— Lázaro, saia!
— E você o ouviu?
— Como se ele estivesse lá no túmulo comigo. Meus olhos se abriram; meus dedos se moveram, e então levantei a cabeça. Estava vivo de novo. Ouvi a pedra sendo rolada do túmulo e senti a luz entrando. Levou alguns segundos para meus olhos se acostumarem.
— O que você viu?
— Um círculo de rostos me olhando.
— E então, o que você fez?
— Fiquei de pé. Jesus me deu sua mão e me levou para fora, e então disse às pessoas para buscarem roupas para mim, e elas foram.
— Então você morreu, ficou quatro dias enterrado, e depois Jesus chamou você de volta à vida? Existem testemunhas desse fato?
Lázaro ri.
— Umas cem, mais ou menos.
— Isso é tudo, Lázaro, obrigado. Você pode descer.

Jesus bradou em alta voz: "Lázaro, venha para fora!" (João 11:43).

Disse-lhe Jesus: "Tirem as faixas dele e deixem-no ir" (v. 44).

5. "Ao chegar, Jesus verificou que Lázaro já estava no sepulcro havia quatro dias" (João 11:17). Por que Cristo esperou tanto para viajar para Betânia?
_____
_____
_____
_____

6. Lázaro ouviu a voz de Cristo, mesmo estando dentro do túmulo. O que isso nos diz sobre a presença de Deus conosco mesmo na morte?
_____
_____
_____
_____
_____

7. Como você acha que as pessoas na multidão reagiram quando viram Lázaro sair andando do seu túmulo? O que os céticos no meio daquele povo poderiam ter dito?
_____
_____
_____
_____
_____

8. Dois mil anos depois, qual é a sua reação à ressurreição de Lázaro? O que os céticos modernos têm a dizer sobre ela?

_____
_____
_____
_____

Jesus esteve no túmulo de Lázaro graças aos esforços de um amigo que se importou o suficiente para entregar a notícia e aos anseios urgentes daquela família enlutada pelo Senhor. Como veremos no próximo estudo, o ato altruísta daquele amigo sem nome de Lázaro tem implicações tremendas para qualquer um que desfruta de um relacionamento pessoal com Jesus.

Pontos para Lembrar

❖ Nem sempre sabemos por que Deus se demora para responder ao nosso pedido, mas podemos confiar no tempo dele.
❖ Tudo muda quando ouvimos a voz de Jesus.
❖ Nossas histórias do que o Altíssimo tem feito por nós servem como testemunhos poderosos da bondade e da graça do Senhor para os outros.

Oração do Dia

Pai, obrigado pelo testemunho de Lázaro. Mantenha os detalhes da sua história frescos em nossa mente quando encararmos a mortalidade cara a cara... quando a tua agenda não fizer sentido para nós... ou quando a ousadia da nossa fé começar a enfraquecer. Ajuda-nos a compreender que tu fazes com que todas as coisas cooperem para o nosso bem. Em nome de Jesus, amém.

Segundo Dia: *Alguém* foi

UM EMBAIXADOR DILIGENTE

Se a Bíblia tivesse uma lista de mortos famosos, Lázaro estaria perto do topo, mas eu gostaria que você pensasse em mais alguém nessa história. Seu nome não é importante, sua aparência é imaterial, seu gênero não importa e seu título é irrelevante. Ele é importante não por quem ele é, mas pelo que fez.

É alguém que foi até Jesus em nome de um amigo. Lázaro estava doente, e Cristo poderia ajudar, e alguém precisava ir até o Senhor, então alguém foi. Outros se importaram com o doente de outras maneiras: alguns trouxeram comida; outros forneceram tratamento; outros ainda confortaram a família.

Então as irmãs de Lázaro mandaram dizer a Jesus (João 11:3).

Cada papel foi crucial, cada pessoa foi útil, mas nenhuma foi mais vital do que aquela que foi até Jesus.

Ele foi porque alguém pediu. Um apelo sincero veio da família do aflito. "Precisamos que alguém conte para Jesus que meu irmão está doente. Precisamos que alguém lhe peça para vir. Você vai?"

A pergunta veio de Maria e Marta, que teriam ido elas mesmas, mas não poderiam deixar a beira da cama de seu irmão. Precisavam que outra pessoa fosse por elas. Não apenas qualquer um, veja você, porque não era qualquer um que poderia. Alguns estavam ocupados demais; outros não sabiam o caminho. Alguns se cansavam muito rápido; outros não tinham experiência com a estrada. Em outras palavras, nem todos poderiam.

Nem todos iriam. Não era um pedido fácil que as irmãs estavam fazendo, uma vez que elas precisavam de um embaixador diligente, alguém que soubesse como encontrar Jesus, alguém que não desistiria no meio do caminho. Alguém que se certificaria que a mensagem seria entregue e que garantiria que Cristo deveria saber o que havia acontecido.

Elas conheciam uma pessoa confiável e se dirigiram a ela. Elas confiaram suas necessidades para alguém, e essa pessoa levou essas necessidades para Cristo. "Então as irmãs de Lázaro mandaram dizer a Jesus: 'Senhor, aquele a quem amas está doente'" (João 11:3).

Alguém levou o pedido. *Alguém* percorreu o caminho. *Alguém* foi a Cristo em nome de Lázaro. E porque *alguém* foi, Jesus respondeu.

Então ouvi a voz do SENHOR, conclamando: "Quem enviarei? Quem irá por nós?" E eu respondi: "Eis-me aqui. Envia-me!" (Isaías 6:8).

1. Se você tivesse que confiar a alguém a responsabilidade que Marta deu a seu amigo sem nome, a quem iria? Por que confiaria nessa pessoa?

___

2. Quais são as características de um embaixador ideal? Conhece alguém que possa escolher você como seu embaixador para Cristo? Explique.

___

3. O amigo sem nome de Maria e Marta serviu como embaixador para entregar a Cristo a notícia da morte iminente de Lázaro. Da mesma forma, Deus nos chama para servirmos como embaixadores dele — pois nos chama para proclamar a mensagem da vida eterna de Jesus que ele oferece para todos! O que as passagens a seguir dizem sobre como você deveria servir como embaixador de Deus?

Marcos 16:15-16: "Vão pelo mundo todo e preguem o evangelho a todas as pessoas. Quem crer e for batizado será salvo, mas quem não crer será condenado".

Lucas 10:2: "A colheita é grande, mas os trabalhadores são poucos. Portanto, peçam ao Senhor da colheita que mande trabalhadores para a sua colheita".

Romanos 10:14-15: "Como, pois, invocarão aquele em quem não creram? E como crerão naquele de quem não ouviram falar? E como ouvirão, se não houver quem pregue?"

2Coríntios 5:20: "Portanto, somos embaixadores de Cristo, como se Deus estivesse fazendo o seu apelo por nosso intermédio. Por amor a Cristo lhes suplicamos: Reconciliem-se com Deus".

2Timóteo 4:5: "Você, porém, seja moderado em tudo, suporte os sofrimentos, faça a obra de um evangelista, cumpra plenamente o seu ministério".

4. Que passos você pode dar para se tornar um embaixador mais fiel de Jesus para todos os seus entes queridos, amigos e conhecidos?

AQUELE A QUEM AMAS

A frase usada pelo amigo de Lázaro é interessante. Quando conta a Jesus acerca da doença, ele diz: "Senhor, aquele a quem amas está doente" (João 11:3). Ele não baseia seu pedido no amor imperfeito de quem está em necessidade, mas no amor perfeito do Salvador. Ele não diz: "Aquele *que te ama* está doente", mas sim: "Aquele *a quem amas* está doente".

O poder da oração, em outras palavras, não depende daquele que faz a oração, mas daquele que a ouve. "Ao *ouvir* isso, Jesus disse: 'Essa doença não

"Senhor, aquele a quem amas está doente" (João 11:3).

Ao ouvir isso, Jesus disse: "Essa doença não acabará em morte" (v. 4).

LIÇÃO 8 ❖ LÁZARO ❖ Segundo dia: *Alguém* foi

acabará em morte'" (v. 4, grifos nossos). O Mestre ouviu o pedido. Jesus parou tudo o que estava fazendo e anotou as palavras do homem. Esse mensageiro anônimo foi ouvido por Deus, sua voz é importante no céu.

Qual foi a importância desse amigo na cura de Lázaro? Seu papel foi essencial? Alguns podem achar que foi secundário, afinal de contas, ele não sabe de todas as coisas? Certamente ele sabia que Lázaro estava doente, mas Jesus não respondeu à necessidade até que alguém veio até ele com a mensagem.

Quando Lázaro foi curado? Depois que *alguém* pediu. Ah, eu sei que a cura não aconteceria por vários dias, mas o cronômetro foi ligado quando o pedido foi feito. A única coisa necessária era a passagem do tempo.

Será que Jesus teria respondido se o mensageiro não tivesse falado? Talvez, mas não temos garantias. Temos, entretanto, um exemplo: o poder de Deus foi desencadeado pela oração. Cristo olhou para a entrada da caverna da morte e chamou Lázaro de volta à vida... só porque alguém orou.

Na economia do céu, as orações dos santos são um bem valioso.

Ora, vocês são o corpo de Cristo, e cada um de vocês, individualmente, é membro desse corpo (1Coríntios 12:27).

"Peçam, e lhes será dado; busquem, e encontrarão; batam, e a porta lhes será aberta" (Mateus 7:7).

5. Uma questão de vida e morte, como a de Lázaro, com certeza deve ser dirigida ao Senhor. Mas e as coisas menores? Existe algum assunto trivial ou terreno demais para se levar a Deus? Explique.

_____
_____
_____
_____

6. Em João 14:13-14, Jesus disse aos seus discípulos: "Eu farei o que vocês pedirem em meu nome, para que o Pai seja glorificado no Filho. O que vocês pedirem em meu nome, eu farei". Que promessa nos é dada nessa passagem? Como isso glorifica a Deus?

_____
_____
_____
_____

7. Em 1João 5:14-15, lemos: "Esta é a confiança que temos ao nos aproximarmos de Deus: se pedirmos alguma coisa de acordo com a vontade de Deus, ele nos ouvirá. E se sabemos que ele nos ouve em tudo o que pedimos, sabemos que temos o que dele pedimos." O que significa orar de acordo com a vontade do Altíssimo? Como isso nos dá confiança na oração?

_____
_____
_____
_____

8. Paulo disse: "Alegrem-se sempre. Orem continuamente. Deem graças em todas as circunstâncias" (1Tessalonicenses 5:16-18). Que passos você pode dar para fazer isso de forma mais efetiva em sua vida?

_____

Quando Jesus finalmente chegou a Betânia, Lázaro já estava no túmulo havia quatro dias. Marta estava desesperada, confusa, e talvez até mesmo com raiva de Cristo por se demorar tanto. Por que ele havia esperado? O motivo, como veremos no próximo estudo, logo se tornaria perfeitamente claro para ela. Jesus estava prestes a fazer uma afirmação retumbante e definitiva sobre quem tinha a autoridade final sobre a vida e a morte.

Pontos para Lembrar

❖ Jesus respondeu ao pedido de Maria e Marta porque *alguém* foi até ele em nome delas.
❖ Não há papéis secundários no Reino de Deus, pois cada um de nós desempenha uma função importante.
❖ Na economia do céu, nossas orações são um bem valioso.

Oração do Dia

Pai, obrigado pelo privilégio de falar contigo — pela oportunidade de colocar nossos medos, nossas preocupações e nossas necessidades desesperadas aos teus pés. Obrigado por se envolver nas coisas que importam para nós. Obrigado pelos embaixadores, conhecidos e desconhecidos, que carregam nossas preocupações e necessidades até o Senhor. Abençoa nossos esforços para nos tornarmos embaixadores para outros. Em nome de Jesus, amém.

Terceiro Dia: O vale da morte

UM LUGAR FAMILIAR

Mesmo quando eu andar por um vale de trevas e morte, não temerei perigo algum, pois tu estás comigo (Salmos 23:4).

Jesus respondeu: [...] "Quem anda de dia não tropeça, pois vê a luz deste mundo. Quando anda de noite, tropeça, pois nele não há luz" (João 11:9-10).

O vale da morte. É um vale desolado. O solo seco está rachado e sem vida. Um sol escaldante aquece o vento que geme com um som sinistro e arde sem misericórdia. As lágrimas queimam e as palavras saem devagar quando os visitantes são forçados a olhar fixamente para a garganta do vale. O fundo da fenda é invisível, o outro lado, inalcançável. Você só consegue imaginar o que está escondido na escuridão e só anseia por sair de lá.

Você já esteve lá? Já foi chamado para ficar na linha tênue que separa os vivos dos mortos? Já ficou acordado à noite ouvindo as máquinas inflando ar em seus pulmões? Já observou a doença corroer e atrofiar o corpo de um amigo? Já se demorou dentro do cemitério, muito tempo depois que os outros

LIÇÃO 8 ❖ Lázaro ❖ Terceiro dia: O vale da morte

já foram embora, fitando sem acreditar o caixão com o corpo que continha a alma daquele que você não consegue acreditar que se foi?

Se sim, então este vale lhe é familiar. Você já ouviu o assobio solitário dos ventos, já escutou as perguntas dolorosas — *por quê?* e *para quê?* — ricocheteando sem resposta pelas paredes do vale e já chutou pedras da beira do vale e ficou esperando pelo som delas chegando ao chão — um som nunca produzido.

Marta estava naquele vale quando seu irmão morreu. Suas palavras para Jesus são cheias de desespero. "Senhor, se estivesses aqui..." (João 11:21). Ela encara o rosto do Mestre com olhos confusos, até porque já havia sido forte por tempo suficiente, mas, agora, sentia dor demais. Lázaro estava morto. Seu irmão tinha ido embora. E o único homem que poderia ter feito a diferença, não veio; na verdade, ele não tinha chegado nem para o enterro.

Há alguma coisa na morte que nos faz acusar o Criador de traição. "Se Deus estivesse aqui, não haveria morte alguma!", afirmamos. Afinal de contas, se Deus é Deus em qualquer lugar, tem que ser Senhor na face da morte também. A psicologia popular pode lidar com a depressão, discursos animados podem lidar com o pessimismo, a prosperidade pode lidar com a fome, mas somente o Altíssimo pode lidar com nosso dilema maior — a morte. E somente o Deus da Bíblia ousou ficar na beira do vale e oferecer uma resposta.

> *Ao chegar, Jesus verificou que Lázaro já estava no sepulcro havia quatro dias* (João 11:17).
>
> *Disse Marta a Jesus: "Senhor, se estivesses aqui meu irmão não teria morrido"* (v. 21).
>
> *Sou Aquele que Vive [...] E tenho as chaves da morte e do Hades* (Apocalipse 1:18).

1. Leia João 11:18-21. Por que Marta sentiu a liberdade de questionar — e até mesmo de desafiar — a falta de ação de Jesus quando seu irmão estava em seu leito de morte?

   _____
   _____
   _____
   _____

2. Quais você acha que eram os sentimentos dela com relação a Jesus naquela hora?

   _____
   _____
   _____
   _____

3. Muitos de nós podemos nos relacionar com Marta à beira do vale da morte. A perda de nosso ente querido é tão dolorosa, e, tal como Marta, dizemos para Deus: "Se apenas o Senhor estivesse aqui". Por que a morte tende a nos fazer acusar Deus de traição?

   _____
   _____
   _____
   _____

4. Qual o melhor conforto ou conselho que você pode oferecer a alguém à beira do vale da morte?

UM PONTO DE VIRADA NA HISTÓRIA

Disse Marta a Jesus: "Senhor, [...] sei que, mesmo agora, Deus te dará tudo o que pedires" (João 11:21-22).

Disse-lhe Jesus: "O seu irmão vai ressuscitar" (João 11:23).

Marta respondeu: "Eu sei que ele vai ressuscitar na ressurreição, no último dia" (v. 24).

Disse-lhe Jesus: "Eu sou a ressurreição e a vida. Aquele que crê em mim, ainda que morra, viverá" (v. 25).

A morte foi destruída pela vitória (1Coríntios 15:54).

"Você crê nisso?" (João 11:2).

Ela lhe respondeu: "Sim, Senhor, eu tenho crido que tu és o Cristo, o Filho de Deus que devia vir ao mundo" (v. 27).

Jesus não estava com raiva de Marta. Talvez tenha sido sua paciência que a fez mudar o tom, de frustração para sinceridade. "Mas sei que, mesmo agora", disse ela, "Deus te dará tudo o que pedires".

Jesus então fez uma daquelas afirmações que o colocam no trono ou no manicômio: "Seu irmão vai ressuscitar e viver novamente".

Marta não entendeu. (Quem teria entendido?) "Eu sei que ele vai ressuscitar na ressurreição, no último dia" (João 11:21-24).

Não foi isso que Jesus quis dizer. Não perca o contexto das próximas palavras. Imagine o cenário: Jesus penetrou no território inimigo; ele está no território de Satanás, o Vale da Morte. Seu estômago revira quando ele sente o fedor sulfúrico do ex-anjo, e ele se contrai quando ouve os lamentos oprimidos daqueles detidos na prisão. Satanás esteve aqui. Ele tinha violado uma das criações de Deus.

Com seu pé plantado na cabeça da serpente, Jesus fala bem alto, o suficiente para que suas palavras ecoem pelas paredes do vale. "Eu sou a ressurreição e a vida. Aquele que crê em mim, ainda que morra, viverá; e quem vive e crê em mim não morrerá eternamente" (vv. 25-26).

Este é um ponto de virada na história. Foi identificada uma rachadura na armadura da morte e as chaves para os salões do inferno foram reivindicadas. Os abutres se dispersam e os escorpiões correm quando a Vida confronta a morte — e vence! Mas Jesus ainda não terminou com Marta. Com o olhar fixo nos olhos dela, ele faz a mais importante pergunta encontrada na Bíblia, uma questão que significa tanto para você e para mim quanto significou para Marta.

"Você crê nisso?"

Uau! É isso. A conclusão. A dimensão que separa Jesus de milhares de gurus e profetas que desceram do monte. A pergunta que leva qualquer ouvinte responsável à obediência absoluta ou à rejeição total da fé cristã.

Jesus não apresentou essa questão como um tópico para debate da escola bíblica dominical. Nunca quis que lidássemos com ela nos deleitando ao sol que atravessa os vitrais ou sentados nos bancos almofadados da igreja.

Não. Essa é uma pergunta do vale. Uma questão que só faz sentido durante uma vigília noturna ou na quietude das salas de espera do hospital. Uma pergunta que só faz sentido quando todos os nossos apoios, muletas e fantasias são retirados. Pois assim devemos nos encarar como realmente somos: seres humanos sem leme correndo atrás do próprio rabo em direção ao desastre. E somos forçados a vê-lo por aquilo que ele alega ser: nossa única esperança.

Tanto por desespero quanto por inspiração, Marta disse sim. Enquanto ela estudava o rosto bronzeado do carpinteiro galileu, algo lhe disse que ela provavelmente nunca chegaria mais próxima da verdade do que estava naquele momento. Então ela lhe deu sua mão e deixou que ele a levasse para fora das paredes do vale.

LIÇÃO 8 ❖ LÁZARO ❖ Terceiro dia: O vale da morte

5. Leia João 11:22-27. Como esse evento representa um "ponto de mudança" na história? Como Jesus invadiu o território do inimigo nessa passagem?
_____
_____
_____
_____

6. Pense em um período de vale pelo qual você passou. Se Jesus estivesse *fisicamente* presente durante aquele período, como esteve com Marta, o que teria dito, perguntado ou pedido para ele?
_____
_____
_____
_____

7. Como as palavras de Jesus a Marta poderiam se aplicar à sua situação?
_____
_____
_____
_____

8. Vales são lugares precários. Nem todos emergem deles com a fé fortalecida, como Marta. O que pode levar uma pessoa a sair de um vale com sua fé enfraquecida — ou talvez até mesmo quebrada?
_____
_____
_____
_____

Jesus permitiu que Maria e Marta lutassem com a pergunta a respeito da razão de aquilo ter acontecido a elas, mas não deixou que elas ficassem naquele lugar de incerteza por muito tempo. Com um único comando para o Lázaro morto há quatro dias, Cristo cumpriria seu plano. Entretanto, como veremos no próximo estudo, antes daquele milagre acontecer, ele pararia para fazer algo muito humano e, ainda assim, muito inesperado: ele *choraria* pela perda das irmãs.

❧ PONTOS PARA LEMBRAR ❧

❖ Há alguma coisa na morte que nos faz acusar Deus de traição — afinal de contas, se ele está em qualquer lugar, ele tem que ser Deus no vale da morte.
❖ Jesus é a ressurreição e a vida, e aqueles que acreditam nele nunca enfrentarão a morte espiritual.
❖ Quando vemos Cristo como nossa única esperança e recebemos sua vida, ele nos leva para fora do vale da morte.

ORAÇÃO DO DIA

Pai, te pedimos hoje que nos guie pelas nossas experiências de vale. Trabalha em nosso coração e mente por meio do poder do Espírito Santo para nos manter próximos de ti quando as circunstâncias de vida ou morte ameaçam nos afastar. Ajuda-nos a reconhecer que só tu podes nos levar pelo vale da sombra da morte para a vida eterna. Em nome de Jesus, amém.

Quarto Dia: Venha para fora!

JESUS CHORA

Marta se sentou em um mundo amortecido, nebuloso, cheio de lágrimas, e Jesus assentou-se lá com ela. "Eu sou a ressurreição e a vida. Aquele que crê em mim, ainda que morra, viverá" (João 11:25). Ouça essas palavras na voz do Super-homem, se preferir. Clark Kent descendo de algum lugar, rasgando a camisa e estourando os botões para revelar o S escondido. "Eu sou A RESSURREIÇÃO E A VIDA!" Você vê um Salvador com a ternura do Exterminador do Futuro passando pelas lágrimas de Marta de Maria e, assim, dizendo a ela e a todos os que se lamentavam para se levantarem e confiar?

Ao ver chorando Maria e os judeus que a acompanhavam, Jesus agitou-se no espírito e perturbou-se (João 11:33).

Eu não. Não vejo isso por causa do que Jesus faz a seguir. Ele chora. Ele se senta no banco entre Maria e Marta, coloca um braço ao redor de cada uma delas e soluça. Entre os três, move-se um tsunami de dor; libera-se uma tempestade de lágrimas que reduzem ao pó as concepções errôneas de um Cristo indiferente.

Jesus chora.
Ele chora com elas.
Chora por elas.
Chora conosco.
Chora por nós.

Jesus chorou (v. 35).

Ele chora para que saibamos: luto não é falta de fé. Olhos marejados não representam um coração sem fé. Podemos entrar em um cemitério certos da vida após a morte e ainda assim termos uma cratera no coração. Cristo fez isso, ele chorou. E suas lágrimas nos dão permissão para derramar o nosso próprio pranto. O sofrimento não significa que não confiamos; simplesmente indica que não podemos pensar em viver um dia sem os Lázaros da nossa vida.

Então os judeus disseram: "Vejam como ele o amava!" (v. 36).

Jesus chorou não pelo morto, mas pelos vivos; chorou não por aquele no túmulo da morte, mas por aqueles no jazigo do medo; chorou por aqueles que, embora vivos, estavam mortos; chorou por aqueles que, embora livres, eram prisioneiros, cativos por seu próprio medo da morte. Ele toca o rosto de Marta, abraça Maria, se levanta e se vira para encarar o cadáver. A tampa do caixão está fechada.

LIÇÃO 8 ❖ LÁZARO ❖ Quarto dia: Venha para fora!

— Movam a pedra.
A ordem era suave, mas firme.
— Mas, Jesus, vai... vai cheirar mal.
— Movam a pedra para que vejam a Deus.
As pedras nunca ficaram no caminho do Altíssimo.
Maria para. Virando-se para o diretor do funeral, ela diz:
— Abram.

"Tirem a pedra", disse ele. Disse Marta [...]: "Senhor, ele já cheira mal, pois já faz quatro dias". Disse-lhe Jesus: "Não lhe falei que, se você cresse, veria a glória de Deus?" (João 11:39-40).

1. Leia João 11:28-37. Jesus sabia o que iria fazer, pois havia planejado isso desde que recebeu a notícia da doença de Lázaro. Por que, então, ele chorou quando viu Maria e os outros sofrendo?

   _____
   _____
   _____
   _____

2. O autor de Hebreus escreveu: "Portanto, visto que temos um grande sumo sacerdote que adentrou os céus, Jesus, o Filho de Deus, apeguemo-nos com toda a firmeza à fé que professamos, pois não temos um sumo sacerdote que não possa compadecer-se das nossas fraquezas, mas sim alguém que, como nós, passou por todo tipo de tentação, porém, sem pecado" (4:14-15). Cristo sentiu a dor — física e emocional — que nós sentimos, e é capaz de se compadecer de nós. Por que isso foi necessário?

   _____
   _____
   _____
   _____

3. O que o fato de Jesus poder se compadecer de nós significa para alguém que esteja lutando com a doença ou a perda de um ente querido?

   _____
   _____
   _____
   _____

4. Paulo escreveu que Jesus "esvaziou-se a si mesmo, vindo a ser servo, tornando-se semelhante aos homens" (Filipenses 2:7). Como saber que Jesus se tornou como nós, com todas as nossas emoções humanas, afeta a maneira como nos sentimos com relação a ele? De que forma isso afeta a maneira como conversamos e nos relacionamos com ele?

   _____
   _____
   _____
   _____

PELOS VIVOS

Há alguns anos, um visitante em minha casa mostrou para minhas filhas alguns truques. Ilusões de mágica. Coisas simples, de aparecer e desaparecer. Fiquei ao lado e observei as respostas das meninas que estavam maravilhadas. Quando a moeda desapareceu, elas prenderam a respiração.

Quando reapareceu, elas ficaram chocadas. A princípio me diverti com o encantamento delas.

Mas, com o tempo, meu divertimento se tornou preocupação. Parte de mim não gostava do que estava acontecendo, pois minhas filhas estavam sendo ludibriadas. Ele as estava enganando, e elas, as inocentes, estavam sendo confundidas por ele, o dissimulado. E não gostei daquilo. Não gostei de ver minhas filhas serem enganadas.

Então sussurrei para elas: "Está na manga dele". Com certeza estava. "Está atrás da orelha dele". E, sabe, eu estava certo! Talvez eu tenha sido rude ao interferir no show, mas não gosto de ver um charlatão brincando com minhas filhas.

Deus também não gosta.

Jesus não aguentou se sentar e observar os enlutados serem enganados. Por favor, entenda, ele não ressuscitou o morto por causa do falecido, mas sim por causa dos vivos.

"Lázaro, venha para fora!" (João 11:43).

Marta estava em silêncio enquanto Cristo falava. Quem lamentava estava em silêncio. Ninguém se moveu enquanto Jesus ficava cara a cara com o sepulcro fechado pela pedra e ordenava que seu amigo fosse libertado.

Ninguém se moveu, exceto Lázaro, que se moveu lá dentro do sepulcro. Seu coração parado começou a bater de novo, os olhos embrulhados se abriram, os dedos de pedra se levantaram, e um homem mumificado dentro de um sepulcro se sentou. E quer saber o que aconteceu depois?

Deixe João contar. "O morto saiu, com as mãos e os pés envolvidos em faixas de linho e o rosto envolto num pano" (v. 44).

Pergunta: O que está errado nessa cena?

Resposta: Mortos não saem caminhando de túmulos.

Pergunta: Que tipo de Deus é esse?

Resposta: O Deus que tem as chaves da vida e da morte. O tipo de Deus que arregaça a manga do charlatão e revela a morte como o truque de salão que é. O tipo de Deus que você quer presente em seu funeral.

Ele fará isso de novo, você sabe. Prometeu que faria e já mostrou que pode. "Pois, dada a ordem, [...] o próprio Senhor descerá dos céus, e os mortos em Cristo ressuscitarão primeiro" (1Tessalonicenses 4:16).

A mesma voz que acordou o cadáver de Lázaro falará novamente, e a terra e o mar entregarão seus mortos. Não haverá mais morte.

Jesus se certificou disso.

Jesus, outra vez profundamente comovido, foi até o sepulcro (João 11:38).

"Lázaro, venha para fora!" (v. 43).

O morto saiu, com as mãos e os pés envolvidos em faixas de linho e o rosto envolto num pano (v. 44).

Os mortos em Cristo ressuscitarão (1Tessalonicenses 4:16).

5. Leia João 11:38-44. Marta com certeza sabia quem Jesus era e já tinha visto o que ele era capaz de fazer. Então, por que estava relutante em seguir suas instruções e rolar a pedra da frente do sepulcro de Lázaro?

LIÇÃO 8 ❖ LÁZARO ❖ Quarto dia: Venha para fora!

6. O que Marta parecia estar perguntando era: "Senhor, tem certeza que sabe o que está fazendo?" Antes de julgá-la com dureza, faça a você mesmo a mesma pergunta no que se refere a seguir algumas das ordens de Jesus que vão contra nossa natureza humana. Leia as passagens a seguir e escreva por que é mais fácil ou mais difícil para você seguir a esse mandamento específico.

   Mateus 5:39: "Mas eu lhes digo: Não resistam ao perverso. Se alguém o ferir na face direita, ofereça-lhe também a outra".

   Mateus 5:40,42: "E se alguém quiser processá-lo e tirar-lhe a túnica, deixe que leve também a capa. [...] Dê a quem lhe pede, e não volte as costas àquele que deseja pedir-lhe algo emprestado".

   Mateus 7:1-2: "Não julguem, para que vocês não sejam julgados. Pois da mesma forma que julgarem, vocês serão julgados; e a medida que usarem, também será usada para medir vocês".

   Lucas 6:27-28: "Mas eu digo a vocês que estão me ouvindo: Amem os seus inimigos, façam o bem aos que os odeiam, abençoem os que os amaldiçoam, orem por aqueles que os maltratam".

   Lucas 14:12-13: "Quando você der um banquete ou jantar, não convide seus amigos, irmãos ou parentes, nem seus vizinhos ricos; se o fizer, eles poderão também, por sua vez, convidá-lo, e assim você será recompensado. Mas, quando der um banquete, convide os pobres, os aleijados, os mancos, e os cegos".

7. A Bíblia deixa claro que Deus tem as chaves da vida e da morte. Por que, então, a morte tem a capacidade de nos enganar a ponto de acreditarmos que ela é o fim de todas as coisas?

8. Que conforto a história da ressurreição de Lázaro nos oferece hoje, quase dois mil anos depois?

Muitos dos judeus [...] creram nele (João 11:45).

A história da ressurreição de Lázaro termina com essa observação: "Muitos dos judeus que tinham vindo visitar Maria, vendo o que Jesus fizera, creram nele" (João 11:45). A vida de Lázaro serviria como testemunho do poder de Cristo. Esse era o seu papel na história de Deus, mas, como veremos no próximo estudo, suas irmãs também tinham uma função.

Pontos para Lembrar

- ❖ O luto pela morte não significa que não confiamos em Cristo, mas que não conseguimos pensar em perder nossos entes queridos.
- ❖ As lágrimas de Jesus pela morte de seu amigo nos dão permissão para derramarmos o nosso próprio pranto.
- ❖ A mesma voz que acordou o cadáver de Lázaro falará novamente e nos levará para a vida eterna.

Oração do Dia

Pai, obrigado por roubar da morte o seu poder. Que possamos sempre estar conscientes de que tua vitória final sobre a morte exigiu primeiro teu sofrimento e tua morte. Concede-nos a sabedoria e a ousadia para compartilhar a esperança da ressurreição e da vida eterna com aqueles que lutam com o medo da morte. Em nome de Jesus, amém.

Quinto Dia: Faça seu papel

TODA IGREJA PRECISA DE ALGUÉM

Depois que Jesus fez esse milagre, a família de Lázaro, Maria e Marta decidiu honrar Jesus dando uma festa para ele. "Marta servia, enquanto Lázaro estava à mesa com ele" (João 12:2). Em uma visita anterior, Marta tinha se irritado com Maria porque ela — horror dos horrores — estava sentada aos pés de Cristo. Que inútil! Que irrelevante! Que desnecessário!

"Senhor", ela tinha reclamado, "não te importas que minha irmã tenha me deixado sozinha com o serviço? Dize-lhe que me ajude!" (Lucas 10:40). Olha só! Não somos mal-humorados? De repente, Marta foi de servir a Jesus a fazer exigências para ele. A sala ficou em silêncio. Os discípulos desviaram o olhar. Maria ficou corada. E Cristo falou.

"Marta! Marta! Você está preocupada e inquieta com muitas coisas; todavia apenas uma é necessária. Maria escolheu a boa parte, e esta não lhe será tirada" (vv. 41-42). Aparentemente, Marta entendeu, pois nessa outra festa a encontramos servindo novamente.

Toda igreja precisa de uma Marta. Não, mais que isso: toda igreja precisa de centenas de Martas. De mangas arregaçadas e prontas, elas mantêm o ritmo da igreja. Por causa das Martas, o orçamento da igreja é equilibrado, os bebês da igreja são embalados e o prédio da igreja é construído. Martas têm pilhas duráveis, ou seja, fazem, fazem e continuam fazendo. Guardam energia como um camelo guarda água. Como não buscam os holofotes, não vivem de aplausos. Não quero dizer que não precisem deles. Só não são viciadas neles.

O que Maria está fazendo? Será que ela está na cozinha? Não, ela está adorando, porque é o que ela ama fazer. Maria traz um frasco de um perfume muito caro e o derrama nos pés de Jesus, e então enxuga seus pés com o cabelo dela. O cheiro do perfume preenche a casa, assim como o som do louvor pode preencher uma igreja.

Toda igreja precisa desesperadamente de algumas Marias. Precisamos delas para colocar paixão em nossa adoração, para escrever músicas de louvor e cantar cânticos de glória, para se ajoelhar e chorar, e também para levantar suas mãos e orar. Precisamos delas porque tendemos a esquecer o quanto Deus ama a adoração. Marias não esquecem. Elas sabem que o Altíssimo quer ser conhecido como pai e que um pai adora ter seus filhos sentados aos seus pés, passando tempo com ele.

1. Qualquer pessoa que se pergunte por que Lázaro e sua família tinham um espaço tão especial no coração de Jesus só precisa olhar para a história de Lucas 10. Embora Marta e Maria lançassem mão de métodos diferentes, as duas concentravam seu tempo e energia no Senhor, guiadas por suas personalidades e por seus dons espirituais. Você se vê mais como Marta ou como Maria? Explique.

Seis dias antes da Páscoa Jesus chegou a Betânia, onde vivia Lázaro, a quem ressuscitara dos mortos (João 12:1).

Marta, porém, estava ocupada com muito serviço (Lucas 10:40).

"Maria escolheu a boa parte" (v. 41).

Assim, na igreja, Deus estabeleceu [...] os que têm dons de curar, os que têm dom de prestar ajuda, os que têm dons de administração (1Coríntios 12:28).

Então Maria pegou um frasco de nardo puro, que era um perfume caro, derramou-o sobre os pés de Jesus e os enxugou com os seus cabelos. E a casa encheu-se com a fragrância do perfume (João 12:3).

Prestem culto ao SENHOR com alegria; entrem na sua presença com cânticos alegres (Salmos 100:2).

2. Quem você conhece que preenche o papel oposto — é a Marta da sua Maria, ou vice-versa? Que qualidades vê nessa pessoa?

3. Por que precisamos de um equilíbrio desses dois papéis — não apenas na igreja, mas também em seu círculo familiar, de amizade e de conhecidos?

4. Que coisas específicas você pode fazer essa semana para encorajar a "Marta" ou a "Maria" na sua vida?

UM LUGAR À MESA

Ali prepararam um jantar para Jesus. Marta servia, enquanto Lázaro estava à mesa com ele (João 12:2).

Pois por causa dele [Lázaro] muitos estavam se afastando dos judeus e crendo em Jesus (v. 11).

E Lázaro? Pelo que sabemos, ele não fez nada nesse jantar. Ele deixou suas ações para o lado de fora da casa. "Enquanto isso, uma grande multidão de judeus, ao descobrir que Jesus estava ali, veio, não apenas por causa de Jesus, mas também para ver Lázaro, a quem ele ressuscitara dos mortos. [...] por causa dele [Lázaro] muitos estavam se afastando dos judeus e crendo em Jesus" (João 12:9,11).

Uau! Por causa de Lázaro, muitos judeus estavam "crendo em Jesus". Lázaro tinha recebido uma trombeta e tinha um testemunho a dar — e que testemunho!

Ele diria:

— Sempre fui um sujeito legal. Eu pagava minhas contas, amava minhas irmãs e até gostava de estar perto de Jesus, mas não era um dos seguidores. Não estava tão perto quanto Pedro, Tiago e aqueles caras. Mantinha minha distância. Nada pessoal. Só não queria me deixar levar.

— Mas então adoeci. E depois morri. Sim, *mortinho da silva*.

LIÇÃO 8 ❖ LÁZARO ❖ Quinto dia: Faça seu papel

— Não sobrou nada. Fiquei frio como pedra, sem vida, sem fôlego, nada. E então Jesus me chamou para fora do sepulcro. Quando ele falou, meu coração bateu e minha alma despertou, e eu estava vivo de novo. E quero que você saiba que ele pode fazer o mesmo por você.

Na orquestra da vida, Deus deu a Marta o tambor do serviço, a Maria a flauta do louvor e a Lázaro uma trombeta, e ele se colocou de pé no palco central e tocou.

Deus ainda dá trombetas, ainda chama pessoas da cova e ainda dá testemunhos "bons demais para ser verdade", "me belisca que estou sonhando". Mas nem todos têm um testemunho dramático. Quem quer uma banda cheia de trombetas?

Alguns convertem o perdido, outros encorajam o salvo e alguns mantêm a cadência do passo, mas todos são necessários.

Então, se Deus chamou você para ser uma Marta, sirva! Lembre o restante de nós de que há evangelismo ao alimentar o pobre e que há adoração ao cuidar do doente.

Se Deus chamou você para ser uma Maria, adore! Lembre o restante de nós de que não precisamos estar ocupados para sermos santos. Instigue-nos com seu exemplo a deixar de lado nossas pranchetas e megafones e estar sossegado em adoração.

Se Deus chamou você para ser um Lázaro, testemunhe! Lembre o restante de nós de que nós também temos uma história para contar, de que também temos vizinhos perdidos e de que também já morremos e ressuscitamos.

Cada um de nós tem um lugar à mesa.

Anunciem a sua glória entre as nações, seus feitos maravilhosos entre todos os povos! (Salmos 96:3).

Temos diferentes dons, de acordo com a graça que nos foi dada. Se alguém tem o dom de profetizar, use-o na proporção da sua fé. Se o seu dom é servir, sirva; se é ensinar, ensine; se é dar ânimo, que assim faça; se é contribuir, que contribua generosamente; se é exercer liderança, que a exerça com zelo; se é mostrar misericórdia, que o faça com alegria (Romanos 12:6-8).

5. Nenhum de nós tem um testemunho tão dramático quanto Lázaro, mas todos temos uma história para contar do que Deus tem feito em nossa vida. Cite uma coisa que o Senhor fez em sua vida que daria esperança e encorajamento a outra pessoa.

_____
_____
_____
_____

6. Em Lucas 8:39, Jesus disse a um homem a quem tinha libertado de demônios: "Volte para casa e conte o quanto Deus lhe fez". Como sua história atrairia outros a Cristo e os ajudaria a perceber o quanto o Senhor já fez por eles?

_____
_____
_____
_____

7. Leia 1Coríntios 12:12-31. O que Paulo diz sobre o valor que o dom específico de cada pessoa acrescenta ao corpo de Cristo? Por que todos os dons são importantes?

193

8. De que maneiras você tem sido tentado a desconsiderar os dons que Deus lhe deu? Como pode se ver utilizando esses dons para a glória dele?

_____
_____
_____
_____

De volta ao tribunal, Lázaro deu seu testemunho e está de volta ao seu lugar.

João se volta ao juiz para apresentar suas alegações finais.

— O senhor ouviu os testemunhos — ele começa. — Começamos esse caso com as bodas em Caná.

Ele pensa enquanto fala, medindo cada palavra.

— Eles não tinham mais vinho, nenhuma garrafa mais, mas quando Jesus falou, a água se transformou em vinho. O melhor vinho. Vinho delicioso. O senhor ouviu o testemunho dos serviçais. Eles viram acontecer.

— Depois, o senhor ouviu as palavras do oficial estrangeiro, cujo filho estava quase morto. — Você acena, lembrando do testemunho do homem. — Com seu sotaque pesado, o oficial tinha explicado: "Eu não tinha outra escolha. Fui até ele em desespero. Olhe! Olhe o que o mestre fez por meu filho". O filho tinha se levantado, e você o olhou. Era difícil acreditar que um jovem tão saudável tinha estado à beira da morte.

— E, vossa excelência — continua João —, não se esqueça do homem paralítico à beira do tanque. Por trinta e oito anos ele não caminhou, mas então Jesus veio e, bem, o tribunal o viu. Lembra? Vimos o homem caminhar por esta sala e ouvimos sua história.

— E, como se não fosse o suficiente, também ouvimos o testemunho do menino com o almoço. Ele era parte de uma multidão de milhares de pessoas que tinham seguido Jesus para ouvi-lo ensinar e para vê-lo curar. Quando o garotinho estava prestes a abrir sua lancheira para comer, alguém pediu para ele levá-la a Jesus. Num momento ele tinha um almoço; no seguinte, um banquete.

— Então, houve a tempestade. Pedro a descreveu para nós. O barco agitado pelas ondas. Trovões. Relâmpagos. Tempestades como aquela podem matar. Eu sei. Eu costumava tirar meu sustento de um barco! O testemunho do Pedro sobre o que aconteceu foi verdadeiro, e eu estava lá. O Mestre caminhou sobre as águas, e, no momento em que entrou no barco, estávamos a salvo.

João faz mais uma pausa. A luz do sol, emoldurada por uma janela, desenha uma caixa no chão. João pisa na caixa.

O encarregado da festa provou a água que fora transformada em vinho (João 2:9).

Jesus respondeu: "Pode ir. O seu filho continuará vivo" (4:50).

Então Jesus lhe disse: "Levante-se! Pegue a sua maca e ande" (5:8).

Então Jesus tomou os pães, deu graças e os repartiu entre os que estavam assentados, tanto quanto queriam (6:11).

Viram Jesus aproximando-se do barco, andando sobre o mar (v. 19).

LIÇÃO 8 ❖ LÁZARO ❖ Quinto dia: Faça seu papel

— E então, ontem, o senhor conheceu um homem que nunca tinha visto a luz. Seu mundo era escuro. Negro. Ele era cego. Cego de nascimento.

João para.

— E agora, o senhor ouviu o testemunho de Lázaro. Quatro dias depois do enterro, Jesus veio chamando. Literalmente chamando: "Lázaro, venha para fora!" Tente imaginar Lázaro quando ouviu essas palavras. Lázaro enviado do céu. Lázaro feliz pelo céu. Quatro dias imensuráveis. Agora, como uma onda e num piscar de olhos, ele se reúne com seu corpo e acorda em uma laje fria em um sepulcro talhado na rocha. A pedra da entrada tinha sido removida, e ele, enrolado como uma múmia, senta-se rígido e caminha para fora.

João tinha concluído suas alegações finais. Ele se vira para encarar o juiz uma última vez.

— Sua excelência, deixo a decisão em suas mãos.

Sem mais, ele retorna para a mesa e toma seu lugar.

O guardião se levanta e não se identifica, até porque não precisa se identificar, uma vez que todos o reconhecem. Ele é Jesus Cristo.

A voz de Jesus preenche o tribunal.

— Eu represento um órfão que é o resumo de tudo o que o senhor viu. Como a festa que não tinha vinho, ele não tinha motivos para celebrar. Como o filho do oficial, esse filho é espiritualmente doente. Como o paralítico e o pedinte, ele não pode andar e é cego. Está faminto, mas a terra não tem comida para o satisfazer. Ele enfrenta tempestades, mas a terra não tem bússola para o guiar. E, acima de tudo, assim como Lázaro, ele está morto. Morto. Espiritualmente morto. Eu farei por ele o que fiz por eles: darei a ele alegria, força, cura, visão, segurança, alimento, nova vida. Tudo é dele. Se o senhor permitir.

O juiz profere sua sentença.

— Tu és o meu Filho amado; em ti me agrado (Lucas 3:22).

Deus olha para você.

— Vou permitir — diz ele — com uma condição. Que o órfão o peça.

João tinha apresentado as testemunhas, e estas tinham contado suas histórias.

O Mestre tinha se oferecido para fazer por você o que fez por eles. Ele levará vinho à sua mesa, visão a seus olhos, força para seus passos e, acima de tudo, poder sobre seu túmulo. Fará por você o que fez por eles.

O Juiz já deu sua bênção. O resto é com você. Agora, a escolha é sua.

O homem foi, lavou-se e voltou vendo (9:7).

Jesus lhe respondeu: "Eu lhe garanto: Hoje você estará comigo no paraíso" (Lucas 23:43).

Creia no Senhor Jesus, e serão salvos, você e os de sua casa (Atos 16:31).

❧ PONTOS PARA LEMBRAR ❧

❖ Se Deus chamou você para ser uma Marta, sirva os outros e lembre o restante de nós de que há evangelismo ao alimentar o pobre e cuidar do doente.

❖ Se o Criador chamou você para ser uma Maria, adore ao Senhor e lembre o restante de nós de que não precisamos estar ocupados para sermos santos.

❖ Se o Altíssimo chamou você para ser um Lázaro, testemunhe de Cristo e lembre o restante de nós de que também temos uma história para contar.

Oração do Dia

Pai, estávamos espiritualmente mortos antes que enviaste teu Filho ao mundo para nos dar a vida. Ajuda nossa vida a ser um testemunho para outros da obra salvadora da graça que fizeste dentro de nós. Ajuda-nos a apontar os outros para Jesus por meio de nossas palavras, de nossas obras, de nossos dons e da nossa própria vida. Em todas as coisas, buscamos dar glória a ti. Em nome de Jesus, amém.

Versículo para Memorizar na Semana

Pois estou convencido de que nem morte nem vida, nem anjos nem demônios, nem o presente nem o futuro, nem quaisquer poderes, nem altura nem profundidade, nem qualquer outra coisa na criação será capaz de nos separar do amor de Deus que está em Cristo Jesus, nosso Senhor.

ROMANOS 8:38-39

Leitura suplementar

Os textos dessa lição foram retirados de *God Came Near* [publicado no Brasil como: *Deus chegou mais perto*. São Paulo: Vida Cristã, 1998]; *He Still Moves Stones* [publicado no Brasil como: *Ele ainda remove pedras*. Rio de Janeiro: CPAD, 2005]; *A Gentle Thunder* [publicado no Brasil como: *Ouvindo Deus na tormenta*. Rio de Janeiro: CPAD, 2005]; *Great House of God* [publicado no Brasil como: *A grande casa de Deus*. Rio de Janeiro: CPAD, 2001]; e *Next Door Savior* [publicado no Brasil como: *O Salvador mora ao lado*. Rio de Janeiro: Thomas Nelson Brasil, 2011].

LIÇÃO 9

PEDRO

O EVANGELHO DA SEGUNDA CHANCE

Foi como descobrir o prêmio na caixa de biscoitos, ou achar uma pequena pérola em uma caixa de botões, ou dar de cara com uma nota de cinquenta reais em uma gaveta cheia de envelopes.

Era pequena o suficiente para ser desprezada. Apenas três palavras. Eu sei que já li aquela passagem centenas de vezes, mas nunca havia observado. Talvez eu tenha passado por ela na emoção da ressurreição. Ou, já que o relato de Marcos sobre a ressurreição é, de longe, o mais curto dos quatro, talvez eu apenas não tenha dado muita atenção. Ou, talvez, já que está no último capítulo do evangelho, meus olhos cansados sempre leram muito rápido para observar essa pequena expressão.

Mas não vou deixá-la passar de novo, pois agora está destacada em amarelo e sublinhada em vermelho. Você pode querer fazer o mesmo. Olhe em Marcos, capítulo 16. Leia os primeiros cinco versículos sobre a surpresa das mulheres quando descobriram a pedra removida. Depois se deleite na linda expressão dita pelo anjo: "Não está aqui. Ele ressuscitou!", mas não pare muito tempo nela. Vá um pouco mais adiante. Pegue seu lápis e desfrute dessa joia no versículo sete (aqui vem). O versículo diz assim: "Vão e digam aos discípulos dele e a Pedro: Ele está indo adiante de vocês para a Galileia".

Você viu? Leia novamente. (Dessa vez eu grifei as palavras.)

"Vão e digam aos discípulos dele *e a Pedro*: Ele está indo adiante de vocês para a Galileia".

Agora me diga se esse não é um tesouro oculto.

Se eu pudesse parafrasear as palavras: "Não fiquem aqui, vão contar para os discípulos", uma pausa, depois um sorriso, "e especialmente contem a Pedro, que ele está indo adiante de vocês para a Galileia".

Que frase. É como se todo o céu tivesse visto Pedro cair — e é como se todo o céu quisesse ajudá-lo a se levantar de novo. "Certifique-se de contar a

"Vejam o lugar onde o haviam posto. Vão e digam aos discípulos dele e a Pedro: 'Ele está indo adiante de vocês para a Galileia'" (Marcos 16:6-7).

Pedro que ele não foi deixado de fora. Diga a ele que uma falha não redunda em um fracasso total."

Uau!

Não me espanta que o chamem de o evangelho da segunda chance.

Não existem muitas segundas chances no mundo hoje. Pergunte ao menino que não entrou na escolinha de futebol, ou ao sujeito que ganhou o cartão vermelho no emprego, ou à mãe de três que foi trocada por uma "coisinha bonitinha".

Não há muitas segundas chances. Hoje em dia é mais "agora ou nunca". "Nesse lugar não toleramos incompetência." "Tem que endurecer para se dar bem." "Não existe muito espaço no topo." "Três erros e você está fora." "É um mundo cão!"

Jesus tem uma resposta simples para nossa mania masoquista.

"É um mundo cão?", ele diria. "Então não viva com os cães." Isso faz sentido, não? Por que deixar um monte de outros erros lhe dizer como você é um fracassado?

Com certeza você pode ter uma segunda chance. Pergunte para Pedro.

Assim, aproximemo-nos do trono da graça com toda a confiança, a fim de recebermos misericórdia e encontrarmos graça que nos ajude no momento da necessidade (Hebreus 4:16).

1. A vida pode parecer um campo minado. Um movimento errado, uma má decisão, um lapso momentâneo de julgamento pode explodir na nossa cara e mudar tudo. Cite algum incidente assim que o deixou se sentindo um fracassado.

   _____
   _____
   _____
   _____
   _____
   _____

2. Você já recebeu uma segunda chance — uma dose de redenção e uma oportunidade de aprender com a sua falha? Como isso acabou?

   _____
   _____
   _____
   _____
   _____
   _____

O apóstolo Pedro não tinha como saber de que modo essa história seria significativa para as gerações futuras de cristãos. Sua trajetória serve tanto como testemunho de alerta quanto como inspiração para todos nós que temos nossos momentos menos que perfeitos. Pedro demonstra como podemos cair muito longe — e, ainda assim, levantar novamente.

LIÇÃO 9 ❖ PEDRO ❖ Primeiro dia: O que Deus pode fazer

ORAÇÃO DA SEMANA

Pai, obrigado por se recusar a permitir que sejamos definidos por nossos erros. Obrigado pela sabedoria, experiência e perseverança encontrada apenas em nossos pontos mais baixos. Abra nossos olhos para a segunda chance que tu oferces e dá-nos a coragem e a humildade para nos levantar de novo depois da queda. Em nome de Jesus, amém.

Primeiro Dia: O que Deus pode fazer

VAMOS PESCAR!

O evangelho de Lucas nos conta que um dia, quando Jesus estava na praia do mar da Galileia, uma multidão pressionava o Mestre para ouvir seus ensinos. Cristo viu dois barcos na praia, um dos quais pertencia a um homem chamado Simão. Jesus, mais tarde, o chamaria de "Pedra", mas nós o conhecemos como Pedro, e, embora sem saber de todos os pensamentos que passavam pela cabeça do pescador naquele momento, imagino que possa ser algo assim.

Tinha sido uma noite longa. Não sei quantas vezes tínhamos jogado aquela rede na escuridão e a ouvido bater no mar. Não sei quantas vezes tínhamos segurado a corda enquanto a rede afundava na água. Por toda a noite tínhamos esperado por aquela batida, aquele puxão, aquele arranque que nos daria a dica para puxar o pescado... mas isso não aconteceu. Ao amanhecer, meus braços doíam, meus olhos queimavam e meu pescoço estava machucado. Tudo o que eu queria era ir para casa e deixar minha esposa massagear os nós nas minhas costas.

Mas, quando eu estava prestes a ir embora da praia, percebi uma multidão vindo para o meu lado. Eles estavam seguindo um sujeito magricela que caminhava com um balanço amplo e passos largos.

Ele me viu e me chamou pelo nome. "Bom dia, Jesus!" respondi. Embora ele estivesse a uns 90 metros, eu conseguia ver seu sorriso branco. "Que multidão, né?", ele gritou, acenando para a massa atrás dele. Balancei a cabeça e me sentei para observar.

Ele parou perto da beira da água e começou a falar. Embora não conseguisse ouvir muita coisa, podia ver muito. Podia ver cada vez mais pessoas chegando. Com todo o empurra-empurra, me admira que Jesus não tivesse sido empurrado para a água. Ele estava já com a água nos joelhos quando olhou para mim. Não tive que pensar duas vezes. Ele subiu no meu barco, e João e eu fomos atrás. Empurramos um pouco para trás, eu me inclinei na popa, e Jesus começou a ensinar.

Parecia que metade de Israel estava na praia. Homens tinham deixado seu trabalho, mulheres, suas tarefas domésticas. Reconheci até alguns sacerdotes. Como eles todos escutavam! Mal se moviam, ainda assim seus olhos dançavam como se, de alguma maneira, estivessem vendo o que poderiam ser.

Quando Jesus terminou, virou-se para mim. Levantei na hora e tinha começado a puxar a âncora quando ele disse: "Vá mais para o fundo, Pedro. Vamos pescar".

Certo dia Jesus estava perto do lago de Genesaré, e uma multidão o comprimia de todos os lados para ouvir a palavra de Deus. Viu à beira do lago dois barcos, deixados ali pelos pescadores, que estavam lavando as suas redes (Lucas 5:1-2).

Entrou num dos barcos, o que pertencia a Simão, e pediu-lhe que o afastasse um pouco da praia (v. 3).

Então sentou-se, e do barco ensinava o povo (v. 3).

[Jesus] disse a Simão: "Vá para onde as águas são mais fundas", e a todos: "Lancem as redes para a pesca" (v. 4).

199

> *Simão respondeu: "Mestre, esforçamo-nos a noite inteira e não pegamos nada"* (v. 5).
>
> *"Mas, porque és tu quem está dizendo isto, vou lançar as redes"* (v. 6).

Eu suspirei. Olhei para João. Estávamos pensando a mesma coisa. Enquanto ele quisesse usar o barco como plataforma, tudo bem, mas usar como barco de pesca — esse era o nosso território. Comecei a dizer para esse mestre-carpinteiro: "Você fica com a sua pregação, e eu fico com a minha pesca". Mas fui mais educado: "Trabalhamos a noite toda. Não pescamos nada".

Ele apenas olhou para mim, e eu olhei para João, o qual estava esperando pela minha deixa...

Eu gostaria de dizer que fiz aquilo por amor, gostaria de dizer que fiz aquilo por devoção, mas não posso. Tudo que posso dizer é que há um tempo para questionar e um tempo para ouvir. Então, com tanto um resmungo quanto com uma oração, saímos.

A cada batida do remo, eu murmurava. A cada puxada do remo, eu resmungava. "De maneira nenhuma. De maneira nenhuma. Impossível. Posso não saber muita coisa, mas sei pescar. E tudo o que vamos trazer de volta são algumas redes molhadas".

1. Leia Lucas 5:1-5. A costa da Galileia era um lugar onde tipos ásperos e braçais trabalhavam e se encontravam. Por que Jesus foi *lá* procurar discípulos?

   _____
   _____
   _____
   _____

2. Por que Jesus escolheu Pedro? O que Cristo pode ter visto nele — não apenas como discípulo, mas também como amigo próximo?

   _____
   _____
   _____
   _____

3. Que esperança isso dá para nós, "pessoas comuns", hoje?

   _____
   _____
   _____
   _____

4. O Senhor Jesus conseguiu a atenção de Pedro por intermédio da atividade que Pedro conhecia melhor: a pesca. Como Cristo conseguiu a sua atenção quando o chamou?

   _____
   _____
   _____
   _____

PANDEMÔNIO

Pedro continua sua história: *O barulho na praia foi ficando distante, e logo o único som era o bater das ondas contra o casco. Finalmente, jogamos a âncora. Peguei a rede pesada, segurei na altura da cintura e comecei a jogá-la. Foi quando vi Jesus de relance, com o canto dos olhos. Sua expressão me paralisou no meio do movimento.*

LIÇÃO 9 ❖ PEDRO ❖ Primeiro dia: O que Deus pode fazer

Ele estava se inclinando para fora do barco, olhando para a água onde eu estava prestes a jogar a rede. E, imagine só, ele estava sorrindo. Um sorriso infantil levantou suas bochechas e apertou seus olhos — o tipo de sorriso que vemos quando uma criança dá um presente a um amigo e observa enquanto ele é desembrulhado.

Ele me viu olhando para ele e tentou esconder o sorriso, mas o sorriso persistiu. Ele empurrava os cantos de sua boca até que um pedaço de dente apareceu. Ele tinha me dado um presente e mal podia se conter enquanto eu o abria.

"Cara, ele vai se desapontar", pensei enquanto jogava a rede. Ela voou alto, abrindo-se contra o céu azul e flutuando até que caiu na superfície da água, e então afundou. Enrolei a corda uma vez em minha mão e sentei para a longa espera.

Mas não houve espera nenhuma. A corda escorregadia esticou e tentou me puxar para fora do barco. Prendi os pés contra o lado do barco e gritei por ajuda. João e Jesus saltaram para o meu lado.

Trouxemos a rede para dentro do barco antes que começasse a rasgar. Nunca tinha visto uma pesca assim. Foi como jogar um saco de pedras no barco. Começou a entrar água no barco e João gritou para que os outros barcos nos ajudassem.

Foi uma cena e tanto: quatro pescadores em dois barcos, com peixes até o joelho, e um carpinteiro sentado em nossa proa, saboreando o pandemônio.

Foi aí que percebi quem ele era, e foi aí que percebi quem eu era: Eu era aquele que disse para Deus o que ele não poderia fazer!

"Afasta-te de mim, Senhor, porque sou um homem pecador!" Não havia nada mais que eu pudesse dizer.

Eu não sei o que ele viu em mim, mas não se afastou. Talvez ele achasse que, se eu o deixasse me dizer como pescar, eu o deixaria me dizer como viver.

Essa foi uma cena que eu veria muitas outras vezes nos próximos dois anos — em cemitérios com os mortos, em montes com os famintos, em tempestades com os amedrontados, em estradas com os doentes. Os personagens mudariam, mas o tema, não. Quando dizíamos: "De maneira alguma", ele dizia: "Da minha maneira". Então os que duvidavam sairiam correndo para salvar a bênção. E aquele que a deu saborearia a surpresa.

5. Leia Lucas 5:6-11. O que Jesus fez mesmo quando Pedro demonstrou a menor quantidade de fé? O que isso diz sobre nossa obediência a Deus?

_____
_____
_____
_____
_____
_____

6. Você, como Pedro, já tentou inadvertidamente limitar Deus ou dizer a ele o que o Senhor não poderia fazer, seja envolvendo uma questão de saúde, uma situação de trabalho, um relacionamento pessoal ou algo mais? Explique.

_____
_____
_____
_____
_____

Pegaram tal quantidade de peixes que as redes começaram a rasgar-se. Então fizeram sinais a seus companheiros no outro barco, para que viessem ajudá-los; e eles vieram e encheram ambos os barcos, ao ponto de começarem a afundar (Lucas 5:5-6).

Quando Simão Pedro viu isso, prostrou-se aos pés de Jesus e disse: "Afasta-te de mim, Senhor, porque sou um homem pecador!" Pois ele e todos os seus companheiros estavam perplexos com a pesca que haviam feito (vv. 8-9).

Jesus disse a Simão: [...] "De agora em diante você será pescador de homens" (v. 10).

7. Por que muitas vezes caímos na armadilha de pensar que conhecemos tudo o que Deus é capaz de fazer? Por que temos dificuldade de ver além do momento?

_____
_____
_____
_____

8. Por que testemunhar o milagre provocou Pedro a dizer que era pecador? De que maneiras Deus fez você perceber a mesma coisa em sua vida?

_____
_____
_____
_____

Este foi o primeiro de vários encontros transformadores que Pedro teve com Jesus sobre ou perto da água. No próximo estudo, veremos como Jesus usou o mesmo cenário — um barco no mar da Galileia — para levar Pedro longe de sua zona de conforto.

Pontos para Lembrar

- ❖ Nunca é boa ideia dizer a Deus o que ele pode e não pode fazer.
- ❖ Quando dizemos: "De maneira alguma", o Senhor diz: "Da minha maneira".
- ❖ Se estivermos prestando atenção, veremos os milagres que o Criador traz para nossa vida diária.

Oração do Dia

Pai, obrigado por teus milagres — grandes e pequenos, vistos e não vistos — que tu fazes todos os dias. Obrigado por nos dar histórias como as de Pedro para sustentar nossa fé e fortalecer nossa determinação como cristãos. Que estejamos sempre prontos para "baixar nossas redes" quando mandas para que possamos desfrutar da generosidade das tuas bênçãos. Em nome de Jesus, amém.

*S*egundo Dia: Surpreendido pela tempestade

TEMPO DE CONSEGUIR AJUDA

Pedro era nitroglicerina, isto é, se você encostasse nele da maneira errada, ele explodia. Ele fez a vida com suas mãos e se meteu em confusão com sua boca. Se tivesse que ter uma tatuagem, teria sido uma âncora grande e preta em seu

Lição 9 ❖ Pedro ❖ Segundo dia: Surpreendido pela tempestade

antebraço. Se tivesse adesivos no barco, seriam: "Eu não me iro; me vingo". Embora ele não soubesse tudo sobre autocontrole, sabia uma coisa sobre ser pescador. Sabia como não ser surpreendido por uma tempestade.

E nessa noite, Pedro sabe que está em apuros.

O vento ruge sobre o mar da Galileia como um gavião sobre uma ratazana. Os relâmpagos fazem zigue-zague no céu escuro, as nuvens vibram com o trovão e a chuva pinga, depois estoura, depois bate contra o deque do barco até que todos a bordo estejam ensopados e tremendo. Ondas de três metros levantam o barco e o fazem cair com força de quebrar ossos.

Esses homens ensopados não parecem uma equipe de apóstolos que estão a apenas uma década de mudar o mundo. Eles não parecem um exército que marchará até os confins da terra e redirecionará a história. Não parecem um bando de pioneiros que logo virarão o mundo de cabeça para baixo. Não, eles parecem mais com um punhado de marinheiros tremendo e se perguntando se a próxima onda será sua última.

E podemos ter certeza de uma coisa: aquele com os olhos mais arregalados é quem tem os maiores bíceps — Pedro. Ele já viu essas tempestades antes, já viu os destroços e corpos flutuando na praia e sabe o que a fúria do vento e das ondas pode fazer. Sabe também que tempos como esse não são momentos de fazer um nome para si; são tempos de conseguir alguma ajuda.

É por isso que, quando ele vê Jesus caminhando sobre a água em direção ao barco, é o primeiro a dizer: "Senhor, se és tu, manda-me ir ao teu encontro por sobre as águas" (Mateus 14:28).

Bom, alguns dizem que essa afirmação é um simples pedido de verificação. Pedro, eles sugerem, quer provar que aquele que eles veem é realmente Jesus, e não apenas qualquer um que possa estar passeando em um mar tempestuoso no meio da noite. (Nunca podemos ser cuidadosos demais, você sabe.)

Então Pedro consulta suas anotações, tira os óculos, limpa a garganta e faz a pergunta que qualquer bom advogado faria. "Bem, Jesus, se você pudesse gentilmente demonstrar seu poder e provar sua divindade me chamando para caminhar sobre as águas com você, eu agradeceria muito."

Eu não compro essa ideia, não acho que Pedro esteja buscando esclarecimento; acho que está tentando salvar seu pescoço. Ele está ciente de dois fatos: ele vai afundar, e Jesus está de pé. E não demora muito para ele decidir onde preferiria estar.

Talvez uma interpretação melhor desse pedido seria: "Jeeeeeeesus! Se é você, me tira daqui!"

Seus discípulos desceram para o mar, entraram num barco e começaram a travessia para Cafarnaum (João 6:16-17).

O barco já estava a considerável distância da terra, fustigado pelas ondas (Mateus 14:24).

Ele [Jesus] viu os discípulos remando com dificuldade, porque o vento soprava contra eles (Marcos 6:48).

Soprava um vento forte, e as águas estavam agitadas (João 6:18).

Viram Jesus aproximando-se do barco, andando sobre o mar (v. 19).

"Senhor", disse Pedro, "se és tu, manda-me ir ao teu encontro por sobre as águas" (Mateus 14:28).

Ouve o meu clamor, ó Deus; atenta para a minha oração (Salmos 61:1).

1. Leia Mateus 14:22-28. Qual foi a primeira reação dos discípulos quando viram Jesus caminhando sobre as ondas? Como Jesus respondeu a eles?

_____
_____
_____
_____
_____
_____

2. O pedido de Pedro para caminhar sobre a água revela seu medo da situação. Nisso, ele está no meio de uma longa linhagem de personagens da Bíblia que precisaram ser tranquilizados nas vezes em que Deus estava lá e iria ajudá-los. Leia as passagens seguintes e escreva como o Senhor respondeu ao pedido de ajuda de cada pessoa.

Gideão: Juízes 6:33-40
___

Davi: Salmos 57:1-3
___

Elias: 1Reis 17:17-22
___

Jeosafá: 2Crônicas 18:28-32
___

Ezequias: 2Crônicas 32:16-21
___

3. Talvez você nunca tenha sido surpreendido por uma tempestade em mar aberto, mas há a possibilidade de que tenha enfrentado uma situação como a de Pedro. Ou seja, você enfrentou circunstâncias que pensava estarem sob controle, e, em seguida, se viu no meio de algo perigoso ou assustador. Pense sobre essa situação. Em que ponto percebeu que estava em apuros? Qual foi sua primeira reação?
___

LIÇÃO 9 ❖ Pedro ❖ Segundo dia: Surpreendido pela tempestade

4. Pedro saiu do barco no meio de uma tempestade terrível no mar. Quanto você está disposto a arriscar em relação à sua fé?

_____
_____
_____
_____
_____

NENHUMA OUTRA OPÇÃO

Qual é a resposta de Jesus ao pedido de Pedro? "Venha" (Mateus 14:29).

Pedro não precisava ouvir isso duas vezes, pois não é todo dia que você pode caminhar sobre a água em ondas maiores do que seu tamanho, mas, quando encara as duas alternativas — morte certa ou vida possível —, Pedro sabe qual ele quer.

Os primeiros passos vão bem, mas, alguns passos largos na água depois e ele esquece de olhar para aquele que o colocou lá em primeiro lugar e começa a afundar.

Pedro sabe que está em apuros, e também sabe que Jesus é o único que pode salvá-lo. A seu favor, ele não permite que seu orgulho interfira na admissão de que ele errou, e, embora a sua resposta possa não ter muita classe — provavelmente não o colocaria na capa da revista *Alfa* ou mesmo da *Placar* —, ela o tira das águas profundas.

"Salva-me!"

E já que Pedro preferia engolir seu orgulho do que água, uma mão aparece no meio da chuva e o puxa para cima.

A mensagem é clara.

Se Jesus é um entre muitas opções, ele não é uma escolha. Se você pode carregar seus fardos sozinho, não precisa de um carregador de fardos. Se sua situação não lhe traz tristeza, você não receberá conforto. E se você pode escolher ficar com ele ou deixá-lo, pode com certeza deixá-lo, porque ele não aceita hesitação.

Mas quando você pranteia, quando chega ao ponto de sofrer por seus pecados, quando admite que não tem outra opção a não ser lançar todas as suas preocupações sobre ele, e quando verdadeiramente não há outro nome que possa chamar, então atire todas as suas preocupações sobre o Senhor, porque ele está esperando no meio da tempestade.

5. Leia Mateus 14:29-36. Pedro com certeza já tinha visto muita coisa no mar da Galileia durante seus anos de pescador, mas é seguro dizer que ele nunca tinha visto ninguém passeando sobre a água. O que o fez pensar que poderia fazer algo tão sem precedentes como isso?

_____
_____
_____
_____

"Venha", respondeu ele. Então Pedro saiu do barco, andou sobre as águas e foi na direção de Jesus (Mateus 14:29).

Mas, quando [Pedro] reparou no vento, ficou com medo e, começando a afundar, gritou: "Senhor, salva-me!" (v. 30).

Imediatamente Jesus estendeu a mão e o segurou. E disse: "Homem de pequena fé, por que você duvidou?" (v. 31).

Lancem sobre ele toda a sua ansiedade, porque ele tem cuidado de vocês (1Pedro 5:7).

6. Ninguém mais fez a menção de saltar do barco. O que separa Pedro do restante dos discípulos?

7. Pense em uma situação em que você se arriscou por Jesus. Quais foram os resultados? Chegou a começar a afundar? Se sim, o que fez?

8. O que significa dizer que, se Jesus for uma entre muitas opções, ele não é opção alguma?

O laço entre Jesus e Pedro foi solidificado durante seu passeio no mar da Galileia, e podemos ver uma evidência desse vínculo no convite de Jesus a Pedro para testemunhar a transfiguração, um dos eventos mais profundos do ministério terreno de Jesus. Como veremos no próximo estudo, a reação de Pedro àquele evento — assim como à prisão e julgamento subsequentes de Jesus — assegura seu lugar como uma das pessoas mais fáceis de se identificar das Escrituras.

Pontos para Lembrar

- ❖ As tempestades da vida podem nos ajudar a perceber que estamos afundando enquanto Jesus está de pé.
- ❖ Se Cristo é uma dentre muitas opções, ele não é uma opção.
- ❖ Deus está sempre esperando por nós no meio de uma tempestade.

LIÇÃO 9 ❖ Pedro ❖ Terceiro dia: Traição e redenção

~ Oração do Dia ~

Pai, obrigado por nos chamar para andar sobre as águas contigo — por nos tirar de nossa zona de conforto, nos estender além de qualquer coisa que consideramos possível, e preencher nossa vida com propósito e aventura. Dá-nos a coragem para deixarmos para trás as coisas que parecem seguras e te seguirmos para dentro do olho da tempestade. Em nome de Jesus, amém.

Terceiro Dia: Traição e redenção

O RETIRO DE ORAÇÃO

É a primeira cena do ato final da vida terrena de Cristo. Jesus levou três seguidores para um retiro de oração: "Jesus tomou consigo a Pedro, João e Tiago e subiu a um monte para orar. Enquanto orava, a aparência de seu rosto se transformou, e suas roupas ficaram alvas e resplandecentes" (Lucas 9:28-29).

Ah, como deve ter sido ouvir aquela oração. Que palavras elevaram tanto Cristo a ponto de seu rosto ter se transformado? Será que ele viu sua casa? Ouviu seu lar?

Talvez Jesus precisasse de conforto. Sabendo que essa estrada para casa passará pelo Calvário, ele faz uma ligação, e Deus responde depressa. "Surgiram dois homens que começaram a conversar com Jesus. Eram Moisés e Elias" (v. 30).

Esses dois eram perfeitos confortadores. Moisés entendia de jornadas difíceis e Elias podia entender a partida não usual. Então Jesus, Moisés e Elias falam sobre "a partida de Jesus, que estava para se cumprir em Jerusalém" (v. 31).

Pedro e os seus companheiros estavam dominados pelo sono; acordando subitamente, viram a glória de Jesus e os dois homens que estavam com ele.

Quando estes iam se retirando, Pedro disse a Jesus: "Mestre, é bom estarmos aqui. Façamos três tendas: uma para ti, uma para Moisés e uma para Elias". (Ele não sabia o que estava dizendo.) (vv. 32-33).

O que faríamos sem Pedro? O cara não tem ideia do que está dizendo, mas isso não o impede de falar. Ele não tem nem ideia do que está fazendo, mas se oferece para fazer de qualquer maneira. Esta é a ideia: três monumentos para os três heróis. Grande plano? Não no livro de Deus. Enquanto Pedro ainda está falando, o Senhor começa a limpar a garganta.

O erro de Pedro não é que ele falou, mas que ele disse uma heresia. Três monumentos igualariam Moisés e Elias a Jesus. Ninguém compartilha a plataforma com Cristo. Deus chega com a imprevisibilidade do vento norte e deixa Pedro engolindo em seco. Ele diz: "Este é o meu Filho" (v. 35). Não *um filho* como se ele fosse agrupado com o restante de nós. Não *o melhor filho* como se ele fosse o orador da raça humana. Jesus é, de acordo com Deus, "o meu Filho, o Escolhido", absolutamente único e diferente de qualquer outro.

Jesus tomou consigo Pedro, Tiago e João e os levou a um alto monte, onde ficaram a sós. Ali ele foi transfigurado diante deles (Marcos 9:2).

E apareceram diante deles Elias e Moisés (v. 4).

E falavam sobre a partida de Jesus (Lucas 9:31).

Pedro e os seus companheiros estavam dominados pelo sono; acordando subitamente, viram a glória de Jesus e os dois homens (v. 32).

Então Pedro disse a Jesus: "Mestre, é bom estarmos aqui. Façamos três tendas: uma para ti, uma para Moisés e uma para Elias" (Marcos 9:5).

Ele não sabia o que dizer, pois estavam apavorados (v. 6).

Nós fomos testemunhas oculares da sua majestade [de Jesus]. Ele recebeu honra e glória da parte de Deus Pai, quando da suprema glória lhe foi dirigida a voz que disse: "Este é o meu filho amado, de quem me agrado" (2Pedro 1:16-17).

207

"Ouçam-no!"
(Marcos 9:7).

Nos evangelhos sinópticos, Deus fala apenas duas vezes — no batismo e depois na transfiguração. Em ambos os casos, ele começa com: "este é o meu Filho Amado." Mas, no rio, ele conclui com uma afirmação: "de quem me agrado" (Mateus 3:17). No monte, ele conclui com um esclarecimento: "Ouçam-no!"

1. Leia Lucas 9:28-36. Para você, o que motivou Jesus a levar Pedro (assim como Tiago e João) com ele para esse encontro com Moisés e Elias? O que ele queria que esses três discípulos tirassem da experiência?

   _____
   _____
   _____
   _____
   _____
   _____

2. "Pedro disse a Jesus: 'Mestre, é bom estarmos aqui. Façamos três tendas: uma para ti, uma para Moisés e uma para Elias' (Ele não sabia o que estava dizendo.)" (v. 33). O que a resposta de Pedro ao ver Moisés e Elias — e o comentário de Lucas — lhe dizem sobre a personalidade de Pedro?

   _____
   _____
   _____
   _____
   _____
   _____

3. Leia Êxodo 20:3-6. Baseado nessa passagem, qual era o problema no plano de Pedro de construir três monumentos a Moisés, Elias e Jesus?

   _____
   _____
   _____
   _____
   _____
   _____

4. Como revelam os eventos que cercam a transfiguração, os escritores dos evangelhos tendem a retratar Pedro com todas as suas falhas, em vez de apenas se concentrar em suas características mais admiráveis e em seus feitos heroicos. Por que acha que eles tiveram essa abordagem? Que partes de si mesmo você vê em Pedro? Explique.

   _____
   _____
   _____
   _____
   _____
   _____

LIÇÃO 9 ❖ PEDRO ❖ Terceiro dia: Traição e redenção

CONVITE PARA O CAFÉ DA MANHÃ

Vê esse sujeito se escondendo nas sombras? É Pedro, o apóstolo, o impetuoso, o apaixonado. Ele já andou sobre as águas e saiu do barco para o lago. Destemido diante de amigos e de inimigos. Mas, hoje à noite, ele está chorando de dor. "Estou pronto para ir contigo para a prisão e para a morte", ele tinha garantido algumas horas antes. Respondeu Jesus: "Eu lhe digo, Pedro, que antes que o galo cante hoje, três vezes você negará que me conhece" (Lucas 22:33-34).

Suas memórias passam correndo enquanto ele revive os eventos daquela noite angustiante: o tinido da guarda romana, o clarão de uma espada, um toque por Malco, uma exortação para Pedro, soldados levando Jesus. Ele tinha seguido o barulho até que viu o júri iluminado por tochas no pátio de Caifás. Aqui ele parou perto de uma fogueira para aquecer suas mãos, pois a noite tinha sido fria. O fogo estava quente, mas Pedro não estava frio nem quente; estava morno.

"Pedro os seguia a distância" (Lucas 22:54). Ele era leal... a distância. Naquela noite, ele chegou perto o suficiente para ver, mas não o bastante para ser visto. O problema era este: Pedro *foi* visto. Outras pessoas perto do fogo o reconheceram. "Você estava com ele", eles tinham desafiado. "Você estava com o Nazareno." Por três vezes as pessoas disseram isso, e cada vez Pedro negou, e cada vez Jesus ouviu.

Negar a Cristo na noite da sua traição era ruim o suficiente, mas ele tinha que se vangloriar de que não faria isso? E uma negação era lamentável, mas três? Três negações eram horríveis, mas ele tinha que amaldiçoar? "Aí ele [Pedro] começou a lançar maldições, e a jurar: 'Não conheço esse homem!'" (Mateus 26:74). E agora, inundado em um redemoinho de tristeza, Pedro está se escondendo. Está chorando. E logo estará pescando.

Imaginamos porque ele vai pescar. Sabemos por que ele vai para a Galileia. Tinham lhe dito que o Cristo ressuscitado encontraria os discípulos lá. O lugar arranjado para o encontro não é o mar, entretanto, mas um monte (veja Mateus 28:16). Se os seguidores deveriam encontrar Jesus no monte, o que estavam fazendo em um barco? Dois anos antes, quando Jesus chamou Pedro para ser pescador de homens, ele largou sua rede e o seguiu. Não o vimos pescar desde então; na verdade, nunca o vimos pescar de novo. Então por que ele está pescando agora?

Especialmente agora! Jesus tinha ressuscitado dos mortos, e Pedro tinha visto o sepulcro vazio. Quem poderia pescar num dia assim? Será que eles estavam com fome? Talvez esse seja o resumo de tudo. Talvez a expedição tenha nascido de estômagos roncando.

Ou então, de novo, talvez ela tenha nascido de um coração quebrado.

Veja, Pedro não podia negar sua negação. O sepulcro vazio não apagou o canto do galo. Cristo tinha voltado, mas Pedro se perguntava, ele deve ter se perguntado, *depois do que eu fiz, ele voltaria para alguém como eu?*

Nós nos perguntamos o mesmo. Será que Pedro é a única pessoa a fazer uma coisa que jurou nunca fazer? Então o galo canta, a condenação trespassa, e Pedro tem um parceiro nas sombras. Choramos como Pedro chorou, e fazemos o que ele fez. Saímos para pescar, isto é, voltamos para nossa velha vida, para nossas práticas antes de Jesus, e fazemos o que vem naturalmente

---

Pedro [disse]: "Darei a minha vida por ti!" Então Jesus respondeu: "Você dará a vida por mim? Asseguro-lhe que, antes que o galo cante, você me negará três vezes!" (João 13:37-38).

Levaram Jesus ao sumo sacerdote [...] Pedro o seguiu de longe (Marcos 14:53-54).

Simão Pedro [...] feriu o servo do sumo sacerdote (João 18:10).

Pedro respondeu: [...] "Não sei do que você está falando!" (Lucas 22:60).

Aí ele [Pedro] começou a lançar maldições (Mateus 26:74).

"Vou pescar", disse-lhes Simão Pedro (João 21:3).

Quanto à antiga maneira de viver, vocês foram ensinados a despir-se do velho homem (Efésios 4:22).

> *Jesus lhes disse: "Venham comer"* (João 21:12).
>
> *Jesus aproximou-se, tomou o pão e o deu a eles, fazendo o mesmo com o peixe. Esta foi a terceira vez que Jesus apareceu aos seus discípulos, depois que ressuscitou dos mortos* (vv. 13-14).
>
> *Então [Jesus] lhe disse: "Siga-me!"* (v. 19).

em vez do que vem espiritualmente. E perguntamos se Cristo tem um lugar para pessoas como nós.

Jesus responde a essa pergunta. Ele responde para você, para mim e para todos que tendem a dar uma de Pedro sobre Cristo. Sua resposta veio na praia, em um presente para Pedro. Você sabe o que o Senhor Jesus fez? Dividiu as águas? Transformou o barco em ouro e as redes em prata? Não, Cristo fez algo muito mais significativo. Convidou Pedro para comer.

Jesus preparou uma refeição. É claro, o café foi um momento especial entre tantos naquela manhã. Houve a grande pesca e o reconhecimento de Cristo. O mergulho de Pedro e o remar dos discípulos. E houve o momento em que eles alcançaram a praia e encontraram Jesus perto das brasas de uma fogueira. Os peixes estavam assando, o pão estava esperando, e aquele que derrotou a morte e governa os céus convidou seus amigos para se sentarem e fazerem uma boquinha.

Ninguém poderia ter sido mais grato do que Pedro. Aquele a quem Satanás tinha peneirado como trigo estava comendo pão das mãos de Deus. Pedro foi convidado para a refeição de Cristo.

5. Leia Mateus 26:31-75. Pelo que Pedro sabia, seu fracasso épico quando Jesus mais precisou dele era o fim de sua carreira como discípulo. De que maneira Pedro hesitou nessa passagem? Que emoções ele provavelmente experimentou nas horas que se seguiram à sua traição de Cristo?

_____
_____
_____
_____
_____
_____
_____

6. Pedro tinha participado do "círculo íntimo" de Jesus junto com Tiago e João, e até esse ponto tinha sido um dos discípulos mais destemidos. O que a visão de Jesus sendo levado preso causou em Pedro que o levou a abandonar seu amigo mais próximo?

_____
_____
_____
_____
_____
_____
_____

7. Leia João 21:1-14. Culpa e arrependimento levaram Pedro a voltar para sua antiga vida como pescador. Como as ações de Jesus mostram a Pedro que ele o aceita e ainda tem um lugar para ele nos planos de Deus?

LIÇÃO 9 ❖ Pedro ❖ Terceiro dia: Traição e redenção

_____
_____
_____
_____
_____

8. Talvez você esteja sentado em um barco metafórico como Pedro, arrependendo-se de uma decisão de vida que tomou e achando que Jesus não quer mais nada com você. O que acha que Pedro lhe diria? Em que direção ele lhe orientaria seguir para voltar ao jogo e para o lado de Jesus?

_____
_____
_____
_____
_____
_____
_____
_____

Talvez você tenha tropeçado no passado e se pergunta se Jesus pode olhar para sua vida da mesma maneira de novo, e talvez você duvide de que ele ainda tenha planos para a sua existência. Se sim, só olhe para a história de Pedro. Ele abandonou a Cristo e fracassou miseravelmente como discípulo, e ainda assim Jesus o encontrou na praia, lhe serviu café da manhã e o restaurou ao relacionamento. E mais, como veremos no próximo estudo, os planos de Jesus para Pedro tinham apenas começado. E quando Pedro recebeu uma segunda chance para servir a Jesus — para ser o tipo de discípulo que ele jurou que seria —, ele a agarrou com as duas mãos.

"Farei cicatrizar o seu ferimento e curarei as suas feridas", declara o Senhor, "porque a você, Sião, chamam de rejeitada" (Jeremias 30:17).

Pontos para Lembrar

- ❖ Nunca devemos nos esquecer de que ninguém compartilha a tribuna com Cristo.
- ❖ Como Pedro, somos todos culpados de fazer as coisas que juramos nunca fazer.
- ❖ Deus é gracioso e misericordioso para nos restaurar quando caímos.

 ## Oração do Dia

Pai, conceda-nos a sabedoria para aprender do exemplo de Pedro. Condena nossas traições com nossas palavras ou ações e nos ajuda a compreender as consequências de nossa traição a ti. Perdoa nossos fracassos, restaura-nos ao teu serviço e nos dá a oportunidade de compartilhar com outros a graça que demonstras para nós. Em nome de Jesus, amém.

Quarto Dia: As comportas se abrem

ESPERANDO NO LUGAR CERTO

A palavra de Jesus aos discípulos incrédulos antes de sua ascensão ao céu tinha sido "esperem". Antes de sair, fique quieto. Antes de dar um passo à frente, sente-se. "Fiquem na cidade até serem revestidos do poder do alto" (Lucas 24:49). Então, eles ficaram.

Pedro e o restante dos discípulos foram para o cenáculo da casa onde estavam e esperaram. Eles têm motivos para sair. Alguém tem um negócio para administrar ou um campo para cultivar; além disso, os mesmos soldados que mataram Cristo ainda caminham pelas ruas de Jerusalém. Os discípulos têm muitos motivos para sair... mas não saem. Eles ficam.

E ficam juntos. Cerca de 120 almas amontoadas na mesma casa. Quantos conflitos em potencial existem nesse grupo? Que barril de pólvora! Natanael poderia olhar feio para Pedro por ter negado a Cristo na fogueira. E, de novo, pelo menos Pedro ficou perto do fogo. Ele poderia se ressentir dos outros por fugirem. Assim como as mulheres. Mulheres fiéis que ficaram próximas à cruz compartilham a sala com homens covardes que fugiram da cruz. Amargura, arrogância, desconfiança, chauvinismo — a sala é uma bomba-relógio prestes a explodir, mas ninguém acende um fósforo. Eles ficam juntos e, acima de tudo, oram juntos.

Um dia se passa. E dois. E uma semana. Pelo que sabem, poderiam se passar mais cem dias, mas eles não vão embora; em vez disso, persistem na presença de Cristo.

Então, dez dias depois, segurem os turbantes: "Chegando o dia de Pentecoste, estavam todos reunidos num só lugar. De repente veio do céu um som, como de um vento muito forte, e encheu toda a casa na qual estavam assentados. E viram o que parecia línguas de fogo, que se separaram e pousaram sobre cada um deles. Todos ficaram cheios do Espírito Santo" (Atos 2:1-4).

Incrédulos se tornam profetas. Deus abriu as comportas sobre o maior movimento na história, que começou porque os seguidores estavam dispostos a fazer uma coisa: esperar pelo poder no lugar certo.

1. Leia Atos 1:12-15. Na noite da prisão de Jesus, Pedro e o restante dos discípulos fugiram. O que acha que os compeliu a ficar e seguir as instruções de Jesus dessa vez, apesar dos riscos que enfrentavam?

2. O que os discípulos e as outras pessoas faziam enquanto esperavam? Por que isso é significativo?

"Não saiam de Jerusalém, mas esperem pela promessa de meu Pai, da qual lhes falei" (Atos 1:4).

Eles [os apóstolos] voltaram para Jerusalém [...] subiram ao aposento onde estavam hospedados (vv. 12-13).

Pedro levantou-se entre os irmãos, um grupo de cerca de cento e vinte pessoas (v. 15).

Todos eles se reuniam sempre em oração (v. 14).

Chegando o dia de Pentecoste, estavam todos reunidos num só lugar (2:1).

LIÇÃO 9 ❖ PEDRO ❖ Quarto dia: As comportas de abrem

3. Vivemos em um mundo atormentado e ocupado, mas, na Bíblia, encontramos mandamentos de apenas parar e esperar no Senhor. Leia cada uma das passagens a seguir e escreva o que ela diz a você sobre a importância de se esperar no Senhor.

Salmos 27:13-14: "Apesar disso, esta certeza eu tenho: viverei até ver a bondade do Senhor na terra. Espere no Senhor. Seja forte! Coragem! Espere no Senhor".

Lamentações 3:25: "O Senhor é bom para com aqueles cuja esperança está nele, para com aqueles que o buscam".

Miqueias 7:7: "Mas, quanto a mim, ficarei atento ao Senhor, esperando em Deus, o meu Salvador, pois o meu Deus me ouvirá".

Tiago 5:7-8: "Portanto, irmãos, sejam pacientes até a vinda do Senhor. Vejam como o agricultor aguarda que a terra produza a preciosa colheita e como espera com paciência até virem as chuvas do outono e da primavera. Sejam também pacientes e fortaleçam o seu coração, pois a vinda do Senhor está próxima".

2Pedro 3:9: "O Senhor não demora em cumprir a sua promessa, como julgam alguns. Ao contrário, ele é paciente com vocês, não querendo que ninguém pereça, mas que todos cheguem ao arrependimento".

4. Esperar não é o mesmo que colocar sua vida em suspenso. De fato, esperar não precisa ser um passatempo passivo de maneira alguma. O que você pode fazer enquanto espera no Senhor? Como Deus recompensa aqueles que esperam nele?

_____
_____
_____
_____
_____

DEMORANDO-SE NA PRESENÇA DE DEUS

Nas primeiras horas da manhã de Pentecoste, um novo som era ouvido no pátio do templo: galileus estavam falando em várias línguas, louvando a Deus em idiomas que não os seus próprios. Uma multidão se reuniu, começou a dar diversas opiniões e a tirar conclusões. Então, um daqueles discípulos se levantou e falou. Pedro, o pescador transformado que tinha traído seu Senhor, fez o primeiro sermão, explicando por meio das Escrituras quem Jesus realmente era e por que tinha morrido. Os resultados foram impressionantes.

Um grupo de convertidos se colocou ao lado de um Pedro transformado enquanto ele anunciava: "Portanto, que todo o Israel fique certo disto: Este Jesus, a quem vocês crucificaram, Deus o fez Senhor e Cristo" (Atos 2:36). Nenhuma timidez em suas palavras. Nenhuma relutância.

O que destrancou as portas do coração dos apóstolos? Simples. Eles viram Jesus, encontraram o Cristo. Seus pecados colidiram com seu Salvador, e seu Salvador venceu!

Relutamos tanto para fazer o que os discípulos fizeram. Quem tem tempo para esperar? Suspiramos ao pensar nisso, mas esperar não significa inatividade, e sim aguardar por ele. Se você está esperando um ônibus, está aguardando a condução. Se está esperando em Deus, está aguardando pelo Senhor, buscando o Altíssimo, tendo esperança nele. Grandes promessas vêm para aqueles que esperam.

Para aqueles que lutam, Deus diz: "Espere em mim". E espere no lugar certo. Jesus não nos diz para ficar em Jerusalém, mas nos diz para permanecermos honestos, fiéis, verdadeiros. "Todavia, se vocês desobedecerem ao Senhor e se rebelarem contra o seu mandamento, sua mão se oporá a vocês da mesma forma como se opôs aos seus antepassados" (1Samuel 12:15). Você está enchendo seus bolsos ilegalmente? Está dando seu corpo a alguém que não compartilha seu nome nem usa sua aliança? Sua boca é um rio Amazonas de fofocas? Se espera intencionalmente na parada de ônibus da desobediência, você precisa saber uma coisa: o ônibus de Deus não para ali. Vá para o lugar da obediência. "O Espírito Santo, que Deus concedeu aos que lhe obedecem" (Atos 5:32).

Enquanto você está esperando no lugar certo, passe tempo com as pessoas. Será que o Espírito Santo teria ungido discípulos briguentos? De acordo com Pedro, a falta de harmonia interrompe as orações. Ele diz aos maridos: "Sejam

---

Todos ficaram cheios do Espírito Santo e começaram a falar noutras línguas (Atos 2:4).

Ouvindo-se o som, ajuntou-se uma multidão que ficou perplexa (v. 6).

Então Pedro levantou-se com os Onze e, em alta voz, dirigiu-se à multidão (v. 14).

Portanto, estejam com a mente preparada, prontos para agir; estejam alertas e coloquem toda a esperança na graça que lhes será dada quando Jesus Cristo for revelado (1Pedro 1:13).

Quem sabe que deve fazer o bem e não o faz, comete pecado (Tiago 4:17).

Maridos [...] tratem-nas [suas esposas] com honra (1Pedro 3:7).

LIÇÃO 9 ❖ PEDRO ❖ Quarto dia: As comportas de abrem

sábios no convívio com suas mulheres [...] de forma que não sejam interrompidas as suas orações" (1Pedro 3:7). Esperar em Deus significa trabalhar em meio aos conflitos, perdoando ofensas, resolvendo disputas. "Façam todo o esforço para conservar a unidade do Espírito pelo vínculo da paz" (Efésios 4:3).

Por dez dias os discípulos oraram, e dez dias de oração e mais alguns minutos de pregação levaram a três mil almas salvas. Talvez estejamos invertendo os números. Estamos inclinados a orar por alguns minutos e pregar por dez dias. Não os apóstolos. Como o barco esperando por Cristo, eles se demoraram em sua presença e nunca deixaram o lugar da oração.

5. Leia Atos 2:5-21. Qual foi a resposta da multidão à obra que o Espírito Santo estava fazendo entre os discípulos? Qual foi o argumento de Pedro?

6. Imagine que algumas dessas pessoas na multidão também tivessem estado fora da residência do Sumo Sacerdote na noite da prisão de Jesus. Eles teriam visto Pedro, o covarde que negou a Jesus três vezes, agora falando com autoridade espiritual. Em sua opinião, qual teria sido a reação deles?

7. Para você, de que maneira Pedro teria explicado essa mudança a eles? O que você precisaria fazer para se transformar como ele se transformou?

8. O que significa "esperar no lugar certo"? Por que esperar em Deus envolve trabalhar em meio aos conflitos, perdoando ofensas e resolvendo disputas com outras pessoas?

Pedro e os outros cristãos se demoraram na presença de Cristo. Eles ficaram no lugar da oração, e, como resultado disso, foram preenchidos com

Façam todo o esforço para conservar a unidade do Espírito pelo vínculo da paz (Efésios 4:3).

Os que aceitaram a mensagem [de Pedro] foram batizados, e naquele dia houve um acréscimo de cerca de três mil pessoas (Atos 2:41).

poder do Espírito Santo que os capacitou a proclamar a mensagem de Jesus com ousadia. Entretanto, esse tipo de ousadia no Israel do primeiro século trazia consequências severas. Como veremos no próximo estudo, a segunda chance de Pedro para honrar seu compromisso com Cristo envolveu grande risco e perigo. Dessa vez, entretanto, Pedro não se encolheu.

Pontos para Lembrar

- Esperar em Deus não significa inatividade, mas aguardar ativamente pelo movimento dele.
- Enquanto você está esperando com seus companheiros cristãos no lugar certo, é importante também se dar bem com eles.
- Coisas incríveis acontecem quando nos demoramos na presença do Senhor e ficamos no lugar da oração.

Oração do Dia

Pai, obrigado por tuas escolhas improváveis. Somente tu viste o potencial em Pedro. Somente tu olhaste além de seus fracassos para encontrar o diamante dentro dele. Pedimos humildemente que faças o mesmo conosco. Molda-nos e equipa-nos para sermos usados de maneiras que não podemos antecipar, tudo para a tua glória. Em nome de Jesus, amém.

Quinto Dia: O poder da oração

A ESTRATÉGIA

[Herodes] mandou matar à espada Tiago, irmão de João. Vendo que isso agradava aos judeus, prosseguiu, prendendo também Pedro (Atos 12:2-3).

[Pedro era] guardado por quatro escoltas de quatro soldados cada uma. Herodes pretendia submetê-lo a julgamento público depois da Páscoa (vv. 4-5).

Em uma das últimas histórias sobre Pedro no livro de Atos, encontramos o discípulo sentado (ou melhor, dormindo) na cadeia. O rei Herodes, que sofria de uma obsessão por popularidade do nível de Hitler, tinha acabado de matar o apóstolo Tiago para conseguir o favor da população. A execução fez sua taxa de popularidade subir, e, então, ele aprisionou Pedro e resolveu decapitá-lo no aniversário da morte de Jesus. (Gostaria de um pouco de sal com essa ferida, senhor?)

Herodes colocou o apóstolo sob a vigilância de dezesseis oficiais do Exército e lhes disse, sem papas na língua: "Se ele fugir, vocês morrem" — controle de qualidade, estilo Herodes.) Então eles acorrentaram Pedro e o colocaram três portas adentro da prisão.

E o que a igreja poderia fazer com isso? O problema de um Pedro aprisionado caiu com o tamanho de um Golias sobre a humilde comunidade. Eles não tinham recursos: nenhum pistolão, nenhuma ficha política para usar; em outras palavras, não tinham nada além de perguntas repletas de medo. "Quem

LIÇÃO 9 ❖ PEDRO ❖ Quinto dia: O poder da oração

é o próximo? Primeiro Tiago, depois Pedro. Será que Herodes vai acabar com a liderança da igreja?"

A igreja ainda enfrenta seus Golias. Fome mundial. Escândalos do clero. Cristãos sovinas. Oficiais corruptos. Ditadores de coração duro e cabeça pequena. Pedro na prisão é apenas o primeiro de uma lista longa de desafios grandes demais para a igreja. Então, nossos ancestrais de Jerusalém nos deixaram uma estratégia. Quando o problema é maior do que nós — oramos! "Pedro, então, ficou detido na prisão, mas a igreja orava intensamente a Deus por ele" (Atos 12:5).

Eles não fizeram um piquete na frente da prisão, ou uma petição ao governo, ou protestos pela prisão, nem se prepararam para o funeral de Pedro. Eles oraram como se a oração fosse sua única esperança, porque de fato era. Oraram intensamente por ele.

"Na noite anterior ao dia em que Herodes iria submetê-lo a julgamento, Pedro estava dormindo entre dois soldados, preso com duas algemas, e sentinelas montavam guarda à entrada do cárcere. Repentinamente apareceu um anjo do Senhor, e uma luz brilhou na cela. Ele tocou no lado de Pedro e o acordou. 'Depressa, levante-se!', disse ele. Então as algemas caíram dos punhos de Pedro. O anjo lhe disse: 'Vista-se e calce as sandálias'. E Pedro assim fez. Disse-lhe ainda o anjo: 'Ponha a capa e siga-me'" (Atos 12:5-8).

Vamos dar a essa cena o tom que merece. Um anjo desce do céu para a terra. Só Deus sabe com quantos demônios ele lutou no caminho. Ele navega pelas ruas de Jerusalém até que chega à prisão de Herodes, passa pelas três portas de ferro e pelo pelotão de soldados até que para na frente de Pedro. A luz explode como o sol de verão no deserto, mas Pedro dorme durante a chamada. O velho pescador sonha com o robalo da Galileia.

A igreja orava intensamente a Deus por ele (Atos 12:5).

Repentinamente apareceu um anjo do Senhor, e uma luz brilhou na cela. Ele tocou no lado de Pedro e o acordou. "Depressa, levante-se!", disse ele (v. 7).

1. Leia Atos 12:1-8. Quais eram os medos dos primeiros cristãos depois de ouvir que Tiago tinha sido executado e que Pedro estava preso? Como eles responderam?

   _____
   _____
   _____
   _____

2. É provável que, se você segue a Cristo por algum tempo, já tenha lidado com alguma forma de reação negativa de outros por causa de suas crenças. Qual é a consequência mais severa que já teve que suportar? Como ela afetou você?

   _____
   _____
   _____
   _____
   _____

3. Como a história de Pedro fala a você sobre a maneira como Deus pode trabalhar em uma situação difícil? Que esperança recebe dela?

4. Pense sobre uma provação que está enfrentando agora. Quais são algumas das orações que está fazendo a respeito da situação? Quem mais está orando por você? Que resposta recebeu?

RESULTADOS GARANTIDOS

O apóstolo, que certa vez se perguntou como Cristo poderia dormir em uma tempestade, agora ronca durante sua própria tempestade.

— Pedro — diz o anjo.

Nenhuma resposta.

— Pedro!

Zzzzz.

— Pedro!!!

Será que anjos cutucam as pessoas com o cotovelo ou com a asa? De qualquer maneira, correntes caem no chão. O anjo tem que lembrar ao cambaleante Pedro como se vestir: primeiro, suas sandálias, agora sua capa. As portas se abrem em sucessão, e, em algum ponto da avenida para a casa de Maria, Pedro percebe que não está sonhando. O anjo o aponta para a direção correta e parte, murmurando algo sobre trazer uma trombeta na próxima vez.

Chocado, Pedro caminha para a casa de Maria, a qual, naquela mesma hora, está dirigindo uma reunião de oração em nome dele. Seus amigos lotam o lugar e enchem a casa com intercessão sincera, e Pedro, com certeza, sorri quando ouve as orações deles. Ele bate na porta. A serva responde e, em vez de abri-la, corre de volta para o círculo de oração e anuncia: "Pedro está lá fora na porta!"

"Você está louca", eles respondem. Mas ela insiste. Então eles decidem: "Deve ser o seu anjo" (veja vv. 14-15).

Confesso um sentimento de alívio quando leio isso. Até mesmo os primeiros cristãos lutaram para acreditar que Deus os ouviria, e mesmo quando a resposta bateu na porta, eles hesitaram; assim como nós ainda hesitamos. A maioria de nós luta com a oração. Esquecemos de orar e, quando lembramos, falamos muito e usamos palavras rasas.

Nossas mentes ficam à deriva; nossos pensamentos se dispersam como um bando de codornas. Por que é assim? A oração exige esforço mínimo. Nenhum local é prescrito, nenhuma roupa em particular é exigida e não se estipula nenhum título ou posição. Ainda assim, parece que estamos lutando com um porco escorregadio.

O anjo lhe disse: "Vista-se" (Atos 12:8).

Então Pedro caiu em si e disse: "Agora sei, sem nenhuma dúvida, que o Senhor enviou o seu anjo e me libertou" (v. 11).

Percebendo isso, ele se dirigiu à casa de Maria, mãe de João (v. 12).

Eles porém lhe disseram: "Você está fora de si!" Insistindo ela em afirmar que era Pedro, disseram-lhe: "Deve ser o anjo dele" (v. 15).

Mas Pedro continuou batendo e, quando abriram a porta e o viram, ficaram perplexos (v. 16).

LIÇÃO 9 ❖ Pedro ❖ Quinto dia: O poder da oração

Então: vamos orar primeiro. Vai viajar para ajudar os famintos? Certifique-se de banhar sua missão em oração. Trabalha para desfazer os nós da injustiça? Ore. Cansado de um mundo de racismo e divisão? Deus também. E ele amaria conversar com você sobre isso.

Vamos orar, acima de tudo. Deus nos chamou para pregar continuamente? Ou ensinar continuamente? Ou ter reuniões de comitê continuamente? Ou cantar continuamente? Não, mas ele nos chama para "orar continuamente" (1 Tessalonicenses 5:17).

Jesus declarou: minha casa deverá ser chamada de casa de estudo? De comunhão? De música? Uma casa de exposição? Uma casa de atividades? Não, mas ele disse: "A minha casa será chamada casa de oração" (Marcos 11:17).

Nenhuma outra atividade espiritual promete tais resultados. "Também lhes digo que se dois de vocês concordarem na terra em qualquer assunto sobre o qual pedirem, isso lhes será feito por meu Pai que está nos céus" (Mateus 18:19). Ele é movido pelo coração humilde e que ora.

O mesmo Deus que ouviu as orações de Jerusalém e libertou Pedro ouve nossas orações e nos liberta. Ele ainda está ouvindo, mas será que ainda estamos orando?

Alegrem-se sempre. Orem continuamente (1 Tessalonicenses 5:16-17).

"A minha casa será chamada casa de oração" (Marcos 11:17).

De manhã, não foi pequeno o alvoroço entre os soldados quanto ao que tinha acontecido a Pedro (Atos 12:18).

5. Leia Atos 12:9-19. A aparição de Pedro na porta de Maria foi um presente de Deus — prova positiva de que as orações dos fiéis estavam sendo ouvidas e respondidas. Então, por que eles duvidaram do relato de Rode de que Pedro estava *de fato* à porta?

_____
_____
_____
_____

6. Deus poderia ter enviado Pedro a qualquer lugar depois de sua libertação, mas escolheu a casa de Maria, uma guerreira de oração que, naquele momento, estava dirigindo uma vigília pela libertação do apóstolo. Que passos você pode dar essa semana para tomar a forma de um guerreiro de oração como os primeiros cristãos?

_____
_____
_____
_____

7. Que passos você pode dar para orar *primeiro* quando encontrar uma situação difícil? Que passos dará para orar *mais*?

_____
_____
_____
_____

8. Ouvir é talvez a parte mais importante da oração. O que fará para construir um "tempo de escuta" em sua rotina diária?

_____
_____
_____
_____
_____

Você tem que amar a história de Pedro, que, depois de trair a Cristo, se sentiu mais baixo do que barriga de cobra. Mas, depois que Jesus lhe deu uma segunda chance, ele era o porco mais alto do chiqueiro. Até mesmo os anjos queriam que esse lançador de redes agitado soubesse que não era o fim. A mensagem veio alta e clara da Sala do Trono celestial por intermédio do mensageiro divino: "Certifique-se de contar a Pedro que ele pode jogar de novo".

Quem conhece esse tipo de coisas diz que o evangelho de Marcos é realmente as notas transcritas e pensamentos ditados de Pedro. Se isso for verdade, então foi o próprio Pedro que incluiu aquelas duas palavras que encontramos em Marcos 16:7: "Vão e digam aos discípulos dele *e a Pedro*: Ele está indo adiante de vocês" (grifos nossos). Se essas palavras realmente são dele, não consigo evitar imaginar que o velho pescador teve que enxugar uma lágrima e engolir em seco quando chegou nesse ponto da história.

Não é todo dia que se consegue uma segunda chance, e Pedro deve ter sabido disso. Da próxima vez em que ele viu Jesus, ficou tão animado que mal conseguiu vestir a capa antes de pular na água fria do mar da Galileia. Era também o suficiente, por assim dizer, que esse galileu sertanejo levasse o evangelho da segunda chance até Roma, onde eles o mataram. Se já se perguntou o que levaria um homem a estar disposto a ser crucificado de cabeça para baixo, talvez agora você saiba.

Não é todo dia que você acha alguém que lhe daria uma segunda chance — muito menos alguém que lhe daria uma segunda chance todos os dias.

Mas, em Jesus, Pedro encontrou os dois.

Muitas coisas aconteceriam aos primeiros cristãos nas próximas décadas: muitas noites seriam passadas longe de casa, a fome castigaria seus estômagos, a chuva ensoparia sua pele, pedras machucariam seus corpos, haveria naufrágios, açoites, martírio, mas existia uma cena no repertório de memórias que os levava a nunca olhar para trás: o traído voltando para encontrar seus traidores — não para os atormentar, mas para os enviar. Não para criticá-los por esquecer, mas para comissioná-los a lembrar que ele, que estava morto, está vivo, e que eles, que eram culpados, foram perdoados.

> *Jesus perguntou a Simão Pedro: "Simão, filho de João, você me ama mais do que estes?"* (João 21:15).
>
> *Disse ele [Pedro]: "Sim, Senhor, tu sabes que te amo"* (v. 15).
>
> *Cinco vezes recebi dos judeus trinta e nove açoites. Três vezes fui golpeado com varas, uma vez apedrejado, três vezes sofri naufrágio, passei uma noite e um dia exposto à fúria do mar. Estive continuamente viajando* (2Coríntios 11:24–26).

Pontos para Lembrar

- ❖ A igreja primitiva nos deixou uma estratégia: quando o problema é maior do que nós, oramos!
- ❖ Até mesmo os primeiros seguidores, que testemunharam milagres maravilhosos em seu meio, lutavam às vezes para acreditar que Deus os ouviria.
- ❖ Nenhuma outra atividade espiritual — seja comunhão, música ou até mesmo pregação — garante os mesmos resultados da oração.

LIÇÃO 9 ❖ PEDRO ❖ Quinto dia: O poder da oração

ORAÇÃO DO DIA

Pai, obrigado pelas promessas que nos dás na oração. Obrigado porque podemos falar contigo em qualquer lugar e a qualquer momento. Ajuda-nos a chegar a ti primeiro, a chegar a ti mais, e a orar com ousadia e confiança de que tu nos ouvirás. Em nome de Jesus, amém.

VERSÍCULO PARA MEMORIZAR NA SEMANA

Como se fossem uma nuvem, varri para longe suas ofensas; como se fossem a neblina da manhã, os seus pecados. Volte para mim, pois eu o resgatei.

ISAÍAS 44:22

Leitura suplementar

Os textos dessa lição foram retirados de *No Wonder They Call Him the Savior* [publicado no Brasil como: *Seu nome é Salvador*. São Paulo: Arte Editorial, 2009]; *Applause of Heaven* [publicado no Brasil como: *O aplauso do céu*. São Paulo: United Press, 2002]; *In the Eye of the Storm* [publicado no Brasil como: *No olho do furacão*. São Paulo: Mundo Cristão, 2014]; *He Still Moves Stones* [publicado no Brasil como: *Ele ainda remove pedras*. Rio de Janeiro: CPAD, 2005]; *Traveling Light* [publicado no Brasil como: *Aliviando a bagagem*. Rio de Janeiro: CPAD, 2002]; *Next Door Savior* [publicado no Brasil como: *O Salvador mora ao lado*. Rio de Janeiro: Thomas Nelson Brasil, 2011]; *Six Hours One Friday* [publicado no Brasil como: *Seis horas de uma sexta-feira*. São Paulo: Vida, 2001]; *Come Thirsty* [publicado no Brasil como: *Quem tem sede venha*. Rio de Janeiro: CPAD, 2006]; *Outlive Your Life* [publicado no Brasil como: *Faça a vida valer a pena*. Rio de Janeiro: Vida Melhor, 2016].

LIÇÃO 10

PAULO
NUNCA LONGE DEMAIS PARA RETORNAR

"**Q**UANDO SOU FRACO É QUE SOU FORTE" (2Coríntios 12:9). Deus disse essas palavras e Paulo as escreveu. O Senhor disse que estava buscando mais vasos vazios do que músculos fortes e o apóstolo Paulo é prova disso.

Antes de encontrar com Cristo, Paulo tinha sido um tipo de herói entre os fariseus. Você pode dizer que ele foi o Batman deles, pois ele mantinha a lei e a ordem — ou, melhor, venerava a lei e dava as ordens. Boas mães judias o usavam como exemplo de bom judeu. Ele recebeu o assento de honra no almoço de quarta-feira do Lions Clube de Jerusalém, tinha um peso de papel de "Quem é Quem no Judaísmo" na sua escrivaninha e foi selecionado como o "Sucesso Mais Provável" pela sua turma de graduação. Ele rapidamente se estabeleceu como o aparente herdeiro de seu mestre, Gamaliel.

Se existe algo como uma fortuna religiosa, Paulo tinha. Ele era um bilionário espiritual, nascido com um pé no céu. De sangue azul e olhos bem abertos, esse zelote estava absolutamente decidido a manter o reino puro — e isso significava manter os cristãos fora. Ele marchava pelo interior como um general exigindo que judeus desertores saudassem a bandeira da terra natal ou beijassem seus familiares e dessem adeus às esperanças.

Tudo isso foi interrompido, entretanto, no acostamento de uma rodovia. Equipado com intimações, algemas e um bando, Paulo estava no caminho para fazer um pequeno evangelismo pessoal em Damasco. Foi quando alguém bateu nas luzes do estádio, e ele ouviu a voz.

Quando descobriu de quem era aquela voz, seu queixo caiu até o chão, e seu corpo foi atrás. Ele se preparou para o pior, pois sabia que estava tudo acabado. Sentiu o laço ao redor do pescoço, sentiu o aroma das flores no carro fúnebre e orou para que a morte fosse rápida e indolor.

Mas tudo o que conseguiu foi silêncio e a primeira de uma vida de surpresas.

Se alguém pensa que tem razões para confiar na carne, eu ainda mais: [...] verdadeiro hebreu; quanto à Lei, fariseu; quanto ao zelo, perseguidor da igreja; quanto à justiça que há na Lei, irrepreensível (Filipenses 3:4-6).

Fui instruído rigorosamente por Gamaliel na lei de nossos antepassados (Atos 22:3).

Pois sou o menor dos apóstolos [...] porque persegui a igreja de Deus (1Coríntios 15:9).

Quando [Paulo] se aproximava de Damasco, de repente brilhou ao seu redor uma luz vinda do céu (Atos 9:3).

"Eu sou Jesus, a quem você persegue" (v. 5).

> *Saulo levantou-se do chão [...] E os homens o levaram pela mão até Damasco* (v. 8).

Ele acabou perplexo e confuso em um quarto emprestado. Deus o deixou ali por alguns dias com escamas nos olhos, tão grossas que a única direção para onde ele poderia olhar era para dentro de si mesmo, e ele não gostou do que viu.

Ele se viu como realmente era — para usar suas próprias palavras, o pior dos pecadores (veja 1Timóteo 1:15). Um legalista, um estraga-prazeres, um falador pretencioso que afirmava ter dominado o código de Deus, um dispensador de justiça que pesava a salvação numa balança de cozinha.

Foi quando Ananias o encontrou.

1. Um *legalista*, como Paulo era antes de encontrar a Cristo, acredita que seguir regras e regulamentos levará à salvação e ao crescimento espiritual. O que está fundamentalmente errado com essa maneira de pensar?

   _____
   _____
   _____
   _____
   _____

2. Quando, no passado, você adotou uma atitude legalista? Como Deus chamou a sua atenção e mostrou o poder da sua graça?

   _____
   _____
   _____
   _____
   _____

Quanto ao projeto de renovação, Ananias estava desanimado. Saulo de Tarso não tinha apenas queimado pontes com o sistema cristão — ele as tinha explodido, e normalmente antes de os alcançar. Ele era o Inimigo Público número 1 no que diz respeito aos seguidores de Jesus — um homem para ser temido e, certamente, não para ser abraçado como irmão. Entretanto, como veremos no próximo estudo, abraçar Saulo é exatamente o que Ananias foi chamado para fazer. Ele recebeu a tarefa de preparar um dos inimigos mais notórios do cristianismo do primeiro século para... o serviço cristão.

~ Oração do Dia ~

Pai, te louvamos pelo poder do teu perdão e redenção, por tua capacidade de recuperar vidas não importa o que tenhamos feito com elas. Obrigado pelo exemplo de Saulo em tua Palavra. Que possamos ganhar, durante os próximos cinco dias, uma compreensão mais profunda da tua obra na vida das pessoas. Em nome de Jesus, amém.

LIÇÃO 10 ❖ PAULO ❖ Primeiro dia: Uma tarefa difícil

Primeiro Dia: Uma tarefa difícil

NÃO PODE SER VERDADE

Ananias correu pelas ruas estreitas de Damasco, e sua barba densa e cheia não escondia sua cara séria. Amigos o chamaram enquanto ele passava, mas ele não parou. Ele murmurava enquanto ia: "Saulo? Saulo? De maneira nenhuma. Não pode ser verdade."

Ele se perguntava se tinha ouvido mal as instruções e imaginava se deveria dar a volta e informar sua esposa ou se deveria parar e contar para alguém para onde estava indo, no caso de não voltar mais. Mas ele não fez nada disso, pois os amigos lhe chamariam de tolo e sua esposa lhe diria para não ir.

Mas ele tinha que ir. Galopou pelos quintais de galinhas, grandes camelos e pequenos burros. Passou pela loja do alfaiate e não respondeu ao cumprimento do curtidor de couro. Continuou em frente até chegar à rua chamada Direita. A hospedaria tinha arcos baixos e salas amplas com colchões. Bom para os padrões de Damasco, o lugar de escolha de qualquer pessoa de poder ou posição, e Saulo, com certeza, era ambos.

Ananias e os outros cristãos tinham estado se preparando para ele, e alguns dos discípulos haviam deixado a cidade, enquanto outros se esconderam, pois a reputação de Saulo como matador de cristãos o tinha precedido. Mas e a ideia de Saulo, o seguidor de Cristo?

Essa era a mensagem da visão. Ananias repassou a mensagem mais uma vez. "Vá à casa de Judas, na rua chamada Direita, e pergunte por um homem de Tarso chamado Saulo. Ele está orando; numa visão viu um homem chamado Ananias chegar e impor-lhe as mãos para que voltasse a ver" (Atos 9:11-12).

Ananias quase se engasgou com o pão ázimo. Isso não era possível! Ele lembrou a Deus do coração duro de Saulo. "Senhor, tenho ouvido muita coisa a respeito desse homem e de todo o mal que ele tem feito aos teus santos em Jerusalém" (v. 13). Saulo, um cristão? Claro, assim que as tartarugas aprenderem a andar em duas pernas.

Mas Deus não estava brincando. "Vá! Este homem é meu instrumento escolhido para levar o meu nome perante os gentios e seus reis, e perante o povo de Israel" (v. 15).

Ananias repetia as palavras enquanto caminhava, pois o nome Saulo não combinava bem com instrumento escolhido. Saulo, o cabeça dura — sim. Saulo, o crítico — tudo bem. Mas Saulo, o instrumento escolhido? Ananias balançou a cabeça ao pensar nisso.

1. Leia Atos 9:1-16. O que Deus disse especificamente para Ananias fazer e qual foi a resposta dele? Como o Senhor disse a Ananias que tinha planos para Saulo?

   _____
   _____
   _____

Em Damasco havia um discípulo chamado Ananias. O Senhor o chamou numa visão: "Ananias!" (Atos 9:10).

O Senhor lhe disse [a Ananias]: *"Vá à casa de Judas, na rua chamada Direita, e pergunte por um homem de Tarso chamado Saulo. Ele está orando"* (Atos 9:11).

Respondeu Ananias: "Senhor, tenho ouvido muita coisa a respeito desse homem e de todo o mal que ele tem feito aos teus santos" (v. 13).

"Vá! Este homem é meu instrumento escolhido" (v. 15).

2. A missão de Ananias era muito parecida com a que Deus deu ao profeta Jonas. Leia Jonas 1:1-5. O que o Criador disse para Jonas fazer? Qual foi a reação inicial de Jonas?

3. Vá para Jonas 4:1-3. Qual foi o problema de Jonas com a sua tarefa? Por que ele tentou sair do mandamento de Deus fugindo para Társis?

4. O que podemos aprender com as histórias de Ananias e Jonas sobre a importância de se obedecer a Deus — sem importar se queremos fazer isso ou não?

ALGO ACONTECEU

Então Ananias foi, entrou na casa (Atos 9:17).

Nesse momento Ananias estava na metade da rua Direita e considerando seriamente dar a volta e ir para casa. Ele teria voltado, mas dois guardas o observavam.

— O que o traz aqui? — eles gritaram do segundo andar. E ficaram prestando atenção. Seus rostos estavam gélidos pela agitação.

Ananias sabia quem eram — soldados do templo e companheiros de viagem de Saulo.

— Fui enviado para ajudar o rabino.

Eles baixaram suas lanças.

— Esperamos que você consiga. Algo aconteceu com ele, pois não come nem bebe e mal fala.

Ananias não conseguiria voltar agora. Ele subiu as escadas de pedra. Os guardam abriram caminho, e Ananias parou na porta. Suspirou diante do que viu. Um homem abatido estava sentado no chão com as pernas cruzadas, na sombra de um raio de luz. Magro e com a boca seca, ele se balançava para frente e para trás, murmurando uma oração.

— Por quanto tempo ele está assim?

— Três dias.

LIÇÃO 10 ❖ PAULO ❖ Primeiro dia: Uma tarefa difícil

A cabeça de Saulo parecia pesada sobre seus ombros e ele tinha um nariz pontudo e sobrancelhas grossas. A comida no prato e a água no copo estavam intocadas no chão, e seus olhos saltavam do rosto na direção de uma janela aberta. Uma película rígida os cobria, tanto que Saulo nem mesmo abanava as moscas de seu rosto.

Ananias hesitou. Se isso fosse uma armadilha, então ele já era; mas, se não for, o momento era esse.

Ninguém poderia culpar a relutância de Ananias, pois Saulo via os cristãos como mensageiros de uma praga. Ele esteve ao lado do sumo sacerdote no julgamento de Estêvão e olhou por sobre os ombros dos lançadores de pedras na execução. Acenou em aprovação no suspiro final de Estêvão, e, quando o Sinédrio precisou de um homem para aterrorizar a igreja, Saulo se apresentou. Ele se tornou o Anjo da Morte e caiu sobre os cristãos com tal fúria que "respirava ameaças de morte contra os discípulos do Senhor" (Atos 9:1). Ele "perseguia com violência a igreja de Deus, procurando destruí-la" (Gálatas 1:13).

Ananias sabia o que Saulo tinha feito à igreja de Jerusalém, mas o que ele estava prestes a ouvir, entretanto, era o que Jesus havia feito a Saulo na estrada para Damasco.

Vocês ouviram qual foi o meu procedimento no judaísmo, como perseguia com violência a igreja de Deus, procurando destruí-la (Gálatas 1:13).

5. Leia Atos 9:17-19. Por que Ananias disse que Deus o tinha enviado?
_____
_____
_____
_____
_____

6. Em Mateus 5:46-47, Jesus disse: "Se vocês amarem aqueles que os amam, que recompensa vocês receberão? Até os publicanos fazem isso! E se saudarem apenas os seus irmãos, o que estarão fazendo de mais? Até os pagãos fazem isso!" Por que os planos de Deus muitas vezes nos levam a ter contato com pessoas que, de outra maneira, poderíamos considerar inimigos?
_____
_____
_____
_____

7. Quais são os maiores obstáculos que enfrentamos ao mostrar amor e misericórdia aos nossos inimigos? O que acontece quando começamos a mostrar amor e misericórdia para eles?
_____
_____
_____
_____

8. Para você, o que Saulo aprendeu sobre os cristãos — o povo que ele perseguia — da maneira como Ananias o tratou?

_____
_____
_____
_____

Por mais desconcertante que a situação deva ter sido para Ananias, imagine o que foi para Saulo, tendo em vista que ele era um exterminador de cristãos a caminho de erradicar um surto de conversões em Damasco. Como veremos no próximo estudo, aquele opositor zeloso durou até o momento em que Jesus se fez conhecido pessoalmente para Saulo.

Pontos para Lembrar

- Deus, às vezes, nos chamará para lugares para onde não esperaríamos ir e para pessoas que não esperaríamos ver.
- Os instrumentos escolhidos do Senhor nem sempre fazem sentido para nós, mas temos que lembrar que ele olha o coração.
- Podemos nem sempre saber a transformação que Jesus começou a fazer na vida de outra pessoa.

Oração do Dia

Pai, ajuda-nos a esconder tua Palavra em nosso coração para que possamos ser teus embaixadores que fazem a diferença. Lembra-nos da história de Saulo quando formos tentados a julgar ou descartar outras pessoas com base na reputação deles. Dá-nos a visão para ver seu potencial — para reconhecer o que tu podes fazer em suas vidas — e a sabedoria e a paciência para interagir com eles de acordo. Em nome de Jesus, amém.

Segundo Dia: Uma mudança de planos

Dirigindo-se [Paulo] ao sumo sacerdote, pediu-lhe cartas para as sinagogas de Damasco, de maneira que, caso encontrasse ali homens ou mulheres que pertencessem ao Caminho, pudesse levá-los presos para Jerusalém (Atos 9:1-2).

UM ENCONTRO COM CRISTO

A viagem era ideia de Saulo. A cidade tinha visto um grande número de conversões, e, quando a notícia do avivamento chegou, ele fez o pedido: "Enviem-me". Então o jovem hebreu enérgico deixou Jerusalém em sua primeira jornada missionária, absolutamente decidido a parar a igreja. A jornada para Damasco era longa, cerca de 240 quilômetros, e Saulo provavelmente estava a cavalo, tomando cuidado para contornar as vilas gentias. Aquela era uma jornada santa.

Era também uma jornada quente, tendo em vista que vale entre o Monte Hermom e Damasco poderia derreter prata. O sol atinge como lanças; calor

LIÇÃO 10 ❖ PAULO ❖ Segundo dia: Uma mudança de planos

faz ondas no horizonte. Em algum lugar da trilha sedenta, Jesus derrubou Saulo no chão e perguntou a ele: "Saulo, Saulo, por que você me persegue?" (Atos 9:4).

Saulo enfiou os punhos nos olhos como se estivessem cheios de areia. Ele rolou e ficou de joelhos, abaixando sua cabeça na terra. "'Quem és tu, Senhor?' Ele respondeu: 'Eu sou Jesus, a quem você persegue'" (v. 5). Quando Paulo levantou sua cabeça para olhar, o centro de vida dos seus olhos tinha ido embora, e ele estava cego — tinha o olhar vago de uma estátua romana.

Seus guardas correram para ajudar e o levaram até a hospedaria de Damasco e subiram com ele pelas escadas. Quando Ananias chegou, o Saulo cego tinha começado a ver Jesus de maneira diferente. Cristo já tinha feito o trabalho, e tudo que restava para Ananias era mostrar a Saulo o próximo passo. "Irmão Saulo, o Senhor Jesus, que lhe apareceu no caminho por onde você vinha, enviou-me para que você volte a ver e seja cheio do Espírito Santo" (v. 17).

As lágrimas subiram como uma maré contra as crostas dos olhos de Saulo e cobertura de escamas se soltou e caiu. Então, Paulo piscou e viu o rosto de seu novo amigo.

Ele caiu por terra e ouviu uma voz que lhe dizia: "Saulo, Saulo, por que você me persegue?" (v. 4).

Abrindo os olhos, [Saulo] não conseguia ver nada (v. 8).

[Ananias] pôs as mãos sobre Saulo e disse: "Irmão Saulo, o Senhor Jesus [...] enviou-me para que você volte a ver e seja cheio do Espírito Santo" (v. 17).

Imediatamente, algo como escamas caiu dos olhos de Saulo (v. 18).

1. Leia Atos 9:1-2. Por que Saulo estava fazendo essa viagem a Damasco? Por que ele era tão inflexível sobre exterminar os seguidores "do Caminho"?

   _____
   _____
   _____

2. Os primeiros cristãos tiveram que enfrentar perseguição e julgamento de pessoas como Saulo, que acreditavam que o cristianismo era uma ameaça à sua fé. O que as passagens a seguir revelam sobre o que enfrentaremos por Cristo e o propósito disso?

   Lucas 6:22-23: "Bem-aventurados serão vocês, quando os odiarem, expulsarem e insultarem, e eliminarem o nome de vocês, como sendo mau, por causa do Filho do homem. Regozijem-se nesse dia e saltem de alegria, porque grande é a sua recompensa no céu".

   _____
   _____
   _____
   _____

   João 15:18-19: "Se o mundo os odeia, tenham em mente que antes me odiou. Se vocês pertencessem ao mundo, ele os amaria como se fossem dele. Todavia, vocês não são do mundo, mas eu os escolhi, tirando-os do mundo; por isso o mundo os odeia".

   _____
   _____
   _____
   _____

1João 3:13-14: "Meus irmãos, não se admirem se o mundo os odeia. Sabemos que já passamos da morte para a vida porque amamos nossos irmãos. Quem não ama permanece na morte".

2Timóteo 3:12-14: "De fato, todos os que desejam viver piedosamente em Cristo Jesus serão perseguidos. Contudo, os perversos e impostores irão de mal a pior, enganando e sendo enganados. Quanto a você, porém, permaneça nas coisas que aprendeu e das quais tem convicção, pois você sabe de quem o aprendeu".

1Pedro 3:17-18: "É melhor sofrer por fazer o bem, se for da vontade de Deus, do que por fazer o mal. Pois também Cristo sofreu pelos pecados uma vez por todas, o justo pelos injustos, para conduzir-nos a Deus".

1Pedro 4:12-14: "Amados, não se surpreendam com o fogo que surge entre vocês para os provar, como se algo estranho lhes estivesse acontecendo. Mas alegrem-se à medida que participam dos sofrimentos de Cristo, para que também, quando a sua glória for revelada, vocês exultem com grande alegria. Se vocês são insultados por causa do nome de Cristo, felizes *são vocês*, pois o Espírito da glória, o Espírito de Deus, repousa sobre vocês".

3. Em Filipenses 4:6, lemos: "Não andem ansiosos por coisa alguma, mas em tudo, pela oração e súplicas, e com ação de graças, apresentem seus pedidos a Deus". Qual é a melhor maneira, segundo esse versículo, para lidar com as provações?

4. O que podemos aprender com a história de Saulo para nos ajudar a interagir com pessoas que se opõem à nossa fé?

O LIBERTADOR NASCEU

As instruções de Ananias a Saulo são dignas de leitura: "E agora, que está esperando? Levante-se, seja batizado e lave os seus pecados, invocando o nome dele" (Atos 22:16). Ele não teve que pedir duas vezes. O Saulo legalista foi enterrado, e o Paulo libertador nasceu. Naquele mesmo momento ele estava saindo das águas do batismo e em de poucos dias já estava pregando em uma sinagoga. O primeiro de milhares de sermões.

Logo Paulo está pregando nas montanhas de Atenas, escrevendo cartas do interior das prisões e, por fim, dando início a uma genealogia de teólogos que inclui Tomás de Aquino, Lutero e Calvino. Sermões empolgantes, discípulos dedicados, e quase dez mil quilômetros percorridos. Se suas sandálias não estavam se arrastando, sua pena escrevia; se ele não estava explicando o mistério da graça, articulava a teologia que determinaria o curso da civilização ocidental.

Todas as suas palavras poderiam ser reduzidas a uma única sentença. "Nós, porém, pregamos a Cristo crucificado" (1Coríntios 1:23). Não porque lhe faltassem outros esboços de sermão; mas porque ele não conseguia esgotar o primeiro.

O absurdo de tudo isso o manteve no caminho. Jesus deveria ter acabado com ele na estrada, Saulo deveria ter sido deixado para os abutres. Jesus deveria tê-lo enviado para o inferno, mas ele não o ; em vez disso, o enviou para os perdidos.

O próprio Paulo chamou isso de loucura e descreveu isso com expressões como "escândalo" e "loucura", mas escolheu, no fim, chamar de "graça" (veja 1Coríntios 1:23; Efésios 2:8). E defende sua lealdade insaciável ao dizer: "Pois o amor de Cristo [me] constrange" (2Coríntios 5:14).

Paulo nunca fez um curso de missiologia, nunca se sentou em uma reunião do conselho e nunca leu um livro sobre crescimento da igreja; apenas foi inspirado pelo Espírito Santo e embriagado no amor que torna possível o impossível: a salvação.

A mensagem é envolvente: Mostre a um homem seus fracassos sem Jesus, e o resultado aparecerá na sarjeta. Dê a um homem religião sem lembrá-lo de sua corrupção, e o resultado será arrogância dentro de um terno. Mas coloque os dois no mesmo coração — faça o pecado encontrar o Salvador e o Salvador encontrar o pecado — e o resultado poderá ser outro fariseu transformado em pregador que incendeia o mundo.

5. Saulo, o legalista, havia sido enterrado, e Paulo, o libertador, tinha nascido. Leia João 3:3-8. O que Jesus disse sobre enterrar o nosso passado e "nascer de novo"?

E agora, que está esperando? Levante-se, seja batizado e lave os seus pecados, invocando o nome dele (Atos 22:16).

Quando voltei a Jerusalém, estando eu a orar no templo (v. 17).

O Senhor me disse: [...] *"Eu o enviarei para longe, aos gentios"* (v. 21).

Nós, porém, pregamos a Cristo crucificado (1Coríntios 1:23).

Se enlouquecemos, é por amor a Deus [...] *Pois o amor de Cristo nos constrange* (2Coríntios 5:13-14).

Pois vocês são salvos pela graça, por meio da fé, e isto não vem de vocês, é dom de Deus (Efésios 2:8).

6. O que significa "nascer da água e do Espírito" (v. 5)?

7. Vá para Salmos 103:11-12. O que significa para você o fato de Deus escolher não se lembrar do que éramos antes de virmos a Cristo?

8. Paulo sempre se lembrava de sua vida antes de Jesus: "Circuncidado no oitavo dia de vida, pertencente ao povo de Israel, à tribo de Benjamim, verdadeiro hebreu; quanto à Lei, fariseu" (Filipenses 3:5). Por que também é importante para *nós* nos lembrarmos do que éramos antes de Cristo?

A perspectiva de Paulo virou 180 graus quando ele encontrou o Cristo ressuscitado. Ainda assim, seu zelo e sua paixão pela tarefa que tinha não diminuiu. Como veremos no próximo estudo, o Senhor ajudou Paulo a redirecionar a energia que ele tinha gasto perseguindo a comunidade de cristãos para ajudar a construir e expandir a igreja.

Pontos para Lembrar

❖ Jesus deveria ter deixado todos nós "para os abutres", mas, em vez disso, nos levantou e nos chamou para si.

❖ Quando o Espírito Santo está no comando, não há nada que não possamos realizar.

❖ A transformação completa de vida acontece quando o pecado encontra o Salvador.

LIÇÃO 10 ❖ PAULO ❖ Terceiro dia: O impacto de uma vida

ORAÇÃO DO DIA

Pai, obrigado por afastar nossos pecados de ti assim como o oriente está longe do ocidente. Obrigado por nos dar um novo começo — um momento que podemos olhar para trás como ponto de virada em nossa vida. Trabalha em nossa mente e em nosso coração, e ajuda-nos a manter uma perspectiva equilibrada de quem somos — o suficiente para manter um espírito de humildade, mas não tanto que lutemos com a culpa e a vergonha pelas coisas pelas quais já fomos perdoados. Em nome de Jesus, amém.

Terceiro Dia: O impacto de uma vida

O CHAMADO DE PAULO

O chamado de Paulo o levou primeiro para a cidade de Antioquia, onde ele ministrou com Barnabé. Dali a dupla embarcou em uma viagem missionária pelo Chipre e pelo que hoje conhecemos como Turquia. Retornando a Antioquia, Paulo teve um desentendimento com Barnabé, que levou Silas e Timóteo a acompanhá-lo na viagem seguinte. Dessa vez, ele e seus companheiros chegariam na Grécia.

Em Filipo, uma mulher chamada Lídia se torna a primeira convertida de Paulo na Europa. Paulo e Silas são jogados na prisão, mas, por volta de meia-noite, enquanto os dois cantam músicas de adoração a Deus, um terremoto abre as portas da cadeia. "O carcereiro pediu luz, entrou correndo e, trêmulo, prostrou-se diante de Paulo e Silas. Então levou-os para fora e perguntou: "Senhores, que devo fazer para ser salvo?" (Atos 16:29-30). O carcereiro se torna cristão, e Paulo e Silas são libertados.

Dali foram para Tessalônica, onde Paulo, Timóteo e Silas passaram três semanas frutíferas na cidade — o resultado de sua estadia resulta em um núcleo de cristãos. Lucas fornece, em uma frase, um perfil da igreja quando escreve: "Alguns dos judeus foram persuadidos e se uniram a Paulo e Silas, bem como muitos gregos tementes a Deus, e não poucas mulheres de alta posição" (Atos 17:4).

Um grupo eclético apareceu no primeiro culto da igreja: alguns eram judeus, alguns eram gregos, alguns eram mulheres influentes, mas todos estavam convencidos de que Jesus era o Messias. E, pouco tempo depois, todos pagaram um preço por sua fé, literalmente. Os novos cristãos foram arrastados para a presença dos líderes da cidade e forçados a pagar fiança pela sua libertação, e, naquela noite, eles ajudaram Paulo, Timóteo e Silas a fugirem escondidos da cidade.

Paulo seguiu em frente, mas um pedaço do seu coração ainda estava em Tessalônica. A pequena igreja era tão jovem, tão frágil, mas muito especial, e pensar neles o deixava orgulhoso, tanto que ele ansiava por vê-los novamente. "Sempre damos graças a Deus por todos vocês, mencionando-os em nossas orações", ele

---

[Barnabé e Saulo] desceram a Selêucia e dali navegaram para Chipre (Atos 13:4).

Tiveram um desentendimento tão sério que se separaram (15:39).

O Senhor abriu seu coração [de Lídia] para atender à mensagem de Paulo (16:14).

Depois de saírem da prisão, Paulo e Silas foram à casa de Lídia (v. 40).

Chegaram a Tessalônica (17:1).

Alguns dos judeus foram persuadidos e se uniram a Paulo e Silas, bem como muitos gregos tementes a Deus (v. 4).

Arrastaram Jasom e alguns outros irmãos para diante dos oficiais da cidade [...] Os irmãos enviaram Paulo e Silas para Bereia (vv. 6,10).

Quisemos visitá-los. Eu mesmo, Paulo, o quis, e não apenas uma vez, mas duas (1Tessalonicenses 2:18).

escreveu (1Tessalonicenses 1:2). Ele sonhava com o dia em que poderia vê-los de novo e, ainda mais, sonhava como o dia em que veriam Cristo juntos.

1. O que fez de Paulo — anteriormente Saulo, o inimigo da fé cristã — um evangelista cristão tão eficaz?

2. Leia 1Tessalonicenses 1:2-6. Quais são as três coisas de que Paulo se lembrava sobre os cristãos de Tessalônica? O que o apóstolo quis dizer quando escreveu que o evangelho não chegou a eles "somente em palavra, mas também em poder" (v. 5)?

3. Jesus tinha dito aos seus discípulos: "Quando ele [o Conselheiro] vier, convencerá o mundo do pecado, da justiça e do juízo" (João 16:8). Por que é importante lembrar que o Espírito Santo é aquele que convence as pessoas de seus pecados e da necessidade de perdão?

4. Paulo descreve seu trabalho de fundar outra igreja assim: "Eu plantei, Apolo regou, mas Deus é quem fez crescer; de modo que nem o que planta nem o que rega são alguma coisa, mas unicamente Deus, que efetua o crescimento" (1Coríntios 3:6-7). Qual é o nosso papel em alcançar os outros com as boas-novas de Jesus? Qual é a tarefa do Espírito Santo?

QUANDO CRISTO VEM

De fato, vocês são a nossa glória e a nossa alegria (1Tessalonicenses 2:20).

Observe o que Paulo também diz à igreja em Tessalônica: "Pois quem é a nossa esperança, alegria ou coroa em que nos gloriamos perante o Senhor Jesus na sua vinda? Não são vocês?" (1Tessalonicenses 2:19). O versículo evoca uma imagem de um encontro entre aqueles que foram libertados e aquele que os levou à liberdade, um momento quando aqueles que foram salvos podem encontrar aquele que os levou à salvação. Isso não é orgulho arrogante, "olha só o que eu fiz", mas uma alegria maravilhosa que declara: "Estou tão orgulhoso da fé de vocês".

Nesse caso, Paulo vai se encontrar com os tessalonicenses, vai buscar no mar de rostos por seus amigos; eles o encontrarão, e ele os encontrará, e, na presença de Cristo, desfrutarão da reunião eterna.

Imagine-se fazendo o mesmo, pense sobre o dia em que Cristo voltar. Lá está você, no grande círculo dos redimidos, com o corpo feito novo — não mais com dores ou problemas e a mente foi renovada — o que você entendia em parte, agora entende claramente. Não sente mais medo, nem perigo, nem tristeza, e embora seja um na multidão, parece que você e Jesus estão sozinhos.

E ele lhe faz essa pergunta. Estou especulando agora, mas me pergunto se Cristo poderia dizer essas palavras para você: "Estou tão orgulhoso por ter me deixado usar você. Por causa de você, outros estão aqui hoje. Gostaria de encontrá-los?"

Provavelmente, você seria surpreendido por essa afirmação. Uma coisa é o apóstolo Paulo ouvir essas palavras, pois ele era um *apóstolo*. Podemos imaginar um missionário estrangeiro ou um famoso evangelista ouvindo essas palavras — mas nós? A maioria de nós imagina que influência teve. (O que é bom, porque, se soubéssemos, poderíamos ficar arrogantes.) A maioria de nós pode se identificar com as palavras de Mateus 25: "Senhor, quando te vimos com fome e te demos de comer, ou com sede e te demos de beber?" (v. 37).

Nesse momento, Jesus poderia — e isso é apenas uma grande especulação — se virar para a multidão e convidá-los. Com a mão dele em seu ombro, ele anuncia: "Temos aqui alguém que foi influenciado por este meu filho?"

E, um por um, eles começam a se colocar na frente da multidão.

5. Paulo poderia olhar para a congregação em Tessalônica como um pai que está orgulhoso da fé de seu filho. Quem serve como um pai ou mãe espiritual na sua vida? O que você os imagina dizendo quando olham para sua vida como cristão?

_____
_____
_____
_____

6. Quantas pessoas no céu ganhariam crédito por apresentá-lo a Cristo ou ajudá-lo a amadurecer como cristão? Que influência cada uma delas tem sobre você?

_____
_____
_____
_____

7. Por quais pessoas você poderia receber o pedido de dar um passo à frente para receber reconhecimento como influência cristã?

_____
_____

[Somos] *gratos a Deus por vocês, por toda a alegria que temos diante dele por causa de vocês* (3:9).

"Muito bem, servo bom e fiel! Você foi fiel no pouco, eu o porei sobre o muito. Venha e participe da alegria do seu senhor!" (Mateus 25:23).

"Vocês são o sal da terra" (5:13).

8. Cite três pessoas que gostaria de influenciar para a (ou na) fé cristã? Que estratégia específica você poderia usar para fazer a diferença?

A preocupação do apóstolo Paulo com relação aos membros de sua congregação não acabava no seu batismo. Como veremos no próximo estudo, ele exortou os fiéis do primeiro século a viverem de tal maneira que trouxessem honra e glória àquele que os tinha salvado. Em alguns casos, isso significava confrontar outros cristãos que tinham se desviado ou que se recusavam a desistir de seu antigo estilo de vida.

Pontos para Lembrar

❖ Há um custo associado a seguir Jesus, mas as recompensas eternas ultrapassam em muito as provações terrenas que suportaremos.
❖ Quando Cristo voltar, nossas mentes e nossos corpos serão renovados — e não haverá mais dor, medo, perigo, tristeza ou problemas.
❖ Podemos nunca saber das pessoas que influenciamos para o evangelho ou o verdadeiro impacto que nossa vida tem para o reino de Deus.

Oração do Dia

Pai, obrigado por trazer as pessoas certas para a nossa vida no momento exato para nos influenciar e guiar. Obrigado por nos dar, por outro lado, a oportunidade de fazer a diferença na vida de outras pessoas. Que possamos sempre valorizar essas oportunidades. Dá-nos a sabedoria, compaixão e coragem para intervir na vida dos outros, para o teu nome e para a tua glória. Em nome de Jesus, amém.

Quarto Dia: Não se deleite no mal

PALAVRAS FORTES

Não estou tentando envergonhá-los ao escrever estas coisas, mas procuro adverti-los, como a meus filhos amados (1Coríntios 4:14).

Nem todas as congregações de Paulo lhe davam tanto conforto quanto a de Tessalônica. A igreja de Corinto, por exemplo, deu ao apóstolo todos os tipos de problemas. Um assunto em particular, o qual Paulo abordou em sua primeira

LIÇÃO 10 ❖ Paulo ❖ Quarto dia: Não se deleite no mal

carta à igreja, ainda é chocante nos dias de hoje. Se isso fosse ao ar em um programa diurno da TV, imagino que as conversas seriam mais ou menos assim.

— Então — diz Christy Adams, a apresentadora —, você descobriu que seu namorado estava dormindo com a sua mãe?

A audiência ri entredentes, enquanto a adolescente sentada no palco curva a cabeça por causa de toda a atenção.

Do lado dela está sentada sua mãe, uma senhora de meia-idade em um vestido preto justo demais, de braço dado com o braço magricela de um garoto de camiseta regata. Ela acena para a multidão, já ele dá um sorriso forçado.

Christy não perde tempo.

— Vocês dois *realmente* dormem juntos?

A mãe, ainda segurando a mão do garoto, olha para ele.

— Sim — ela diz.

Ela continua explicando como se sentia sozinha desde o divórcio. O namorado da sua filha passava o tempo todo na sua casa, dia e noite, e, bem, numa tarde ele se jogou do lado dela no sofá, os dois começaram a conversar, e uma coisa levou a outra; quando eles perceberam estavam...

O rosto dela fica vermelho, e o garoto encolhe os ombros quando eles deixam a audiência completar a frase. A garota se senta, em silêncio e sem expressão.

— Você não se preocupa com o que isso pode ensinar para a sua filha? — Christy pergunta.

— Só estou ensinando a ela como o mundo funciona.

— E você? — Christy pergunta ao garoto. — Não está sendo infiel à sua namorada?

O garoto parece admirado.

— Eu ainda a amo — ele anuncia. — Só a estou ajudando ao amar sua mãe. Somos uma família feliz, não há nada de errado com isso!

A audiência explode com assobios e aplausos, e, quando a agitação começa a acalmar, Christy diz aos amantes:

— Nem todos concordariam com você. Trouxe um convidado para responder acerca de seu estilo de vida, que é nada menos que o teólogo mais famoso do mundo. Fazendo sua primeira aparição no *Show da Christy Adams,* por favor recebam o controverso teólogo, estudioso e escritor: o apóstolo Paulo!

Aplausos educados recebem um homem baixo e careca com óculos e um paletó de linho. Ele afrouxa um pouco a gravata enquanto assenta sua pequena figura na cadeia do palco. Christy pula os cumprimentos.

— Você tem algum problema com relação ao que essas pessoas estão fazendo?

Paulo segura as mãos no colo, olha para o trio, e novamente para Christy.

— O importante não é o que eu acho, mas sim o que Deus acha.

Christy interrompe para que a audiência da TV possa ouvir os "ooohs" que reverberam pelo estúdio. — Então nos diga, Paulo, o que Deus acha desse triângulo amoroso criativo?

— Ele odeia isso.

— E por que?

— O mal enfurece Deus porque destrói seus filhos. O que essas pessoas estão fazendo é *pecado*.

Por toda parte se ouve que há imoralidade entre vocês, imoralidade que não ocorre nem entre os pagãos, ao ponto de um de vocês possuir a mulher de seu pai (1Coríntios 5:1).

E vocês estão orgulhosos! Não deviam, porém, estar cheios de tristeza? (v. 2).

E já condenei aquele que fez isso, como se estivesse presente (v. 3).

237

1. Algumas pessoas podem dizer que as palavras do apóstolo Paulo são intolerantes. Como acha que ele responderia?

   _____
   _____
   _____
   _____

2. Sobre que outros assuntos hoje somos instigados a demonstrar tolerância? Quando esses tópicos surgem em uma conversa, como lida com eles?

   _____
   _____
   _____
   _____

3. O profeta Isaías escreveu: "Mas as suas maldades separaram vocês do seu Deus; os seus pecados esconderam de vocês o rosto dele, e por isso ele não os ouvirá" (Isaías 59:2). O que o pecado faz com nosso relacionamento com o Altíssimo?

   _____
   _____
   _____
   _____

4. Leia Salmos 51:7-14. Como Davi descreve o sentimento de ser perdoado do pecado em sua vida? O que isso o impulsiona a fazer?

   _____
   _____
   _____
   _____

FURIOSO COM O PECADO

Entreguem esse homem a Satanás, para que o corpo seja destruído, e seu espírito seja salvo no dia do Senhor (1Coríntios 5:5).

As palavras fortes de Paulo provocam algumas vaias, alguns aplausos dispersos, e uma explosão de mãos levantadas. Antes que Christy possa falar, Paulo continua:

— Deus deixou esses dois como resultado de suas ações e os deixou seguir seu caminho de pecado. O pensamento deles é obscuro, seus atos são maus, e Deus está enojado.

Um sujeito magricela na frente grita em protesto.

— O corpo é dela, ela pode fazer o que quiser!

— Ah, mas é aí que você se engana. O corpo dela pertence a Deus e deve ser usado para ele.

— O que estamos fazendo é inofensivo — objeta a mãe.

— Olhe para sua filha — Paulo a instiga, apontando para a garota que tem os olhos cheios de lágrimas. — Você não vê que fez mal a ela? Você trocou um amor saudável por luxúria, trocou o amor de Deus pelo amor da carne, trocou a verdade pela mentira e trocou o natural pelo não natural...

LIÇÃO 10 ❖ Paulo ❖ Quarto dia: Não se deleite no mal

Christy não consegue mais se segurar.

— Você sabe que isso soa sentimental? Todo esse papo sobre Deus, certo e errado, imoralidade? Não se sente fora da realidade?

— Fora da realidade? Não. Fora de lugar, sim. Mas fora da realidade, dificilmente. Deus não se senta em silêncio enquanto seus filhos entregam-se à perversão. Em vez disso, ele nos deixa partir em nossos caminhos pecaminosos e colher as consequências. Todo coração quebrado, todo filho não desejado, toda guerra e tragédia são rastros de nossa rebelião contra Deus.

As pessoas saltam, a mãe coloca o dedo na cara de Paulo, e Christy volta para a câmera, se deliciando com o pandemônio.

— Temos que fazer um intervalo — grita ela em meio ao barulho. — Não vão embora, temos mais algumas perguntas para nosso amigo, o apóstolo.

Como o diálogo apresentado anteriormente atinge você? Duro? (Paulo foi muito limitado.) Irreal? (A cena foi muito bizarra.) Estranho? (Ninguém aceitaria tais condenações.)

Não importa qual seja sua resposta, o importante é observar que, embora a história seja uma ficção, as palavras de Paulo não são.

Deus é "contra toda impiedade e injustiça dos homens" (Romanos 1:18). Aquele que nos diz: "Odeiem o que é mau" (Romanos 12:9) odeia o que é mau.

Em três versículos assustadores Paulo afirma: "Por isso Deus os entregou..." (Romanos 1:24). "Por causa disso Deus os entregou..." (Romanos 1:26). "[Deus] os entregou a uma disposição mental reprovável..." (Romanos 1:28).

Deus se enfurece com o que é pecado.

Para muitos, essa é uma revelação. Alguns supõem que Deus é um diretor escolar atormentado, ocupado demais monitorando os planetas para prestar atenção em nós. Mas ele não é.

Outros supõem que ele é um pai coruja, cego ao mal de seus filhos. Errado.

Outros ainda insistem que ele nos ama tanto que não pode se enfurecer com o nosso pecado. Eles não entendem que o amor está *sempre* irado com o mal. Como Paulo colocou: "O amor não se alegra com a injustiça, mas se alegra com a verdade. Tudo sofre, tudo crê, tudo espera, tudo suporta" (1Coríntios 13:6-7).

5. Leia 1Coríntios 5:1-5. Os fiéis dessa igreja — assim como a audiência do fictício *Show da Christy Adams* — estavam na verdade *orgulhosos* desse pecado que tomava lugar no meio deles. Como Paulo reagiu a essa atitude?

___
___
___
___

6. Paulo deixa claro que os fiéis precisam se separar desse mal. O que ele lhes diz para fazer com o homem? Por que você acha que ele os instrui a tomar esse tipo de atitude?

___
___

Deus julgará os de fora. "Expulsem esse perverso do meio de vocês" (v. 12).

Odeiem o que é mau; apeguem-se ao que é bom (Romanos 12:9).

Por isso Deus os entregou à impureza sexual, segundo os desejos pecaminosos do seu coração (Romanos 1:24).

O amor não se alegra com a injustiça, mas se alegra com a verdade. Tudo sofre, tudo crê, tudo espera, tudo suporta (1Coríntios 13:6-7).

7. Paulo encorajou os fiéis que "vivam de maneira digna da vocação que receberam" de Deus (Efésios 4:1). Quais são as nossas responsabilidades com relação àqueles que não vivem dessa maneira? Como falar a verdade em amor para essas pessoas?

8. De que forma você pode mostrar que o amor *nunca* tolera o pecado? Como pode mostrar que o amor tudo sofre, tudo crê, tudo espera e tudo suporta?

As exortações de Paulo para que os cristãos confrontem o pecado e vivam vidas piedosas são apenas uma pequena parte do seu legado. Como veremos no próximo estudo, esse antigo inimigo da igreja se tornou um herói da fé ao ouvir o chamado de Deus e seguir suas instruções — mesmo quando elas resultaram em aprisionamento e martírio.

Pontos para Lembrar

- ❖ O pecado enfurece Deus porque destrói seus filhos.
- ❖ O Criador não se senta em silêncio enquanto seus filhos entregam-se à perversão.
- ❖ Sempre colheremos luto e dor quando semearmos o mal.

Oração do Dia

Pai, obrigado por estabelecer um sistema de inspeção e equilíbrio dentro do corpo de Cristo para se certificar que vivamos vidas dignas do teu chamado. Dá-nos a sabedoria e a coragem para falar a verdade em amor para nossos entes queridos, amigos e conhecidos que precisam ouvi-la. E dá-nos a sabedoria e a humildade para ouvir quando os outros nos dizem a verdade. Em nome de Jesus, amém.

Quinto Dia: Verdadeiros heróis

NA PRISÃO

Verdadeiros heróis são difíceis de identificar, pois não parecem heróis. Tomemos Paulo como exemplo.

Nós o encontramos terminando seu ministério em uma prisão romana. Seus dias estão contados. O homem que moldou a história morreria na prisão de um ditador, mas nenhuma manchete anunciaria sua execução e nenhum observador registraria os eventos. Quando o machado atinge o pescoço de Paulo, os olhos da sociedade não piscariam. Para eles, Paulo era um fornecedor peculiar de uma fé estranha.

Espie dentro da prisão e o veja com seus próprios olhos: curvado e frágil, algemado ao braço de um guarda romano. Contemple o apóstolo de Deus. Quem sabe quando suas costas sentiram uma cama pela última vez, ou quando sua boca provou uma boa refeição? Três décadas de viagens e problemas, e o que ele tem para mostrar?

Tem discussões em Filipo e competição em Corinto; os legalistas se aglomeram na Galácia; Creta está infestada de negociantes sem escrúpulos; Éfeso é seguida por mulherengos; e até mesmo alguns dos amigos do próprio Paulo o traíram.

Sem dinheiro. Sem família. Sem propriedade. Míope e cansado.

Ah, ele teve seus momentos. Falou com um imperador certa vez, mas não conseguiu convertê-lo; fez um discurso no clube de homens do Areópago, mas não foi chamado para falar lá de novo; passou alguns dias com Pedro e os garotos em Jerusalém, mas eles não conseguiam se dar bem, então Paulo pegou a estrada.

E nunca mais parou: Éfeso, Tessalônica, Atenas, Siracusa, Malta. A única lista mais longa do que a de seu itinerário foi a de seu azar. Foi apedrejado em uma cidade e encalhou em outra, e quase morreu afogado tantas vezes quanto quase morreu de fome. Se ele passou mais de uma semana no mesmo lugar, foi provavelmente em uma prisão.

Ele nunca recebeu salário, mas tinha que pagar suas próprias despesas de viagem. Então, manteve um trabalho de meio período para fazer face às despesas.

Não se parece com um herói.

Também não fala como um. Ele se apresentou como o pior pecador da história e foi um matador de cristãos antes de ser um líder cristão. Às vezes seu coração ficava tão pesado que sua pena se arrastava pela página. "Miserável homem que eu sou! Quem me libertará do corpo sujeito a esta morte?" (Romanos 7:24).

Só Deus sabe quanto tempo ele encarou a pergunta antes de encontrar a coragem para desafiar a lógica e escrever: "Graças a Deus por Jesus Cristo, nosso Senhor!" (v. 25). Num minuto ele está no comando; no seguinte, está em dúvida. Num dia está pregando; no seguinte, na prisão. E é ali que eu gostaria que você olhasse para ele. Olhe para ele na prisão.

Paulo, prisioneiro de Cristo Jesus (Filemom 1:1).

Tornou-se evidente a toda a guarda do palácio e a todos os demais que estou na prisão por causa de Cristo (Filipenses 1:13).

Todos os da província da Ásia me abandonaram (2Timóteo 1:15).

Trabalhei arduamente; muitas vezes fiquei sem dormir, passei fome e sede, e muitas vezes fiquei em jejum; suportei frio e nudez (2Coríntios 11:27).

Cristo Jesus veio ao mundo para salvar os pecadores, dos quais eu sou o pior (1Timóteo 1:15).

1. Leia 2Coríntios 11:16-31. Como Paulo resume seu ministério nessa passagem? Como ele consegue "se vangloriar" nesses sofrimentos?

2. Paulo escreveu: "embora seja livre de todos, fiz-me escravo de todos, para ganhar o maior número possível de pessoas" (1Coríntios 9:19). Como a atitude do apóstolo contribuiu para seu sucesso como discípulo?

3. Que características de Paulo você gostaria de imitar em sua vida? Que atributos preferiria evitar? Explique.

4. O que acha que Paulo teria identificado como seus maiores sucessos? O que ele teria classificado como seu maior arrependimento? Explique.

UM LEGADO IMPROVÁVEL

Faça de conta que não conhece Paulo. Você é um guarda, um cozinheiro ou um amigo do executor, e veio para dar uma última olhada no sujeito enquanto eles afiam a lâmina.

A confusão que você vê ao redor da sua cela não é muita, mas eu me inclino e lhe digo isso:

— Esse homem vai moldar o curso da história.

Você ri, mas eu continuo.

— A fama de Nero vai ser ofuscada pela luz desse homem.

Você se vira e olha fixamente. Eu continuo.

— Sua igreja vai morrer. Mas seus pensamentos? Em dois mil anos seus pensamentos influenciarão o ensino de cada escola deste continente.

Você balança a cabeça.

— Vê aquelas cartas? Aquelas cartas escritas em pergaminho? Elas serão lidas em centenas de línguas e impactarão cada grande credo e constituição do futuro. Toda pessoa importante as lerá. Cada uma delas.

LIÇÃO 10 ❖ PAULO ❖ Quinto dia: Verdadeiros heróis

Esse seria o seu ponto de virada.

— De maneira nenhuma. Ele é um velho com uma fé estranha e será morto e esquecido antes que sua cabeça atinja o chão.

Quem discordaria? Que pensador racional contrariaria? O nome de Paulo vai soprar como o pó que seus ossos se tornarão.

Nenhum observador com nível superior vai pensar o contrário. Corajoso, mas pequeno; radical, mas despercebido. Ninguém — eu repito, *ninguém* — se despediu desse homem pensando que seu nome seria lembrado por mais de uma geração.

Seus contemporâneos não tinham como saber — e nem nós temos —, por esse motivo, um herói poderia estar na porta ao lado e você não saberia.

O sujeito que troca o óleo do seu carro pode ser um. Um herói de macacão? Talvez. Talvez ele ore enquanto trabalha, pedindo a Deus para fazer com o coração do motorista o que faz com o motor.

A funcionária da creche onde você deixa seus filhos? Talvez. Talvez suas orações matinais incluam o nome de cada criança e o sonho de que uma delas vá mudar o mundo. Quem pode dizer que Deus não está ouvindo?

O oficial de liberdade condicional no centro da cidade? Poderia ser um herói. Ele poderia ser aquele que incita os ex-condenados a desafiar os adolescentes a afrontar as gangues. Eu sei, eu sei, essas pessoas não se encaixam em nossa imagem de herói, porque parecem muito, muito... bem, normais. Dê-nos quatro estrelas, títulos e manchetes, mas algo me diz que, para cada herói nos holofotes, há dezenas de outros nas sombras, os quais não são destaques na imprensa, não atraem multidões nem mesmo escrevem livros!

Mas atrás de cada avalanche está um floco de neve; por trás de cada deslizamento de terra está uma pedrinha. Resumindo, uma explosão atômica começa com um átomo e um reavivamento começa com um sermão.

Heróis como Paulo raramente sabem que estão sendo heroicos, principalmente porque os momentos históricos raramente são reconhecidos quando acontecem. (Uma visita à manjedoura deve lembrá-lo disso.) Quase nunca vemos a história sendo feita e quase nunca reconhecemos os heróis. O que é bom também, pois, se os reconhecêssemos, poderíamos estragar os dois.

Mas seria bom mantermos nossos olhos abertos, pois herói de amanhã pode estar cortando sua grama, e o herói que o inspira pode estar mais perto do que você imagina.

Ele ou ela pode estar no seu espelho.

O homem vê a aparência, mas o SENHOR vê o coração (1Samuel 16:7).

[Paulo] pregava o Reino de Deus e ensinava a respeito do Senhor Jesus Cristo, abertamente e sem impedimento algum (Atos 28:31).

5. Ninguém nos dias de Paulo poderiam ter adivinhado o tremendo impacto que ele teria no cristianismo e no mundo. Pense sobre os homens da Bíblia que estudamos nessas lições. De que maneira eles também foram heróis improváveis?

Noé (veja Gênesis 6:9-22; 9:20-23)

_____
_____
_____
_____

Jó (veja Jó 2:11-13; 42:1-6)

Jacó (veja Gênesis 25:29-34; 27:15-29; 30:31-43)

Moisés (veja Êxodo 2:11-15; 4:10-17)

Davi (veja 1Samuel 16:1-13; 2Samuel 11:1-27)

José (veja Mateus 1:18-24; Lucas 2:1-21)

Mateus (veja Mateus 9:9-13; Marcos 2:13-17)

Lázaro (veja João 11:17-45)

Pedro (veja Mateus 26:69-75; Marcos 14:66-72; Lucas 22:54-62)

6. Cite algumas das pessoas que você encontra todos os dias e poderiam ser secretamente um "herói cristão". Por que acha que esse poderia ser o caso?

LIÇÃO 10 ❖ PAULO ❖ Quinto dia: Verdadeiros heróis

7. Se começar a pensar nessas pessoas como heróis cristãos em potencial, como isso afetaria a maneira pela qual interage com elas?
_____
_____
_____
_____

8. Se soubesse que as pessoas estavam olhando para *você* como um herói cristão, como isso afetaria...

sua tomada de decisões e suas prioridades?
_____
_____
_____

seu relacionamento com os outros?
_____
_____
_____

suas escolhas de vida?
_____
_____
_____

sua vida de oração e sua vida espiritual?
_____
_____
_____

sua auto-imagem?
_____
_____
_____

Deus usou Paulo para alcançar o mundo, mas devemos nos lembrar primeiro, usou Ananias para alcançá-lo. Ele já lhe deu uma tarefa como essa? Ele já lhe deu um Saulo?

Uma mãe, certa vez, conversou comigo sobre seu filho, que estava cumprindo pena em uma prisão de segurança máxima por roubo. Todos os outros, inclusive o pai dele, tinham desistido do jovem, mas sua mãe tinha uma perspectiva diferente, ela realmente pensava que os melhores anos do seu filho estavam por vir. "Ele é um bom menino", disse ela com firmeza. "Quando ele sair de lá, vai fazer alguma coisa boa na vida".

Outro Saulo, outro Ananias.

Encontrei com um amigo em uma livraria. que havia acabado de comemorar suas bodas de ouro. Ele se derramou em lágrimas enquanto descrevia a santa com quem tinha se casado e o idiota com quem sua esposa havia casado. "Eu não acreditava em Deus e não tratava as pessoas com respeito. Seis semanas depois do casamento, cheguei em casa um dia para encontrá-la chorando na banheira por causa do erro que tinha cometido, mas ela nunca desistiu de mim."

Outro Saulo, outro Ananias.

E você? Todo mundo já descartou seu Saulo. "Ele está longe demais." "Ela é muito dura... muito viciada... muito velha... muito fria." Ninguém ora pelo seu Saulo, mas você está começando a perceber que talvez Deus esteja trabalhando por trás das cortinas. Talvez ainda seja muito cedo para jogar a toalha... você começa a acreditar.

"Meu Pai continua trabalhando até hoje, e eu também estou trabalhando" (João 5:17).

Não resista a esses pensamentos.

José não resistiu. Seus irmãos o venderam como escravo para o Egito, mas, ainda assim, foram bem recebidos no palácio do Egito.

Davi não resistiu. O rei Saul tinha uma vingança contra Davi, mas Davi tinha um ponto fraco por Saul: ele o chamava de "o ungido do Senhor" (1Samuel 24:10).

Oseias não resistiu. Sua esposa, Gomer, era a rainha do bairro da luz vermelha, mas Oseias manteve a porta da frente aberta, e ela voltou para casa.

É claro, ninguém acreditava nas pessoas mais do que Jesus, o qual viu algo em Pedro que valia a pena desenvolver, na mulher adúltera que valia a pena perdoar, e em João que valia a pena aproveitar. Cristo enxergou algo no ladrão da cruz, e o que viu valia a pena salvar. E, na vida de um extremista sedento por sangue e de olhos bem abertos, o Senhor viu um apóstolo da graça. Ele acreditou em Saulo, e o fez por intermédio de Ananias.

"Vão e façam discípulos de todas as nações" (Mateus 28:19).

Não desista do seu Saulo. Quando outros o descartarem, dê a ele outra chance. Fique forte. Chame-o de irmão. Chame-a de irmã. Conte a seu Saulo sobre Jesus e ore. E lembre-se disso: Deus nunca o envia para onde ele já não esteve, então, quando você alcançar seu Saulo, quem sabe o que encontrará.

Pontos para Lembrar

- ❖ Heróis como Paulo raramente sabem que estão sendo heroicos — eles simplesmente obedecem ao chamado de Deus e seguem sua vontade.
- ❖ Os contemporâneos de Paulo não tinham como saber que ele era um herói, assim como não temos como saber quem o Altíssimo levantará ao nosso redor.
- ❖ Os heróis que nos inspiram podem estar mais perto de nós do que pensamos.

Oração do Dia

Deus, obrigado por nunca desistires de nós. Ajuda-nos a ver os outros da maneira como tu os vês e a nunca os descartar como causa perdida. Ajuda-nos a fazer tua vontade em todas as coisas para que possamos fazer uma diferença verdadeira nesse mundo. Em nome de Jesus, amém.

LIÇÃO 10 ❖ PAULO ❖ Quinto dia: Verdadeiros heróis

Versículo para Memorizar na Semana

Nele temos a redenção por meio de seu sangue, o perdão dos pecados, de acordo com as riquezas da graça de Deus.

Efésios 1:7

Leitura suplementar

Os textos dessa lição foram retirados de *The Applause of Heaven* [publicado no Brasil como: *O aplauso do céu*. São Paulo: United Press, 2002]; *In the Grip of Grace* [publicado no Brasil como: *Nas garras da graça*. Rio de Janeiro: CPAD, 2005]; *When Christ Comes* [publicado no Brasil como: *Quando Cristo voltar*. Rio de Janeiro: Thomas Nelson Brasil, 2011]; *When God Whispers Your Name* [publicado no Brasil como: *Quando Deus sussurra o seu nome*. Rio de Janeiro: CPAD, 2005]; *Outlive Your Life* [publicado no Brasil como: *Faça a vida valer a pena*. Rio de Janeiro: Vida Melhor, 2016].

Dez Homens *da* Bíblia

....
GUIA DO LÍDER
....

Obrigado por seu interesse em conduzir um grupo de estudo sobre *Dez homens da Bíblia*. As recompensas de ser um líder são diferentes daqueles que participam, e esperamos que você sinta sua caminhada com Jesus ampliar-se com essa experiência. Ao longo das dez lições desse estudo, você estará ajudando seu grupo a explorar a vida de dez personagens fascinantes da Bíblia por meio de leituras inspiracionais de Max Lucado, perguntas instigantes para fomentar discussões em grupo e exercícios práticos para casa. Neste guia do líder, há muitos elementos que o ajudarão a estruturar seu estudo e tempo para a reflexão. Portanto, siga as orientações e aproveite.

Antes de começar

Antes de seu primeiro encontro, certifique-se de que os participantes do grupo consigam sua cópia de *Dez homens da Bíblia*, para poderem acompanhar no guia de estudos e anotar suas respostas com antecedência. Uma alternativa é você entregar os guias de estudo na primeira reunião, dando aos membros do grupo algum tempo para olhar o material e fazer quaisquer perguntas. Durante seu primeiro encontro, não esqueça de passar uma folha de papel pela sala, pedindo aos participantes que escrevam o nome, o número do telefone e o e-mail, para que você possa manter contato com eles ao longo da semana.

Em geral, o tamanho ideal do grupo é de oito a dez pessoas, o que garante que todos tenham tempo suficiente para participar das discussões. Havendo um maior número de pessoas, você poderá desmembrar o grupo principal em subgrupos menores. Encoraje os que comparecerem à primeira reunião a assumirem o compromisso de frequentar todos os encontros. Isso ajudará os integrantes do grupo a se conhecerem melhor, a criar estabilidade no grupo, ajudando você a saber como se preparar para cada semana. Observe que todo encontro se inicia com uma história de abertura de Max Lucado, que aborda o personagem da Bíblia daquela semana. As duas perguntas seguintes servem como aquecimento para levar os participantes a pensar sobre o personagem e o tópico em questão. Alguns vão querer contar uma longa história para responder a uma dessas perguntas, mas o objetivo é que as respostas sejam breves.

O ideal seria que cada um tivesse a oportunidade de responder ao menos a uma das questões abertas, e tentar respeitar o tempo de um minuto ou até menos na resposta. Se houver participantes muito prolixos, avise logo que cada um precisa limitar sua resposta a um minuto.

Dê aos membros do grupo a chance de responder, mas deixe claro que ninguém é obrigado a falar, podendo se abster se preferir. Quanto ao restante do estudo, em geral não é uma boa ideia deixar que todos respondam a todas as perguntas — um debate livre é mais desejável. Mas, com as perguntas iniciais de quebra-gelo, você pode percorrer todo o círculo formado, encorajando os mais tímidos a falarem, mas sem forçá-los.

Antes do primeiro encontro, informe aos membros do grupo que as lições estão divididas em cinco dias, cada um deles com o respectivo material de leitura. O objetivo de estruturar o estudo nesse formato é estimular os participantes a dedicar um tempo à Palavra de Deus todos os dias. No decorrer das discussões de grupo, os participantes serão convidados a falar sobre o que escreveram durante a semana; então, estimule-os a responder às perguntas antes de cada reunião. Convide-os a trazer, para o encontro seguinte, quaisquer questionamentos ou ideias que surgirem durante a leitura semanal, especialmente se fizerem alguma descoberta inusitada ou se não entenderem alguma coisa.

Preparação semanal

Como líder, há algumas coisas que você precisa fazer para preparar cada encontro:

- *Leia a lição toda.* Isso o ajudará a se familiarizar com o conteúdo e saber como estruturar os momentos de debate.

- *Decida quais questões deseja discutir.* Cada lição contém em geral quarenta perguntas para estudos da Bíblia (oito por dia), nove em alguns casos, portanto, você não terá condições de abordar cada uma delas. Em vez disso, selecione duas ou três perguntas da leitura de cada dia que tenham se destacado para você.

- *Esteja familiarizado com as perguntas que quer discutir.* Nos encontros do grupo, você estará administrando o tempo. Assim, será útil estar inteirado acerca das questões do estudo da Bíblia que selecionou. Você pode então gastar de novo um tempo na passagem do livro quando o grupo se reúne. Dessa forma, garante um conhecimento mais profundo profundo do que os outros a respeito do tema.

- *Ore por seu grupo.* Ore pelos membros do grupo ao longo da semana e peça a Deus para guiá-los no estudo da Palavra.

- *Leve material de trabalho adicional.* Os participantes devem levar a própria caneta para fazer anotações, mas é uma boa ideia ter algumas canetas reservas à disposição para aqueles que esquecerem. Você também pode levar mais papel e exemplares da Bíblia

Observe que em alguns casos não haverá uma resposta "certa" para a pergunta. A respostas podem ser várias, especialmente se os membros são convidados a compartilhar suas experiências pessoais.

Estruturação do tempo para as discussões

Será necessário que você determine com o grupo qual o tempo de duração do encontro semanal, para que possa se planejar. Em geral, a maioria dos grupos opta pela duração de sessenta ou noventa minutos e, portanto, pode usar um dos seguintes cronogramas:

ETAPA	60 MINUTOS	90 MINUTOS
Boas-vindas (os participantes chegam e se acomodam)	5 minutos	10 minutos
Aquecimento (discussão das duas perguntas da lição)	10 minutos	15 minutos
Discussão (debate com as perguntas do estudo da Bíblia que você selecionou previamente)	35 minutos	50 minutos
Oração/Encerramento (oração em grupo e despedida)	10 minutos	15 minutos

Como líder do grupo, cabe a você controlar o tempo estipulado e manter as coisas se desenrolando de acordo com sua programação. Pode colocar um cronômetro para marcar cada etapa, de modo que tanto você quanto os participantes do grupo saibam quando o tempo acabou. (Há alguns bons aplicativos do smartphone que funcionam como cronômetros e que tocam um alarme suave ou outro som agradável em vez de um barulho que quebra a concentração). Não se sinta pressionado a abordar todas as perguntas que selecionou se o grupo avançar numa boa discussão. É bom lembrar mais uma vez que não é necessário percorrer todo o círculo, nem fazer com que todos compartilhem.

Não se sinta constrangido caso os membros do grupo fiquem em silêncio ou demorem para falar. É comum as pessoas ficarem caladas enquanto organizam suas ideias, e talvez esta seja a primeira experiência de algumas delas. Só faça a pergunta e deixe-a em suspenso até que alguém responda. Você pode então dizer: "Obrigado. E quanto aos outros? O que ocorreu a vocês quando leram essa passagem?"

Dinâmica de grupo

Liderar um grupo de estudos sobre *Dez homens da Bíblia* pode demonstrar ser altamente recompensador tanto para você quanto para os membros. Entretanto, isso não significa que você não encontrará nenhum desafio ao longo do curso! As discussões podem sair do foco. Alguns participantes podem não não ter sensibilidade para as necessidades e ideias dos colegas. Outros estarão preocupados por terem de falar sobre assuntos que lhes causam constrangimento. Alguns podem fazer comentários que provocam divergências. Para ajudar a aliviar a tensão, tanto a sua quanto a do grupo, considere as seguintes regras básicas:

- Quando alguém fizer uma pergunta ou comentário fora do tópico principal, experimente dizer que abordará o tema em outra oportunidade, ou, se sentir que é o caso de ir nessa direção, informe o grupo que você vai passar algum tempo discutindo o assunto.

- Se alguém lhe fizer uma pergunta que não saiba responder, admita isso e siga em frente. Se desejar, sinta-se livre para convidar os participantes a comentarem questões baseadas em experiências pessoais.

- Se achar que uma ou duas pessoas estão monopolizando o debate, dirija algumas perguntas aos outros integrantes do grupo. Fora da hora do estudo em grupo, peça a esses membros mais ativos para ajudá-lo(a) a incentivar os mais calados a se manifestarem. Aja de modo eles façam parte da solução em vez de serem o problema.

- Quando houver alguma divergência, incentive os membros do grupo a tratar o problema com amor. Estimule os que se encontram em lados opostos a repetir o que ouviram o outro lado dizer sobre sobre o assunto e então convide cada lado a avaliar se tal percepção é correta. Leve o grupo a examinar outros trechos das Escrituras relacionados ao tópico, procurando chegar a um entendimento comum.

Quando quaisquer dessas questões surgirem, incentive os membros do grupo a seguirem as palavras da Bíblia: "Amem-se uns aos outros" (João 13:34), "Façam todo o possível para viver em paz com todos" (Romanos 12:18), e "Sejam todos prontos para ouvir, tardios para falar e tardios para irar-se" (Tiago 1:19).

Este livro foi impresso em 2024, pela Santa
Marta para a Thomas Nelson Brasil.
A fonte usada no miolo é Bembo corpo 12.
O papel do miolo é offset 90g/m².